JN485662

현대중국외교론

이장원 지음

사랑과 감사의 마음을 담아 어머니 영전에 바친다.

책 머리에

현재의 중국은 과거 그 어느 때보다 강한 국력과 국제적 위상을 갖추고 미국과 함께 국제질서를 주도해 나가는 강대국으로서의 면모를 과시하고 있다.

탈냉전 이래 중국은 국제사회와의 융화를 강조하며 평화와 안정의 세계관을 표방해왔다. 그러나 다른 한편으로는 국가이익을 내세우며 주변국들과 갈등하는 이중적인 모습을 보여주기도 한다. 특히 그 과정에서 중국은 급속하게 신장된 국력을 바탕으로 적극적인 동아시아 전략을 추진하며 미국과 전략적 경쟁관계를 형성하고 있다. 이는 2013년 출범한 중국의 시진핑 정부가 내세우고 있는 '신형대국관계(新型大國關係)'에서 대표적으로 나타나고 있다. 이는 중국이 미국과 동등한 위치에서 국제질서를 주도해 나가겠다는 의지의 표현인 것이다.

이러한 중국의 외교적 행보는 지정학적으로 이웃한 한국에게 시사하는 바가 크다. 중국의 영향력이 눈에 띄게 확대된 지금, 한국으로서는 중국의 외교정책과 행위에 민감할 수밖에 없다. 북핵문제라는 한반도 불안 요소의 해결을 위해 중국의 효과적인 역할을 기대하고 있는 상황에서는 더욱 그러하다.

이 같은 배경에서 중국 외교정책의 주요 기조와 행위 패턴, 그리고 전략적 목표와 변화의 방향을 분석하고 이해하는 것은 정책적으로나 학술적으로 중요한 의미를 가진다.

물론 지금까지 여러 연구자들에 의해 다양한 노력들이 있었지만, 대체로 학술논문이라는 짧은 호흡의 연구결과로는 중국외교정책과 행위 전반에 걸친 이해를 독자들에게 제공하기가 쉽지 않았다. 또한 중국외교에 대한 개괄적인 학술서적들이 있지만, 대부분 출판된 시기가 오래 되었고, 또 최근에 등장한 저작들의 경우에는 이론적인 분석을 강조했거나 양자관계 또는 특정한 이슈영역에 집중되어 있어 대중들이 쉽게 접근하기에는 다소 어려움이 있었다.

따라서 필자는 중국외교를 처음 접하는 학생들이나 일반인들이 중국외교의 주요 역정(歷程)과 내용들을 쉽게 이해할 수 있도록 집필하려 노력했다. 그럼에도 불구하고 필자의 지식과 표현능력의 한계로 인해 설명이 부족한 부분이 있을 것이라 생각된다. 또 시작할 때의 열정이 마침표를 찍는 순간까지 줄기차게 이어지지 못한 아쉬움도 남는다. 내용상의 오류나 실수는 전적으로 부족한 필자의 몫이다. 미진한 부분은 차후에 배가된 노력으로 메울 것을 약속하며 부디 독자 여러분의 가감 없는 질정을 바란다.

끝으로, 이 책의 집필과 출판을 허락하고 지원해 준 충북대학교 출판부에 깊이 감사드린다. 또한 본인 연구만 하기에도 바쁜 시간을 쪼개어 원고를 꼼꼼히 읽고 교정을 도와준 제자 김필수 석사와 장지아(張佳) 석사의 노고에도 진심으로 감사를 표한다. 그리고 연구와 집필에 집중할 수 있게 도와준 아내와 딸에게 미안함과 고마운 마음을 함께 전한다.

2017년 9월
개신동 연구실에서
이 장 원

목 차

● 일러두기

1) 이 책에 등장하는 외국 인명과 지명, 고유명사는 원칙적으로 국립국어원의 외래어 표기법에 따라 한글로 옮겼고, 필요에 따라 처음 출현할 때에 한해 원어를 병기하였다.

2) 국립국어원 외래어 표기법에 규정되어 있지 않은 경우는 최대한 원어 발음에 가깝게 한글로 옮겼다.

3) 중국의 당정(黨政) 기관, 신문, 잡지, 언론매체 명칭은 이해를 돕기 위해 외래어 표기법이 아닌 우리 고유의 한자음으로 표기하고 한자를 병기했다.

4) 각주에 밝힌 인용문헌 중, 저자의 과거 논문에 인용되었던 인터넷 자료들의 경우 이 책의 집필 과정에서 새롭게 출처(URL)를 확인 또는 업데이트하였다.

제1장 서론

1. 현대 중국외교론을 시작하며

한중수교가 이루어진 지 어언 25년이 되었다. 1992년 8월 24일 오전 9시(현지시간) 베이징의 댜오위타이(釣魚臺) 국빈관에서 한국의 이상옥 외무장관과 중화인민공화국(中華人民共和國)의 첸치천(錢其琛) 외교부장이 수교성명서 〈대한민국과 중화인민공화국 간의 외교관계 수립에 관한 공동성명〉에 서명함으로써 6·25전쟁 이후 줄곧 적대적이었던 양국 관계가 정상화되었다. 노태우 정부 시절 '북방외교'라는 이름으로 추진되었던 사회주의권 국가들과의 국교 정상화가 1990년 9월 30일의 한소수교에 이어 한중수교로 그 절정을 맞이하게 된 것이다.[1)]

한중수교는 다양한 측면에서 한국과 중국의 관계를 변화시켰다. 일제 강점기와 독립운동, 분단과 6·25전쟁, 냉전을 거치며 한국은 역사적, 이념적, 정치·안보적, 경제적인 면에서 장제스(蔣介石)가 이끌던 국민당(國民黨)의 '중화민국(中華民國)'과 밀접한 관계를 유지했었다. 당연히 그 대척점에 서 있던 북한 일변도의 중화인민공화국과는 공존할 수 없었다. 따라서 한국인들 뇌리속의 '중국'은 늘 타이완의 '중화민국'을 의미했다. 그러나 한중수교를 통해 그

---

1) 국내 일부 연구에서 한국과 소련의 수교일자를 1990년 6월 4일로 기록한 경우가 있다. 그런데 이는 당시 한국의 노태우 대통령과 고르바초프(Mikhail Gorbachev) 소련공산당 서기장이 샌프란시스코에서 정상회담을 통해 양국의 수교 원칙을 합의한 날짜이고, 공식 수교는 9월 30일 뉴욕의 유엔본부에서 세바르드나제(Eduard Shevardnadze) 소련 외상과 최호중 외무장관이 〈한소수교공동성명서〉에 서명함으로써 이루어졌다.

이전까지 한국인들이 '중공(中共)'으로 칭하던 '중화인민공화국'이 '중화민국'을 대체하여 '중국'이 되었다. 이는 타이완과의 정치적 관계 단절, 즉 단교를 의미했다. 중국과의 수교가 타이완과의 경제적, 민간 차원의 교류까지도 부정하는 것은 아니었으나 이는 자연스레 크게 위축되었고 대신 중국과의 경제무역관계와 민간교류가 급속하게 확대되기 시작했다.

수교 이후 양국 관계의 발전이 가장 두드러진 분야는 단연 경제무역관계이다. 이는 수교 이전부터 지금까지 한중관계를 발전시켜 온 원동력이기도 하다. 양국 간 교역액은 현재 한국 대외교역액의 약 21%를 점하고 있으며, 이는 한미 및 한일 간 교역액을 합한 수치(2,015억 달러) 보다 큰 규모이다. 이에 따라 중국은 이미 한국의 제1위 교역국이자 수출국 및 무역흑자국이 되었다. 2013년 한국의 대 중국 교역규모는 2,288억 달러에 달했고, 그 중 수출이 1,458억 달러, 수입이 830억 달러로 628억 달러의 흑자를 기록했다. 또 2013년 한국은 중국의 제3위 교역대상국이 되었고, 일본을 제치고 중국의 최대 수입대상국으로 부상했다. 1992년 수교 당시 64억 달러였던 교역액은 2013년 약 64배 증가한 규모로 확대되었다.[2)]

정치·안보 측면에서의 상호 관계도 비약적으로 발전되었다. 1992년 9월 노태우 대통령의 국빈 방중을 시작으로 그동안 한중 양국의 정상은 상호 국빈방문 및 국제회의 참석 등 다양한 경로를 통해 활발하게 교류해 오고 있다. 그 뿐만 아니라 1992년 12월 한중의원친선협회, 1993년 6월 중한의원친선협회가 결성되었고 한국 국회와 중국 전국인민대표대회의 상호교류도 이루어지고 있다.

심지어 수교 초창기 북중관계와 비교해 항상 불균형하다고 지적

2) 주중 한국대사관 공개자료.

되어 왔던 군사·안보 분야에서의 교류와 협력도 강화되어 왔다. 1993년 12월 30일 주중한국대사관 무관부 개설을 시작으로 1994년 4월 1일에는 주한중국대사관 무관부가 개설되었고, 양국 국방장관 및 고위급 군사교류를 비롯해 다양한 분야에서의 군사교류와 협력이 확대되고 있다. 나아가 북핵문제의 해결과 한반도의 평화와 안정, 그리고 지역안보를 위한 협력도 지속적으로 증진시켜 나가고 있다.

이 같은 한중관계의 발전은 중국의 변화를 배경으로 이루어졌다.

중국은 대외적으로 질곡(桎梏)의 세월을 경험해 왔다. 1949년 10월 1일 사회주의 정부 수립 이후 중국은 내부적으로 극심한 정치·경제적 혼란을 극복하는 동시에 냉전 시기 양대 초강대국이었던 소련과 미국에 맞서 도생(圖生)해야 했다. 이를 위해 때로는 소련과 때로는 미국과의 밀월관계를 도모했고, 또 제3세계 국가들을 규합해 미·소에 대항하기도 했다. 그럼에도 불구하고 경제적으로 낙후되어 있던 중국은 외교적 선택에 있어 항시 많은 제약을 받았고 안보적으로 불안했다.

1978년의 역사적인 개혁개방 선언은 중국의 국제적 입지를 변화시켰다. 덩샤오핑(鄧小平)의 개혁개방정책은 중국의 폐쇄성을 상징하던 '죽(竹)의 장막'을 걷어내고 적극적인 대외개방으로 자본주의와의 공존을 추구하며 엄청난 경제 성장을 이루어냈다. 개혁개방 이후 약 40년 가까운 시간이 흐른 지금 중국은 미국과 더불어 G2의 한 축을 형성하며 세계무대의 주연이 되어 있다.

1950년대 소련과의 동맹관계를 통해 신생 공화국의 생존과 안보를 도모하고자 했던 빈곤한 중국의 모습은 이제 역사 속으로 사라지고 부강하고 자신감 넘치는 위상을 자랑하고 있다. 이제는 더 이상 어느 강대국의 제약을 받는 수동적인 입장이 아니라 그 스스로가 국제질서에, 다른 강대국에게, 또 이웃나라에 지대한 영향력을 미치는 강대국으로 부상하고 있는 중이다. 다른 나라도 그렇겠지만, 중국의 경제적 성장과 국제사회에서의 영향력 확대는 중국과 경제적인 또 정치·안보적인 상호의존관계를 가지고 있는 한국에게 특히 중요한 문제이다. 중국의 국익을 위한 외교적 선택과 행동이 한국에게 미치는 영향이 중국의 국력 증가 및 양국 관계의 강화와 더불어 날로 확대되고 있는 현실은 매우 의미심장하다. 국제관계의 많은 사례들이 그렇듯이 한국과 중국의 이해관계가 늘 대칭적이고 호혜적인 것만은 아니기 때문이다. 더군다나 이제는 다양한 영역에서 중국에 대한 한국의 의존도가 절대적으로 높아지고 있는 상황이다. 그러므로 "한국은 중국과 지리적으로 인접해 있고, 역사·문화적으로 많은 유사성이 있는데다가 경제적 상호보완성도 높고, 탈냉전 시대에 한반도의 평화와 안정에 대한 전략적 공동이익을 가지고 있다."는 서진영 고려대 명예교수의 지적은 사실상 동전의 양면과 같은 한중관계를 의미한다.[3]

환언하면, 한국이 그동안 중국과의 밀접한 관계 속에서 경제적인 특수를 누려왔던 것만큼 한국의 행동이 중국 요인으로 인해 제약받을 가능성도 커졌다. 2010년 천안함 폭침사건 당시 중국의 북한 편향적인 태도로 인한 한중 갈등, 2015년 당시 박근혜 대통령의 중국 전승절 참석과 한국의 아시아인프라투자은행(AIIB: Asian Infrastructure Investment Bank) 참여 논란, 그리고 2016년 이래 현재진행형인 사드(THAAD) 배치 문제로 인한 외교 갈등과 같은 사례들이 이를 방증한다.

외교는 국익추구를 위한 그 모든 수단과 행동을 의미한다. 상술한대로 한국은 제반 영역에서 날로 확대되는 중국의 영향력에 늘

3) 서진영, 『21세기 중국외교정책』 (서울: 폴리테이아, 2006), p. 383.

노출되어 있다. 따라서 한국의 입장에서는 중국의 국가이익이 무엇인지, 이를 위해 중국이 어떤 행동을 하는지, 그리고 여기에 영향을 미치는 요인들이 무엇인지 파악하고 중국의 과거, 현재, 그리고 미래를 조망하는 것이 필수적일 수밖에 없다.

2. 중국의 국가이익관

(1) 국가이익

국가이익(national interest)에 대해서는 학술적으로 다양한 개념들이 제시되어 왔다. 대표적인 현실주의 국제정치이론가 모겐소(Hans J. Morgenthau)는 국가이익의 개념을 국가의 정치 행위를 위한 절대기준으로 제시했다. 그에 따르면 국가이익은 논리적으로 요구되는 필수적 요소와 상황에 의해 결정되는 가변적 요소라는 두 가지 개념을 포함한다.[4] 첫째, 필수적 요소란 무정부상태의 국제정치에서 모든 국가의 외교정책은 국가의 생존을 최소한의 필요조건으로 해야 한다는 것이다. 따라서 모든 국가가 타국의 침략으로부터 물리적, 정치적, 문화적 정체성을 보호하는 것은 국가이익의 필수적인 요소가 된다. 둘째, 가변적 요소란 국가이익을 결정하는데 영향을 주는 개인적 성향, 여론, 부문별 이익, 정당, 정치적·도덕적 관례 등을 의미한다.

구영록은 “국가이익은 한 국가의 정책결정자가 외교정책을 수립할 때 고려하는 기본적인 목표이며 궁극적인 결정요소이다. 그 나

4) Hans J. Morgenthau, *The Decline of Democratic Politics* (Chicago: University of Chicago Press, 1962), pp. 98-99; 강경희, “현실주의 국제정치이론”, 하영선 편, 『현대국제정치이론』(서울: 나남, 1991), p. 49에서 재인용.

라의 가장 중요하며 필수적인 욕구를 구성하는 요소라고 하는 매우 일반적인 개념이다."라고 정의하고, "국익을 구성하는 요소에는 자기보존, 독립·영토의 보전, 군사적 안전보장 및 경제적 복지 등이 있다."고 설명하고 있다.[5] 또 송영우와 소치형은 "하나의 민족국가가 행위를 통해서 달성하고자 하는 영속적이고 궁극적인 목표의 집합체"라고 국가이익을 정의하고 있다.[6]

국가이익을 한마디로 정의하기는 쉽지 않지만, 분명한 것은 국가이익이 외교활동의 궁극적인 목표 그 자체라는 것이며, 따라서 비교적 쉽게 변하지 않는 영속성을 띤다는 것이다.

일반적으로 국가와 민족의 생존·번영 등과 관련된 대방향-국가이익이 확정되고 나면 그 자체로서 대외적인 목표와 원칙을 규정하게 되고, 이에 따라 구체적이고 현실적인 실현 방안-외교정책이 제시된다. 따라서 외교정책의 수립은 국익이라는 추상적인 개념을 구체적이고 정확한 대상과 수단으로 바꾸는 과정이라고 할 수 있으며, 여기에는 항상 국가가 처해 있는 국내외적 환경과 국력, 정책결정자들의 선호와 가치관, 여론, 시대적 배경 등의 다양하고 복잡한 요소들이 영향을 미치게 된다.

여기서 먼저 국가이익과 관련한 중국의 개념들을 살펴보자. 중국학자들의 연구에서는 그동안 중국 정부에 의해 공식적으로 정의된 국가이익 개념이 오랫동안 없었던 것으로 기술하고 있다.[7] 이와 관련해 김순수에 따르면 중국 학계 차원에서는 1980년대 들어서부터 국가이익에 대한 논의가 시작되었다고 한다.[8] 같은 맥락에서 김흥규도 중국 학계가 국가이익의 관점에서 대외정책을 인지하

5) 구영록, 『국제정치의 주요개념』 (서울: 법문사, 1978), pp. 55-56.
6) 송영우·소치형, 『중국의 외교정책과 외교』 (서울: 지영사, 1992), p. 7.
7) 方長平, 『國家利益的建構主義分析』 (北京: 當代世界出版社, 2002), p. 17.
8) 김순수, 『중국의 한반도 안보전략과 군사외교』 (서울: 良書閣, 2013), p. 87.

기 시작한 것은 1980년대 후반~1990년대라고 주장한 바 있다.[9] 즉 중국의 주요 학술검색엔진인 CNKI를 통해 추적해 보면 1990년 『상하이사회과학원 학술계간(上海社會科學院學術季刊)』에 실린 글 "국제상호의존과 상호충돌을 논한다(論國際相互依存與相互衝突)"에서 처음으로 '국가핵심이익'이란 용어가 등장한다는 것이다.[10]

1990년대 후반부터는 중국의 국제정치학자들에 의해 국가이익에 대한 중국적 개념화가 시작되었다. 특히 1997년 칭화대학(淸華大學)의 옌쉐통(閻學通) 교수는 저서 『중국국가이익분석(中國國家利益分析)』을 통해 국가이익 개념에 대한 중국 내의 학문적 관심을 본격화하는 역할을 한 것으로 평가된다. 이 책에서 옌쉐통은 중국의 국가이익을 경제이익, 정치이익, 문화이익으로 구분했다. 또 이를 계기로 재미중국학자 덩용(鄧勇) 박사를 비롯해 베이징대학(北京大學)의 왕지쓰(王緝思) 교수 및 쉬쩐저우(許振州) 교수, 런민대학(人民大學)의 진찬룽(金燦榮) 교수, 외교학원(外交學院)의 친야칭(秦亞靑) 교수, 국방대학(國防大學)의 탕용성(唐永勝) 교수 등이 국가이익에 대한 학술적·정책적 논의에 참여하기 시작했다.[11] 이들은 대외적으로도 많이 알려져 있는 중국의 대표적인 국제정치학자들이다.

한편, 중국 정부가 공식적으로 국가이익에 대한 개념정의를 내놓지 않았다 하더라도 다음 〈표 1〉과 같이 중화인민공화국 수립 이후 각 지도자들이 국가이익에 대해 가지고 있었던 인식을 통해

---

9) 김흥규, "중국 핵심이익 연구소고", 『동북아연구』, 제28권 2호(2013), p. 298.

10) 盧林, "論國際相互依存與相互衝突", 『上海社會科學院學術季刊』, 1990年 第3期, p. 8; 김흥규(2013)에서 재인용.

11) 方長平(2002), p. 18.

그 우선순위와 특징을 추론해 볼 수 있다.

<표 1> 역대 중국지도자들의 국가이익에 대한 인식

시기 및 지도자 구분		우선 순위	특징
냉전 시기	마오쩌둥(毛澤東)	정치·안보이익	· 이념 중심의 정치적 이익 최우선 (영토·주권에 대한 미·소의 군사적 위협에 대응) · 지도자 개인의 절대 권위에 기초한 이상주의적 접근
	덩샤오핑(鄧小平)	경제이익	· 안보이익은 여전히 매우 중요 (국가이익과 안보이익은 불가분) · 정치이익은 실사구시(實事求是)적 접근 (현실주의적) · 국가이익은 국가간 관계의 최고 준칙 · 국가의 기본임무는 경제건설, 시대의 주제는 평화와 발전
탈냉전 시기	장쩌민(江澤民)	경제이익	· 덩샤오핑의 국가이익관 계승 · 안보, 정치, 경제, 과학기술, 문화이익을 포괄한 종합안보이익 강조
	후진타오(胡錦濤)		
	시진핑(習近平)	핵심이익	· 국가주권, 국가안전, 영토완정, 국가통일, 중국 헌법이 정한 정치제도와 사회의 전반적 안정, 경제사회의 지속가능한 발전에 대한 기본적인 보장 · 양보나 타협 절대 불가 · 적용 범위가 점차 확대되는 경향

※ 출처: 김순수(2013), p. 88을 바탕으로 재정리.

(2) 중국의 핵심이익

국가이익과 관련해 거론해야 할 또 하나의 중요한 개념은 '핵심이익'이다. 국가이익을 표현할 때 핵심적 이익(core interest), 중대이익 또는 사활적 이익(vital interest) 등의 용어를 사용해 그 중요도를 나타내고 있지만, 이 개념들은 사실 상당히 추상적이고 모호하다.

핵심이익이란 일반적으로 국가의 최고이익과 국가·민족의 생존존망과 관계되는 것으로서, 절대 양보할 수 없는 국가이익으로 인식된다. 그렇다면 핵심이익은 사활적 이익과 어떻게 다른가? 특정한 국가에게 어떤 것이 핵심이익이고 어떤 것이 사활적 이익인지 명확하게 그 개념을 객관적으로 구분하는 것이 가능할까? 사실상 불가능해 보인다. 따라서 이는 대부분 해당 국가의 자의적이고 조작적인 선택이기 마련이다.

개혁개방 이후 최근까지 중국의 핵심이익은 당연히 경제 발전이라 여겨왔으나, 국력의 상승과 국제환경의 변화에 따라 핵심이익의 적용범위가 변화되고 구체화되는 추세를 보이고 있다.[12] 그럼 중국의 '핵심이익' 개념은 언제부터 등장했을까? 그리고 그 내용은 무엇일까?

중국의 핵심이익 개념에 관해서는 국가이익 개념과 마찬가지로 학계에서 먼저 논의가 시작된 것으로 보인다. 상술한 1990년의 "국제상호의존과 상호충돌을 논한다"에 따르면 국가이익은 핵심이익과 일반이익으로 구분된다. 핵심이익은 국가의 독립, 주권, 영토보전을 포함하며, 일반이익은 보다 다양하다. 따라서 일정 시기에 일반이익은 잠시 핵심이익으로 전환되기도 한다는 것이다.[13] 또

12) 김흥규(2013), p. 292.

탕용성 등은 "국가이익의 분석과 실현(國家利益的分析與實現)"이라는 논문에서 경제이익, 정치이익, 안보이익으로 국가이익을 구분하고, 그 중 시대에 따라 주도적 작용을 하는 것이 핵심이익이라 규정하였다. 이에 따르면 중화인민공화국 수립 이후에는 안보이익이 핵심이익이었고, 1970년대 후반 이래로는 덩샤오핑의 개혁개방을 계기로 경제이익이 핵심이익으로 부각되었다.[14]

한편, 중국의 대표적인 공산당 기관지 인민일보(人民日報)를 검색해 보면 1980~1990년대에 이미 '핵심이익'이란 용어가 등장한다. 그러나 이는 "소련의 아프간 침공 및 베트남의 캄보디아 침공이 서방의 핵심이익에 인접한 지역을 위협했다."거나,[15] "미국의 핵심이익"을 지칭하는 표현 정도였다.[16]

2002년 2월 28일자 인민일보에 실린 왕지쓰의 글은 중국의 '핵심이익'을 미국과 연관 지어 사용했다는 점에서 주목할 만하다. 왕지쓰는 1972년 발표된 〈상하이공동성명〉 30주년의 의미를 회고하는 기고문에서 중미관계 안정과 공동 이익 추구의 중요성을 강조하며 양측이 서로 다른 (이해관계의)차이가 있을지라도 그것이 상호간의 갈등과 충돌로 발전하여 상대의 핵심이익을 손상시키지는 말아야 한다고 주장했다.[17]

'핵심이익'이 중국 외교당국자의 발언을 통해 외교무대에 공식 등장한 것은 2003년 1월 19일 테러와의 전쟁 논의를 위한 유엔

---

13) 盧林(1990), p. 8; 김흥규(2013), p. 298에서 재인용.

14) 唐永勝·劉靜波·張志忠, "國家利益的分析與實現", 『戰略與管理』, 1996年 第6期; 김흥규(2013), pp. 298-299에서 재인용.

15) 『人民日報』, 1980年 6月 21日, 第7版.

16) 『人民日報』, 1995年 7月 14日, 第7版; 『人民日報』, 1999年 10月 14日, 第6版; 『人民日報』, 2001年 5月 31日, 第3版.

17) 王緝思, "求同存異, 穩定大局—紀念中美《上海公報》發表30週年", 『人民日報』, 2002年 2月 28日, 第7版.

안보리 외교장관회의 참석차 뉴욕을 방문한 탕자쉔(唐家璇) 당시 중국 외교부장과 콜린 파월(Colin Powell) 미 국무장관의 회담에서였다. 탕자쉔은 타이완 문제가 중국의 핵심이익에 관련되어 있으며 그 원만한 처리가 중미관계의 안정적 발전을 보장하는 관건이라며 미국이 '하나의 중국 원칙'을 견지해야 한다고 촉구했다.[18)]

테러와의 전쟁 문제 논의를 위한 회의에서 타이완 문제가 거론된 이유는 당시 '정명(正名)운동'과 같은 타이완의 독립 움직임이 원인이었다.[19)] 당시 중국으로부터의 독립적인 지위를 추구하던 타이완의 천수이벤(陳水扁) 정부 및 민간단체의 활동으로 중국과 타이완 사이의 양안관계가 상당히 경색되어 있었고, 또 타이완의 독립 추진 배후에는 미국이 있다는 인식을 하고 있던 중국이 미국을 거세게 비난하던 시기였다. 이때까지만 해도 중국의 핵심이익이 구체적으로 무엇을 의미하는지는 명확하지 않았다. 그러다가 2009년 7월 27일~28일 워싱턴에서 열렸던 중미전략경제대화(S&ED: Strategic and Economic Dialogue)에서 중국은 핵심이익의 개념을 제시했다.[20)] 회의 마지막 날 기자회견에서 중국의 다이빙궈(戴秉

---

18) 『人民日報』, 2003年 1月 21日, 第3版. '하나의 중국 원칙'이란 중국을 대표하는 유일한 합법 정부가 중화인민공화국이며 타이완은 그 영토의 일부분이라는 중국의 외교원칙.

19) 정명운동이란 타이완에서 중국적인 색채를 제거하고 중화인민공화국 혹은 중화민국과 별개의 주권국가라는 것을 내외에 인식시킬 목적으로 '중국(中國)~' 또는 '중화(中華)~'라는 접두어를 정부기관, 공기업의 명칭 등에서 전부 삭제하고 '타이완(臺灣)~'이라는 접두어로 바꾸는 정책을 지칭한다. 예를 들면 여권이나 국영웹사이트에 기재된 中華民國을 中華民國(臺灣)으로, 영문 Republic of China를 Republic of China(Taiwan)이라고 고쳤다. 국영기업인 중국석유는 타이완중유(臺灣中油; CPC Corporation, Taiwan)로, 중화우정(中華郵政, China Post)은 타이완우정(臺灣郵政, Taiwan Post)으로 고쳤다. 원래 타이완 독립을 지지하는 민간단체에서 주도하던 운동이었으나 민진당 천수이벤 정권 때 공식적으로 시행되다가 국민당의 마잉주(馬英九) 총통 집권 시기 일부 조치들을 취소해 '중국~' 또는 '중화~'라는 이름으로 복귀했다.

國) 외교 담당 국무위원이 아래와 같이 핵심이익의 범위를 설정하는 발언을 한 것이다.

> "중미관계의 장기적이고 안정적인 발전을 위해 중요한 것은 상대방의 핵심이익 보호에 대한 이해와 존중이다. 중국의 핵심이익은 첫째, 중국의 기본제도와 국가안전의 수호; 둘째 국가주권과 영토완정(完整); 셋째, 경제와 사회의 지속적이고 안정적인 발전이다."[21]

여기서 "중국의 기본제도와 국가안전의 수호"는 중국 공산당이 통치하고 있는 사회주의 국가체제의 정치적 안정 유지를 의미한다. 그리고 "국가주권과 영토완정"은 문자 그대로 중국의 국가통합과 내정 불가침을 골자로 하는 주권과 영토 안보의 수호 의지를 표명한다. 즉 타이완과의 통일 문제, 티베트(西藏, 시짱)와 신장(新疆)의 분리주의 문제, 남중국해 도서 영유권 문제 등에 대한 여하의 타협과 양보 불용(不容)의 강경한 입장이다. 마지막은 장기적이고

---

20) 중미전략경제대화는 2009년 4월 2일 런던 G-20정상회의 당시 후진타오 중국 국가주석과 버락 오바마(Barack Obama) 미국 대통령의 합의에 따라 개최되었다. 글로벌 경제위기 극복을 위한 공동노력과 새로운 국제질서 건설방안 및 양국간 통상 현안 등의 논의를 위해 태동되었으며, 현재는 금융·통상 마찰 등 경제무역 현안 외에도 남중국해 영유권·사드 배치 및 한반도·인권·사이버안보·기후변화·에너지 등 외교안보 전반에 이르는 광범위한 의제들이 다뤄지고 있다. 매년 1회씩 워싱턴과 베이징을 오가며 개최되고 있으며 2016년까지 총 8차례의 회의가 거행되었다. 양국의 외교, 경제, 금융, 무역, 농업 등 부처의 수장들이 거의 총출동하는 중요 회의이다.

21) 원문은 "確保中美關係長期健康穩定地向前發展，很重要一條是相互理解、尊重支持對方，維護自己的核心利益。中國的核心利益第一是維護基本制度和國家安全，其次是國家主權和領土完整，第三是經濟社會的持續穩定發展。" "首輪中美經濟對話: 除上月球外主要問題均已談及", 中國新聞網, http://www.chinanews.com/gn/news/2009/07-29/1794984.shtml(검색일: 2016.06.02).

안정적인 중국경제의 발전권을 의미한다.

다이빙궈의 발언은 국무원 신문판공실이 2011년 9월 6일 발간한 『중국의 화평발전백서(中國的和平發展白皮書)』로 공식화되었다. 백서에서는 "중국의 핵심이익은 국가주권, 국가안전, 영토완정, 국가통일, 중국 헌법이 정한 정치제도와 사회의 전반적 안정, 경제사회의 지속가능한 발전에 대한 기본적인 보장을 포함하며, 이들 6가지 요소가 중국이 단호히 보호해야 할 핵심이익"이라고 명시함으로써 정부 공식문건으로서는 처음으로 핵심이익의 범위를 구체적으로 밝혔다.[22]

핵심이익 개념의 출현 이래 중국 내부에서는 그와 관련해 여러 논쟁이 있었다. 이 논쟁은 특히 중국의 주권, 안전, 영토, 통일 문제를 중심으로 하는 핵심이익과 관련된 것이었으며, 크게 구분해 보면 강경한 핵심이익 지지론, 신중한(보수적인) 핵심이익 지지론, 핵심이익 비판론으로 나뉜다.[23] 그 중에서 후진타오-시진핑 집권 시기에는 핵심이익을 지지하는 입장이 중국 외교정책 수립과 관련해 주류를 형성하고 있으며, 특히 강경론자들의 발언들이 두드러져 보인다. 이들은 주로 중국의 강대국화를 주장하는 인사들과 군부 인사들인 것으로 알려져 있다. 중국판 네오콘(neo-cons: 신보수주의자)들로 불리는 이들은 중국의 국력증강에 어울리는 중국 중심의 국제질서를 추구해야 하며, 이를 위해서는 중국의 핵심이익을 양보할 수 없다고 주장한다.

유럽대외관계협의회의 공동설립자인 레너드(Mark Leonard)는 칭화대학 옌쉐통 교수와 중국국방대학 전략연구소장을 지낸 양이(楊毅) 해군제독 같은 이들을 그러한 강경론자들로 지목한다.[24]

---

22) 中華人民共和國國務院新聞辦公室, 『中國的和平發展』, 2011年 9月 6日, http://politics.people.com.cn/GB/1026/15600336.html (검색일: 2016.06.30).

23) 중국내 핵심이익 논쟁과 관련해서는 김흥규(2013), pp. 301-305 참고.

옌쉐통 교수는 이미 1990년대 후반부터 중국의 국가이익, 중국의 강대국화 등의 국가안전전략 이슈들과 관련한 이론적 틀을 제시해 온 대표적인 안보전략가이다. 양이 제독은 2010년 천안함 사건 이후 한미 양국이 대북 대응책으로 서해(중국에서는 '황해'로 호칭)상에서의 합동군사훈련 진행 계획을 발표하자마자 매우 강경한 어조로 이를 비판했던 인물이다.[25] 또 천안함 사건 당시 홍콩 TV에 출연해 "한국과 미국이 중국과 인접한 황해에서 군사훈련을 하려는 데 대해 중국은 강력히 반대한다."고 언급했던 마샤오톈(馬曉天) 당시 인민해방군 부총참모장, 그리고 "미국의 항공모함이 황해에서 훈련을 하면 중국군의 훈련용 과녁이 될 것"이라는 협박성 발언까지 했던 군사과학학회 뤄위안(羅援) 부비서장도 강경론자에 속하는 인물들이다. 이들이 천안함 사건 당시 한국과 미국에 대해 강경하게 대했던 배경도 한반도와 서해를 미국과의 전략적 완충지대로서 바라보는 중국의 핵심이익론에서 비롯되었다고 할 수 있다.[26]

반면 핵심이익에 비판적인 신중론은 중국이 일본, 한국 및 동남아 국가들과 여러 가지 이유로 마찰을 빚음으로써 미국이 주변 지역에 간섭할 빌미를 제공했다고 지적하고 있으며, 특히 지나치게

---

24) 유럽대외관계협의회(ECFR: European Council on Foreign Relations)는 2007년 설립된 범유럽 싱크탱크이다. 레너드는 '네오콘'을 '네오콤(neo-comms: 신보수파 공산주의자)'으로도 표현한다. 이장원, "동아시아의 미·중갈등과 한·중관계: 세력전이론적 시각에서", 『중소연구』, 제35권 2호(2011), p. 45; Mark Leonard, *What Does China Think?* (New York: PublicAffairs, 2008), pp. 90-91.

25) 양이 제독은 최근까지도 사드 배치 문제 및 남중국해 문제 등에 대해 미국이 중국의 핵심이익에 도전한다면 "머리가 깨지도록(碰得頭破血流)" 싸울 각오를 해야 한다는 식의 매우 강경한 입장을 고수하고 있다. 『環球時報』, 2016年 12月 17日.

26) 이와 관련해서는 이장원(2011), pp. 43-76 참조.

강경한 핵심이익을 강조할 경우 중국이 잃을 것이 많다고 주장한다. 즉 "국가 간 충돌을 야기할 가능성이 크고, 중국의 국력이 이를 보호할 정도에 이르지 못했으며, 모든 외교사무가 이에 집중되는 것 같은 허상을 안겨주기 때문"에 이를 우려해야 한다는 것이다.[27] 따라서 이들은 중국 외교의 지속적인 도광양회(韜光養晦)를 강조하고 있지만,[28] 문제는 이런 입장이 비주류라는 점이다.

분명한 것은 중국 정부가 각종 국제관계에서 중국의 핵심이익을 강조하고 있다는 사실이다. 무엇보다도 현재 중국의 최고지도자 시진핑 스스로가 이를 강하게 내세우고 있다. 2013년 1월 28일 있었던 中共 18大 중앙정치국 제3차 집단학습에서 행한 시진핑 총서기의 아래 연설이 이를 증명한다.

> "우리는 화평발전(평화적 발전)의 길을 견지할 것이다. 그러나 우리의 정당한 권익은 절대 포기할 수 없다. 국가의 핵심이익은 절대 희생할 수 없다. 어떤 외국도 우리가 핵심이익을 거래할 것이라고 희망해서는 안 되며, 우리가 국가 주권, 안전, 발전 이익의 손해를 감수할 것이라고 희망해서는 안 된다."[29]

타이완과의 통일 문제에 대해서, 주변 국가들과의 해양영토 분

---

27) 石齊平, "什麽是核心利益", 『中外管理』, 2010年 第8期; 강준영, "시진핑 시대 중국의 동아시아 정책", 『중국과 중국학』, 제24호(2015), p. 175에서 재인용.

28) "도광양회 탈피 이르다… 中 '힘의 외교' 자성론", 『조선일보』, 2011년 2월 11일, http://news.chosun.com/site/data/html_dir/2011/02/11/2011021100109.html (검색일: 2016.02.27). 자신의 실력을 감추고 자세를 낮추어 때를 기다린다는 의미의 '도광양회'에 대해서는 제4장에서 자세히 다룬다.

29) "習近平在中共中央政治局第三次集體學習時強調", 鳳凰網, http://news.ifeng.com/gundong/detail_2013_01/30/21760018_0.shtml (검색일: 2015.11.10).

쟁에 대해서, 한국과의 사드 배치 논쟁에 대해서, 미국과의 패권 경쟁에 있어서, 심지어 중국의 경제통상이익에 대해서도 이는 현재진행형이다.

3. 현대 중국외교의 두 얼굴: 개발도상국 VS 강대국

중국의 핵심이익론과 이를 뒷받침하는 강경론자들의 부국강병론은 현대 중국의 국가정체성에 대한 의문을 야기한다. 건국 이후부터 중국은 기회 있을 때마다 개발도상국가로서의 국가정체성을 강조해 왔지만, 최근 중국의 대외적 언행을 보면 강대국으로서의 자기 과시가 다분하기 때문이다. 물론 현대 중국외교사에는 이 같은 이중적인 면모가 동시에 내재되어 있다.

우선 개발도상국가로서의 중국을 살펴보자.

사회주의 정부 수립 초기 중국의 당면 과제는 단연 내부 안정이었다. 그리고 이는 철저하게 피폐해진 경제의 재건에 달려 있었다. 하지만 아편전쟁, 신해혁명, 군벌통치, 국공내전, 일제의 침략 등 청조 말기부터 100년이 넘는 대내외적 혼란을 겪고 탄생된 중화인민공화국은 자력으로 경제를 회생시킬 여력이 부족했고, 외부의 지원이 절실한 상황이었다. 당시는 제2차 세계대전이 끝나고 새로운 국제질서가 한창 형성되고 있던 시기였다. 독일, 이탈리아, 일본의 추축국에 맞서 전시동맹을 체결했던 미국, 소련, 영국, 프랑스, 중국(장제스의 국민당이 통치하던)은 이데올로기와 군사력 대결을 통해 갈라졌다.

유럽에서는 소련이 동유럽의 점령지역 가운데 일부를 소비에트

연방에 합병시키고 또 일부는 위성국가로 삼아 공산진영을 형성했다. 미국과 영국, 서독, 프랑스 등 서유럽 국가들은 이른바 서방진영을 형성했다. 그리고 이 두 진영은 곧 총성 없는 힘의 대결, 냉전을 시작했다.

냉전체제는 아시아에서도 형성되었다. 한반도의 분단을 시작으로 1949년 10월 1일 중국대륙에서는 국공내전에서 승리한 공산당에 의해 중화인민공화국이 수립되며 동아시아에서도 이데올로기와 군사적 대립이 시작되었다. 패배한 국민당은 타이완 섬으로 중화민국정부를 이전했다.

국공내전 시기 미국은 한때 장제스와 국민당의 부패와 무능에 실망하여 중국 공산당을 미래 중국의 정치적 대안으로 고려하기도 했었다. 물론 중국 공산당 역시 미국과의 협력과 연대를 모색했었다. 하지만 유럽에서의 냉전 전개에 이어 동아시아에서의 공산주의 팽창이 현실화되자 미국은 확고한 반공·반소·반중(反중국 공산당) 노선으로 선회해 장제스와 국민당을 강력히 지원했다. 이러한 상황에서 신생 사회주의 중국이 안전보장과 경제 발전을 확보할 수 있는 길은 소련에 의지하는 것, 즉 '소련 일변도(一邊倒) 전략'이 유일했다.[30] 그 최대의 성과는 소련과의 동맹조약 체결이었다.

마오쩌둥은 1949년 12월 6일 전용열차편으로 베이징을 출발해 16일 모스크바에 도착했다. 그 후 두 달여 만인 1950년 2월 14일 모스크바에서 〈중소우호동맹상호원조조약(中蘇友好同盟互助條約)〉이 체결되었다. 이를 통해 중국은 소련으로부터 군사 원조, 과학기술 및 경제적 협력과 지원 등을 얻어낼 수 있었다.

중국과 소련의 동맹은 동시에 상호 갈등의 씨앗이 되기도 했다. 동맹조약을 체결하러 모스크바에 간 마오쩌둥은 두 달이 넘게 머

30) 일변도는 "한쪽으로 치우치다"는 의미.

물며 동맹조약 체결에 매달렸지만 스탈린(Joseph Stalin)은 중국의 요구에 소극적이었고 마오쩌둥을 냉대하기까지 하였다. 동맹조약으로 성사된 소련의 지원도 중국의 기대에는 못 미쳤다. 스탈린은 중국 공산당을 신뢰하지 않았고, 얄타에서 미·영과 비밀리에 협의한 다롄(大連)항의 국제화와 소련의 항만특혜 보장, 뤼순(旅順) 조차권의 회복과 소련 해군기지화 등 소련의 이익 확대에만 관심이 있었다. 더군다나 소련은 제2차 세계대전으로 2,000만 명이 넘는 인명이 희생되고 막대한 경제적 손실을 입어 중국이 만족할 만한 원조를 제공하기 힘든 상황이었다. 따라서 중국으로서는 적대적인 미국은 물론이고 소련조차도 완전히 믿을 수 없는 상대였다. 믿을 만한 새로운 동맹군이 필요했다. 이에 중국은 내부적으로 자력갱생(自力更生)을 외치며 대외적으로는 중국과 비슷한 처지의 신생독립국가들에 주목했다. 이는 또 한편으로 공산혁명 과정의 경험에 근거한 것이었다. 1921년 7월의 창당 직후 중국 공산당은 곧바로 코민테른의 지부가 되었는데, 코민테른 강령 가운데 대표적인 것이 프롤레타리아 국제주의와 반제국주의 투쟁이었다.[31]

프롤레타리아 국제주의란 각국 공산당은 세계혁명이라는 공동이익을 위해 투쟁해야 하고 이를 위해 각국의 프롤레타리아(무산)계급이 서로 협력하여 단결해야 한다는 사상이다. 반제국주의는 강대국의 팽창과 약소국 착취에 반대하며 억압받고 수탈당하는 식민지 민중들의 해방을 지지하여 제국주의 세계질서를 붕괴시켜야 한다는 의미이다. 중국 공산당은 항일전쟁과 국공내전의 과정에서

31) 코민테른(Comintern)은 공산주의 인터내셔널(Communist International)의 약칭으로서 1919년 모스크바에서 마르크스·레닌주의를 기초로 창설된 전세계 노동자들의 공산주의 국제연합조직이다. 제3인터내셔널이라고도 불렸다.

코민테른의 이러한 강령을 충실히 따랐고 그 주요한 수단으로 농민, 노동자, 민족자산계급, 도시 소자본계급과의 연대, 즉 통일전선을 활용했고 이를 외교에도 적용하였다.

중화인민공화국 수립 후 마오쩌둥은 공산주의 세계전략의 실현을 꿈꿨다. 자신의 혁명 경험을 토대로 폭력혁명을 통한 세계혁명을 완성하고자 했던 것이다. 이를 위해서는 국제적인 프롤레타리아 계급, 즉 후일 제3세계라고 불리는 신생독립국가들과의 연대가 필요했다.

중화인민공화국 수립 이후 외교적인 측면에서의 통일전선은 여러 형태로 등장했다. 첫째, 미국 및 미국의 동맹국들에 대항하기 위한 소련과의 동맹 외에 자본주의 국가들 가운데 중화인민공화국에 우호적인 국가들과의 관계 개선 시도이다. 그러나 이는 별 성과를 거두지 못했다. 예를 들면 영국과는 1950년 2월 수교회담까지도 시작했지만, 미국의 강력한 압박과 때마침 6·25전쟁이 발발하면서 결국 성사되지 못했다. 둘째, 이른바 국제적인 프롤레타리아 세력이라고 할 수 있는 신생독립국가들과의 적극적인 연대이다. 그 가운데 중국은 특히 신생독립국가들과의 적극적인 연대와 협력에 주력했다.

제2차 세계대전의 종전 무렵 전 세계 인구의 약 1/3 가량은 열강들의 식민 통치 하에 살고 있었다. 전쟁으로 종주국들의 세력이 약화되고 국제질서가 재편되는 틈을 타 종전 이후 아시아와 아프리카의 식민 통치 지역에서는 민족해방운동이 거세게 일어났다. 이른바 탈식민지화(Decolonization) 현상이었다. 그 결과 유엔 창설 이후 80여개의 식민지가 독립하여 유엔 회원국이 되었다.[32] 오

32) 참조 유엔 홈페이지, http://www.un.org/en/decolonization/history.shtml (검색일: 2015.12.29).

랜 식민통치와 정치적 혼란으로 경제적 빈곤에 시달리던 이들은 이후 제3세계라고 불리며 미국 중심의 서방진영도, 소련 중심의 공산진영도 거부하며 독자적인 노선을 추구했다. 이들 제3세계와의 연대를 위해 중국이 강조한 것이 국제적 프롤레타리아성, 즉 피식민 경험과 개발도상국가로서의 국가 정체성이었다. 중국은 식민지배를 경험한 아시아, 아프리카 지역의 개발도상국가들과 중국을 같은 면의 프리즘을 통해 바라보았다.

인도의 역사학자 비자이 프라샤드(Vijay Prashad)에 따르면 서구에서 제3세계라는 용어는 프랑스의 비판적 지식인 알베르 소비(Alfred Sauvy) 가 1952년 8월 14일 프랑스의 반식민주의 사상지 『옵세르바퇴르(L'Observateur)』에 쓴 글에서 세계를 제1세계, 제2세계, 제3세계로 나눠보자는 주장을 함으로써 비롯되었다. 소비는 시장자본주의를 신봉하고 NATO를 구성하는 미국과 서유럽 국가들을 제1세계, 시장자본주의를 거부하고 사회주의 계획경제를 지향하며 소련에 협력하는 사회주의 국가들을 제2세계로 구분했다. 그리고 미·소 냉전에 가담하지 않고 중립을 표명한 개발도상국들을 일컬어 '제3세계'라고 불렀다.[33] 물론 소비와 중국의 제3세계 인식은 차이가 있었다. 소비의 세계 구분에서 중국은 공산진영에 속하는 제2세계의 일원이었다. 반면 중국의 마오쩌둥은 1955년 4월 인도네시아의 반둥에서 개최된 제1회 아시아·아프리카회의(Asian-African Conference, 이하 반둥회의)에서 스스로를 제3세계의 일원이라 규정하며 제2세계와 구분했다.

제1회 아시아·아프리카회의가 열린 인도네시아 자바섬의 반둥은 17세기 이래 약 350년에 걸친 네덜란드 식민통치의 중심지였다.

---

33) 비자이 프라샤드(박소현 역), 『갈색의 세계사』 (서울: 뿌리와 이파리, 2015), pp. 25-37 참조. 소비의 글은 Alfred Sauvy, "Trois Mondes, Une Planété," *L'Observateur*, No. 118(August 14, 1952) 참조.

1942년 3월 일본의 점령으로 네덜란드는 물러났고, 종전으로 1945년 8월 17일 독립을 선언했다. 그러나 식민지배 부활을 시도하던 네덜란드와 4년간의 전쟁을 치러야 했고, 그 결과 1949년 12월 2일 자바인이 중심이 된 인도네시아 공화국과 네덜란드가 만든 괴뢰세력으로 형성된 인도네시아 연방공화국을 수립했다가 1950년 8월 연방을 해산하며 인도네시아 공화국으로 복귀했다. 의원내각제를 채택한 인도네시아는 동서 어느 진영에도 가담하지 않는 비동맹·중립외교노선을 견지했다.[34)]

비동맹외교의 원형은 사실 인도가 제시했다고 해도 과언이 아니다. 인도는 1920년대부터 1947년 8월 15일 독립할 때까지 반식민지운동을 전개했다. 독립 이후 인도는 미국과 소련 그 어느 편과도 손을 잡지 않겠다고 선언함으로써 비동맹과 중립외교의 선봉에 섰다. 1947년 인도의 네루 총리는 의회에서 "우리들은 어떠한 진영에도 가담치 않음으로써 외교적 분규를 피하려고 노력해 왔다.", "타인의 싸움에 말려드는 것을 피하는 것이 우리의 정책이며 개입이 적으면 적을수록 좋다."고 언급하였다.[35)] 당시 인도 총리 네루는 탈식민 시대 서아시아와 동아시아를 잇는 가교로 인도의 역할을 강조하고 있었다. 1947년 3월 23일부터 4월 2일까지 열흘간 뉴델리에서 아시아관계회의(ARC: Asian Relations Conference)를 개최한 것도 그러한 측면에서였다. 네루에 의해 제창된 이 회의는 민족해방운동, 인종문제와 아시아 역내 이주, 경제 발전, 농업 재건과 산업 발전, 노동문제와 사회복지, 문화사업, 여성해방운동과 관련된 주제들을 논의하며 아시아의 비동맹 연대를 위한 계기를

34) 주 인도네시아 대한민국 대사관 자료, http://idn.mofa.go.kr/korean/as/idn/policy/overview/index.jsp (검색일: 2016.01.01).

35) 엄기문, "비동맹과 제3세계의 구조", 『국제정치논총』, 제22집(1982), p. 33에서 재인용.

마련했다. 한편 6·25전쟁 발발 이후 아시아는 유럽에 이은 미소 양대 진영의 대결장이 되었고, 아시아의 정치는 아시아 국가들에 의해서가 아닌 미소관계에 의해 결정되기 시작했다. 그리고 이러한 경향은 아프리카에서도 나타날 것으로 보였다. 이에 따라 비동맹 운동은 단순하게 어느 진영에 가담하지 않는다는 소극적인 태도로부터 제국주의, 식민주의, 인종주의에 대해 적극적으로 대응한다는 의미와 독립 쟁취를 위해 투쟁하는 국가들과의 유대를 강화한다는 측면에서 전개되기 시작했다.36)

1954년 4월 28일~5월 2일 스리랑카의 콜롬보에서 열린 인도·미얀마(버마)·인도네시아·파키스탄·스리랑카(실론) 등 5개국 수뇌회의(콜롬보회의)는 비동맹 중립세력 형성의 표면화를 의미했다. 이들 5개국은 냉전 체제 하에서 독자적인 아시아의 평화와 안전을 추구할 목적으로 정상회담을 개최하기로 한 것이었다. 이들을 콜롬보 그룹이라 부른다. 이 회의에서 인도네시아의 사스트로아미조요 총리는 아시아와 아프리카 지역의 신생 독립국가들을 모아 비동맹그룹회의를 개최하자는 제안을 하였고, 이 제안은 같은 해 12월 28일 인도네시아의 보고르 궁전에서 열린 콜롬보 그룹 회의(보고르 회의)에서 받아들여져 1955년 4월에 제1회 아시아·아프리카회의를 소집하기로 공표되었다.37)

한 가지 주목할 것은 당시 아시아 지역의 신생독립국가들이 이미 냉전의 블록화에 편입되고 있었다는 점이다. 즉 반둥회의는 원래 15개국이 초청될 계획이었으나 이를 논의했던 보고르회의에서는 중화인민공화국, 일본, 중화민국(타이완), 이스라엘 등의 초청여부가 논란이 되었다. 그 이유는 주로 이념과 종교적인 문제에서 비

36) *ibid.*

37) 『경향신문』, 1954년 12월 30일, 1면.

롯되었다. 보고르회의가 열리기 직전인 1954년 9월 8일 필리핀 마닐라에서는 동남아시아의 공산주의 확산을 저지하기 위한 〈동남아시아 집단 방위조약〉(Southeast Asia Collective Defense Treaty)이 체결되었는데, 미국·영국·프랑스·오스트레일리아·뉴질랜드·태국·필리핀·파키스탄의 8개국이 참여했다. 따라서 친미진영으로 분류되는 필리핀과 태국은 곧바로 반둥회의 참가 거부를 표명했다. 파키스탄은 종교적인 이유로 인도로부터 분리 독립한 직후 북서부의 카슈미르 지역 영유권을 둘러싸고 1948년 인도와 무력 충돌을 했던 터라 당연히 인도가 주도하던 '네루주의'에 반기를 들었다. 파키스탄은 공산주의 국가들에도 부정적이었다. 스리랑카(실론) 역시 네루주의와 공산주의에 상당히 비판적이었다. 일본의 참가는 주최 예정국 인도네시아가 난색을 보였다. 무슬림 국가인 인도네시아는 이스라엘에 대해서도 반대의 입장이었다. 이스라엘의 참가를 허용한다면 이미 참가 결의를 한 아랍 8개국의 동향에 영향을 미칠 수도 있었다.[38] 이러한 배경 아래 1955년 4월 18일~24일 인도네시아의 반둥에서는 제1회 아시아·아프리카회의(반둥회의)가 개최되었다. 아시아와 아프리카의 29개 독립국 대표들이 참가했으나 남·북한, 중화민국, 남아프리카공화국, 이스라엘은 이념과 호전성 또는 인종차별주의를 이유로 참가가 배제되었다.

반둥회의의 목적은 아시아와 아프리카 국가들 간의 긴밀한 협력관계를 구축하고 식민주의의 종식을 촉진하며 냉전 질서 속에서 미소 양대 진영으로부터의 중립을 선언하는 것이었다. 회의의 결과, 유엔 헌장의 원칙과 1954년 4월 인도–중국 간의 티베트 문제에 관한 협정에서 발표된 '평화공존 5원칙'을 통합한 '세계평화와 협력에 관한 10원칙(평화10원칙, 일명 반둥정신)'이 채택되었다.

38) *ibid.*

평화공존 5원칙

① 영토주권의 상호존중
② 상호불가침
③ 내정불간섭
④ 평등호혜
⑤ 평화공존

평화10원칙(반둥정신)

① 기본 인권 및 유엔 헌장의 목적과 원칙의 존중
② 국가의 주권 및 영토 통합의 존중
③ 인종과 국가 간의 평등
④ 내정불간섭
⑤ 단독 혹은 집단적 자위권의 존중
⑥ 집단 방위협정을 강대국의 이익을 위해 사용치 않고 내전(內戰) 불간섭
⑦ 침략 및 침략의 위협, 무력 사용 금지
⑧ 국제분쟁의 평화적 해결
⑨ 상호 이익과 협력 증진
⑩ 정의와 국제 의무의 존중

한편 반둥회의의 준비과정과 회의장에서 노출된 각국의 복잡한 이해관계는 이어 발생한 중인 국경 분쟁,[39] 중소 분쟁 등을 거치

39) 중국-인도 간의 국경 분쟁은 본질적인 해결 없이 현재도 진행형이다. 히말라야 산맥을 사이에 두고 약 2,000㎞에 걸쳐 접경하고 있는 양국이 서로 자국 영토라고 주장하는 분쟁 지역은 12만5,000㎢에 달한다. 중국과 인도 사이의 접경 지역은 서부, 중부, 동부로 나뉜다. 서부는 중국의 신장·티베트

며 격화되었고 결국 1965년 알제리에서 개최될 예정이었던 제2회 아시아·아프리카회의는 무산되었다. 그럼에도 불구하고 반둥회의는 미국을 중심으로 하는 서방진영과 소련을 중심으로 하는 사회주의 진영 이외의 제3세력, 즉 인류 역사상 최초로 유색인종들이 중심이 된 비동맹그룹이 중립주의 및 협력 추구를 목적으로 본격적인 연대를 형성하기 시작했다는 국제정치사적 의의를 가졌다. 그리고 이는 계속되는 아시아·아프리카 지역의 민족해방운동에 지대한 영향을 미쳤고, 신생독립국이 계속 증가되는 상황 속에서 비동맹 그룹은 점차 세를 더해가며 국제정치무대의 한 축을 담당했다.

중국은 반둥회의의 최대 수혜국이었다. 그런데 앞에서도 언급했듯이 1949년 10월 1일의 중화인민공화국 수립부터 1950년대 초까지 중국이 처한 국제적 현실은 매우 어려웠다. 동서 냉전질서의

와 인도의 카슈미르 라다크 지역이 접경하는 지역이고, 중부는 서부의 동남단부터 중국-인도-네팔 3국 접경 지역까지, 동부는 중국-부탄-인도 3국 접경 구역에서부터 중국-인도-미얀마(버마) 3국 접경 구역까지이다. 신해혁명으로 청나라가 무너진 틈을 타 1914년 영국은 청나라가 18세기 초 자국령에 편입시킨 티베트 지역과 영국령 인도 사이에 일방적으로 국경선을 선포했고, 인도는 독립 후에도 맥마흔 라인으로 불리는 이 국경선을 주장했다. 이에 대해 국민당 정부도 중화인민공화국 정부도 인정하지 않았다. 1950년 중국이 티베트를 점령하면서부터 티베트의 주권을 주장하는 중국과 티베트를 중국에서 분리시켜 식민지 시절부터의 영향력을 행사하고자 하는 인도 사이에 갈등이 발생했다. 1954년 양국이 합의한 평화공존 5원칙도 이 문제를 해결하고자 하는 외교적 노력이었다. 그러나 양국의 국경선은 여전히 획정되지 못했고, 1959년 티베트의 지도자 달라이 라마가 인도에 망명정부를 세운 후 티베트를 둘러싼 중국-인도 간 갈등은 국경 분쟁으로 증폭되었다. 결국 1962년 10월 양국은 군사적으로 충돌했다. 2017년 여름에도 동부 분쟁 지역인 히말라야 도카라(중국명 洞朗, 부탄명 도클람)에서 양국은 전쟁 일보직전까지 갔었다. 이곳은 중국-부탄 간 분쟁 지역이지만 중국이 실효지배를 하고 있고 인도가 부탄과의 상호방위조약에 따라 부탄의 외교와 국방을 지원하고 있어 실질적으로는 인도와 중국의 분쟁 지역이다.

當代中國外交編輯委員會, 『當代中國外交』 (北京: 中國社會科學出版社, 1988), pp. 173-186 참조.

치열한 대치 상황 속에서 미국은 타이완으로 패주한 국민당 정부를 지원했고, 한반도에서 중국과 군사적으로 전면 충돌했다. 심지어 한반도의 전쟁이 끝난 지 1년여가 되었을 뿐인 1954년 8월 타이완해협에서 미국과의 군사적 충돌이 재현되었다.

1954년의 제1차 타이완해협 위기는 6·25전쟁의 와중에 이미 그 서막이 올랐다. 1953년 2월 2일 아이젠하워(Dwight D. Eisenhower) 미국 대통령이 제7함대의 타이완해협 순시를 중단한다고 발표한 후 중국은 푸젠성(福建省) 연안의 타이완군이 장악하고 있던 진먼(金門)·마주(馬祖) 두 섬에 대규모 포격을 가했다. 두 명의 미군 장교가 포함된 사상자가 발생했다. 미국은 즉각 3개 항모전단을 타이완해협으로 출동시켰고 타이완군의 보복성 포격을 승인하며 중국 본토 공격과 전략핵무기 사용 계획까지 수립하기 시작했다. 1954년 11월 23일 미국과 타이완은 공동방위조약을 체결했다. 그럼에도 불구하고 중국의 지도자 마오쩌둥은 미국의 핵공격을 받는다 해도 6억의 인구와 광대한 영토를 가진 중국은 살아남을 것이라는 유명한 말을 하며 오히려 더욱 공세적으로 나왔다.

동맹관계를 맺은 소련과의 관계도 여의치 않았다. 6·25전쟁 초기 미국은 제7함대를 타이완해협으로 파견해 중국을 봉쇄했다. 중국은 타이완을 침공할 계획을 가지고 있었지만 미국의 봉쇄를 뚫고 이를 실행하기 위해서는 소련의 지원이 필요했다. 그러나 스탈린은 중국의 지원 요청을 거절함으로써 중소관계가 소원해지는 첫 계기가 되었다.[40] 1953년 3월 스탈린의 사망 이후 소련과 중국은 눈에 띄게 간극이 벌어지기 시작했다. 스탈린의 권력 승계자였던 흐루쇼프(Nikita Khrushchyov)는 중국과의 동맹에 무관심했다. 얄

40) 헨리 키신저(권기대 역), 『중국이야기』 (서울: 민음사, 2012), pp. 196-198.

타협정에서의 미소비밀협약과 중소동맹조약을 통해 소련이 차지하게 된 중국내의 각종 경제적·군사적 이권에 대해서도 중국은 불만이었다. 소련은 또 타이완해협 위기 당시 중국이 보여준 무모함과 강경함에 놀랐다. 자칫하다가는 소련에게 전략적 이득이 없는 핵전쟁의 위험을 동맹국 중국으로 인해 무릅써야 할 형편이었던 것이다.41)

따라서 이러한 시기에 개최된 반둥회의는 미국의 포위와 압박에 대항하고 소련에 대한 종속적 입장으로부터 독립적인 중국외교의 자주성을 확보하기 위한 절호의 기회였다. 대표단을 이끌고 반둥회의에 참가한 중국 총리 저우언라이(周恩來)는 최대한 온화하고 부드러운 자세를 견지하며 '평화공존'의 원칙을 강조함으로써 많은 제3세계 국가들의 지지를 이끌어 내는데 성공했다. 이때부터 중국은 '제3세계 외교의 시대'를 열었다.

반둥회의 이후 저우언라이 총리는 1956~1957년, 1960년 두 차례에 걸친 아시아 및 주변 국가 순방, 1963~1964년 아시아·아프리카 순방 등 모두 세 차례에 걸쳐 아시아·아프리카국가를 방문하여 제3세계 국가들과의 협력을 추구했으며, 그 결과 반둥회의부터 1964년까지의 10년간 중국은 25개국의 제3세계 국가들과 외교관계를 수립했다.

반둥정신은 지금까지도 중국외교의 가장 중요한 원칙으로 제시되고 있다. 중국의 역대 지도자들은 중국이 영원히 제3세계의 일원이며, 중국이 앞으로 부강해지더라도 절대 패권을 추구하지 않겠노라고 기회 있을 때마다 대내외적으로 강조했다. 특히 1978년 이래 개혁개방정책을 통해 중국의 경제 발전을 성공적으로 이끈 덩샤오핑은 "중국은 제3세계에 속하며, 영원히 대국(大國)을 추구

---

41) *ibid.*, p. 199.

하지 않는다."며 도광양회(韜光養晦)의 자세를 강조했다.[42] 그 뒤를 이어 장쩌민 역시 "중국이 훗날 선진국이 되더라도 영원히 패권을 추구하지 않는다."고 강조했다.[43]

그러나 동시에 중국은 강대국으로서의 정체성을 강조하는 이중적인 모습을 보여주기도 한다. 덩샤오핑 스스로도 "중국은 이미 다극화 구조 가운데 한 극(polarity)을 향해 나아가고 있으며, 스스로를 과소평가하지 말아야 한다."고 언급했다.[44] 이 말은 다름 아닌 강대국을 향한 중국의 의지라고 볼 수 있을 것이다. 실로 도광양회의 진정한 의미는 은밀하게 힘을 기르며 때를 기다린다는 데에 있는 것이다.

덩샤오핑의 개혁개방은 중국을 강대국의 대열로 인도했다. 덩샤오핑 집권 이래 중국은 급속하게 국제사회에서의 발언권과 영향력을 확대해 왔다. 그 바탕은 바로 경제력과 군사력의 성장이었다. 2015년 말 중국의 실질 GDP는 8조 9,090억 달러에 이르렀다. 2010년 이래로 줄곧 미국에 이은 세계 제2의 경제대국 지위를 유지하고 있다. 2015년에는 AIIB 창설을 주도하여 세계은행과 아시아개발은행에 이어 또 하나의 세계금융질서를 형성하고 있다. 세계경제는 이제 중국의 눈치를 살펴야 하는 상황이 되었다. 또한 중국은 이제 미국에 이어 세계 제2위의 군사대국으로 부상했다. 스톡홀름 국제평화연구소(SIPRI: Stockholm International Peace Research Institute)에 의하면 2016년 현재 중국의 군사비 지출은

42) 『鄧小平文選』 第三卷 (北京: 人民出版社, 1994), p. 56.

43) 1999년 10월 18일~11월 3일 장쩌민은 영국, 프랑스, 포르투갈, 모로코, 알제리, 사우디아라비아 등 6개국을 순방했다. 순방 중이던 10월 22일 영국 캠브리지 대학에서의 강연을 통해 장쩌민은 "중국의 발전과 강성이 누구를 위협하지 않을 것이며 세계의 평화, 안정, 발전을 촉진할 것이고, 영원히 패권을 추구하지 않을 것이다."고 천명한 바 있다.

44) 『鄧小平文選』 第三卷, p. 353.

2,152억 달러로 전 세계 군사비 지출(1조 6,860억 달러)의 12.8%에 달하는 것으로 나타났다. 2007년 미국 군사비 지출의 1/6에 불과했던 중국은 2016년에 이르러 1/3의 수준으로 그 격차를 줄이고 있으며 2007년 대비 108%의 증가율을 보이고 있다. 2007~2016년 연평균 군사비 증가율은 8.5%에 이르러 1.5%에 그친 미국을 크게 앞지르고 있다. 세계 3위와 4위인 러시아와 영국의 군사비 지출 규모에 비해서도 크게 앞서고 있다. 이러한 추세는 중국이 군사력 증강에 많은 투자를 하고 있음을 나타내는 것이다.[45]

이러한 중국의 경제적·군사적 부상은 외교정책의 목표를 확장시켰다. 경제 발전과 함께 중국은 적극적인 발언권과 역할의 확대를 외교정책의 목표로 추구하기 시작한 것이다. 중국은 이 같은 중국의 영향력 확대를 당연한 것으로 인식하고 있으며, 이는 국가의 국제적 지위와 영향력이 그 국가의 힘에 의해 결정된다는 현실주의적 시각에서 비롯된 것으로 보인다. 따라서 중국의 대외적 영향력 확장은 단순한 자국의 이익 확대만을 의미하는 것이 아니다. 국제체제에의 단순한 참여자가 아니라 국제질서에 영향을 끼칠 수 있는 능력도 가져야 한다는 것이다. 이에 따라 중국외교는 기존의 중미관계, 중러관계, 중일관계 등 전통적인 강대국 양자외교를 중시하며 동시에 제3세계 국가들과의 양자간 협력관계 강화 및 다자외교에 적극적으로 임하는 이른바 전방위외교(全方位外交)를 전개하고 있다. 문제는 중국의 부상과 영향력 확대가 국제질서에 어떠한 영향을 미칠 것인가 하는 것이다. 사실 탈냉전과 거의 동시에 중국은 이미 미국에 필적할만한 강대국으로 주목되기 시작했다. 소련의 붕괴로 미국 중심의 단극질서가 가시화되던 1990년대 초반부터 중국의 급속한 경제적 성장은 장차 미국의 단일 패권질서를

45) SIPRI Military Expenditure Database (www.sipri.org) 참조.

위협할 수 있는 새로운 도전자로 여겨지기에 충분했다.

이로 인해 미국 내 보수주의자들을 중심으로 중국의 성장이 국제질서를 위태롭게 할 수 있다는 이른바 '중국위협론'이 확산되기 시작했고, 이는 빠른 속도로 국제사회에 확산되었다. 중국의 주변 국가들은 과거 중국 중심의 국제질서가 재현될 가능성을 우려하게 되었다.

중국은 이 같은 중국위협론에 대응해 중국의 부상은 위협적인 것이 아니라 평화적으로 이루어질 것이라는 '화평굴기(和平崛起)'론을 제기했다. 2003년 11월 3일 보아오 포럼에서 후진타오의 핵심 참모로 알려진 쩡비젠(鄭必堅) 개혁개방논단 이사장에 의해 소개된 이 용어는 강대국으로 부상하고 있는 중국에 대한 국제사회의 경계를 낮추기 위한 외교적 표현이었다. 그마저도 '굴기'라는 용어가 주는 도전적인 의미를 희석하기 위해 2004년부터는 '화평발전(和平發展)'이라는 용어로 대체되었다. 그럼에도 불구하고 중국의 강대국화는 장쩌민에 이어 후진타오와 시진핑의 집권기를 거치며 날로 현실화되고 있다. 2001년 중국은 WTO에 가입하며 경제 성장을 위한 외부환경을 한층 확충하였고, 2002년 11월 중국공산당 제16차 전국대표대회에서 장쩌민은 향후 20년 뒤에는 중국이 세계 제2위의 경제대국이 될 것이라는 목표를 제시했다. 놀랍게도 이 목표는 10년도 안되어 달성되었다. 군사적인 측면에서도 앞에서 지적한 군사비 지출의 양적 확대는 물론이고, 현대화를 통한 군사력의 질적 증강을 적극 추진해왔다.

후진타오 집권기 이래로의 군사력 증강은 특히 괄목할만하다. 그리고 중국의 군사력 확대는 중국의 대외팽창을 뒷받침할 수 있는 해군력 강화에 집중되는 경향을 보이고 있다.

2006년 전국인민대표대회 석상에서 후진타오는 중국의 군사력 증강 필요성을 강조하였으며, 그 해 12월 27일에는 "중국이 주요 해양국가가 되기 위해서는 해군력 증강이 필수적이다."라고 이른바 해양대국론을 강조하였다. 이때부터 중국은 과거와는 다르게 항공모함 보유의 필요성과 당위성을 적극적으로 공개하는 등 해군력 증강을 통한 해양 패권 확대 의지를 적극적으로 드러내기 시작했다. 인민해방군 해군 소장 첸리화(錢利華)가 영국 파이낸셜타임즈와의 인터뷰에서 항공모함 보유 의지를 강조하는 등 군부 인사들의 발언이 중국 최고지도자의 의지를 공개적으로 뒷받침하기 시작한 것도 이때부터였다.[46] 급기야 2012년 9월 중국은 최초의 항공모함 랴오닝(遼寧)호를 실전배치하며 본격적인 군사대국으로의 면모를 보여주고 있다.

중국이 이처럼 해양으로의 팽창을 적극 추구하는 이유는 일차적으로 중국의 해양이익 때문이다. 즉 중국의 핵심이익인 국가주권, 국가안전, 영토완정에 필수적인 해양경계획정, 해양영유권, 해양자원 확보, 해상교통로의 안전 확보 등 이른바 해양이익을 확보하기 위함인 것이다. 그러나 궁극적으로 이는 미국을 염두에 둔 전략이라고 봐야 할 것이다. 중국이 자신의 영토주권과 경제 및 안보이익을 확보하고 나아가 강대국으로서 자신의 영향력을 투사하기 위해서는 필연적으로 동아시아·태평양 지역 질서를 주도하고 있는 미국의 패권과 부딪치게 된다. 그 중에서도 미국의 해양 패권을 넘어서야 한다. 미국이 오바마 행정부 시절 강력하게 추진했던 '아시아 재균형 전략(Pivot to Asia)'도 결국은 이 지역에서의 중국의 팽창을 저지하겠다는 것이었다. 팽창하는 중국과 이를 견제하고자 하는 미국의 힘겨루기가 가열되고 있는 상황에서 중국이 미국의 압박에 대응하기 위해서는 군사력 증강, 그 중에서도 해군력 증강

46) *Financial Times*, Nov.17, 2008.

이 필수적인 것이다.

증가되는 힘은 외교적으로도 중국을 더욱 자신감 넘치게 하고 있다. 시진핑이 집권하면서 미국에 제안한 '신형대국관계(新型大國關係)'의 구축이 대표적인 사례다. 이는 시진핑이 국가부주석 시절이던 2012년 처음 제시한 것으로서, 2013년 5월 국가주석으로서 오바마 미 대통령과 가진 정상회담에서 재차 강조되었다.

신형대국관계란 첫째, 미국은 강대국으로 부상한 중국을 그 지위에 걸맞게 상호평등하고 호혜적인 관계로 대해줄 것; 둘째, 중국은 미국에 군사적으로 도전하지 않으며, 국제질서 안에서 비군사적 방식으로 미국과 계속 경쟁을 하겠다는 것; 셋째, 상호간의 핵심이익 혹은 특별히 중시하는 사안은 존중해 줄 것을 요구하는 것이었다. 이는 그동안 위엔화 절상 및 무역불균형 문제, 중국의 군사력 증강, 중국의 인권 상황, 동중국해 및 남중국해 영토 분쟁, 타이완 문제, 북핵 문제 등을 둘러싼 미국과의 갈등에 대한 중국의 적극적인 외교적 대응이라 볼 수 있다. 이제는 중국도 미국과 동등한 입장에서 상호 관계를 논의할 만하다는 표현인 것이다. 다시 말해 중국은 이제 과거에 비해 보다 적극적인 자신감을 가지고 자국의 힘을 숨기지 않겠다는 강대국 지향의 대외전략을 구사하고 있다. 물론 여전히 패권을 추구하지 않겠노라고 주장하고 있지만 자국의 핵심이익에 대해서는 한 치의 양보도 않겠다고 공언하고 있는 것이다.

제2장 신중국 수립 전후의 국내외 환경

1. 종전(終戰) 그리고 내전의 끝

1945년 8월 15일 정오, 일왕(日王)은 라디오 방송을 통해 전쟁이 끝났음을 알렸다. 9월 2일 도쿄만의 미 전함 미주리 함상에서는 일본의 항복 조인식이 이루어졌다. 이로써 제2차 세계대전은 완전히 끝났다. 반면 중국은 다시 국민당과 공산당 간의 내전에 휩싸이게 되었다. 원래 국민당과 공산당 사이의 갈등은 1925년 쑨원(孫文)의 사망과 동시에 시작되었다. 그 과정을 잠시 살펴보자.

쑨원은 청나라 말기 등장한 대표적인 반청(反淸) 혁명가였다. 그는 1894년 하와이에서 청나라 타도와 공화국 수립을 목표로 하는 혁명결사 흥중회(興中會)를 조직한 뒤 1895년 홍콩에 본부를 설립하고 10월 광저우(廣州)에서 무장혁명을 시도했다. 그러나 혁명은 실패했고, 쑨원은 일본으로 망명해 1905년 도쿄에서 중국동맹회(中國同盟會)를 결성했다. 1911년 신해혁명(辛亥革命)의 성공으로 1912년 1월 1일 난징(南京)에 수립된 중화민국 임시정부의 임시대총통에 추대되고 중국동맹회를 국민당으로 개조했으나 군벌 위안스카이(袁世凱)에게 밀려나 다시 일본으로 망명했다. 1914년 일본에서 중화혁명당(中華革命黨)을 설립했고, 1919년 5·4운동 발생 후 본부를 도쿄에서 상하이로 옮겨 중국국민당으로 개편하였다.

한편 20세기 초반부터 중국에서는 사회주의를 이상으로 삼아 사회개조를 추구하려는 급진적 혁신세력들이 등장했다. 주로 지식인, 청년, 학생들이었던 그들은 1917년 러시아 볼셰비키 혁명의 성공과 1919년 중국의 5·4운동에 고무되었고, 중국의 대중(大衆)혁명을 향한 이상적 희망에 젖어 '마르크스연구회'와 같은 지하조직을 결성해 사회주의 운동을 시작했다. 결국 1921년 7월 상하이에서 중국 공산당이 창당되었고 천두슈(陳獨秀)가 초대 지도자로 선출되었다. 그런데 당시 중국에서의 공산당 결성을 지지하던 국제공산당 코민테른과 소련은 중국에서 공산당만으로 전국 혁명을 성공시키는 것은 무리라고 보았다. 코민테른과 소련은 중국의 대중적 지지를 받고 있는 쑨원과 국민당이 중국의 혁명을 실현할 수 있는 유일한 정치세력이라 판단하였고, 이에 국민당과 공산당 간의 연합을 적극 추진하였다.

쑨원은 코민테른의 권유를 받아들여 소련과 연합하고, 공산당을 국민당에 받아들이며 농민운동과 노동운동을 지원하는 연소(聯蘇), 용공(容共), 노농원조(勞農援助) 정책을 채택했다. 마침내 1924년 1월 광저우에서 국민당 제1차 전국대표대회를 개최하고 혁명정부와 혁명군사학교를 창설하였다. 공산당원은 당적을 보유한 채 개인 자격으로 국민당에 입당하는 형식을 취하여 리따자오(李大釗) 등 3명이 국민당의 중앙집행위원에, 마오쩌둥 등 4명이 중앙집행위원 후보에 선출되었다. 이로써 국민당과 공산당 간 제1차 국공합작(國共合作)의 기초가 만들어졌다. 그러나 1925년 쑨원이 병사하자 구심점을 잃은 국민당 내에서는 좌우의 대립이 격화되기 시작했다. 국민당 우파와 군을 중심으로 권력을 장악한 국민혁명군 총사령관 장제스는 1926년 베이징의 군벌 정부 평정을 위한 북벌을 시작했다.[1)] 얼마 지나지 않아 장제스와 갈등했던 국민당 내 좌파와 공산당은 연합해 1927년 초 우한(武漢)에 새 정부를 수립하고 세력 확장을 시도했다.

---

1) 베이징의 군벌 정부란 위안스카이 사망 후 휘하 군벌들 사이의 권력투쟁을 통해 등장한 돤치루이(段祺瑞) 정부를 말한다. 제1차 세계대전 종전 후의 파리 강화회의에 대표를 파견한 것도 베이징 정부였다.

좌파와 공산당 연합의 세력 확대를 우려한 장제스는 북벌을 위해 북진 중이던 1927년 4월 12일 상하이에서 대대적인 반공 숙청을 감행하며 공산당을 불법화하고, 4월 18일 난징을 국민당(우파) 정부의 수도로 정했다. 군사력이 약했던 우한정부는 곧 공산당과 결별하고 장제스의 난징정부에 합류하였다.

장제스는 1928년 7월 베이징을 장악함으로써 북벌을 완료했고, 이후 공산당 토벌에 주력하기 시작했다. 결국 제1차 국공합작은 종료되고 국민당과 공산당의 내전이 시작되었다.

한편, 우한정부에서 이탈하게 된 공산당은 저우언라이·류보청(劉伯承)·리리싼(李立三)·장궈타오(張國燾)·주더(朱德)·허룽(賀龍) 등의 지도하에 국민혁명군 내 공산당계열 부대 약 3만을 동원하여 1927년 8월 1일 국민당의 반공정책에 대항하는 무장폭동(南昌봉기)을 일으켰다. 봉기는 일시적으로는 성공했으나 계속된 봉기는 결국 실패로 끝났다.

당초 도시 중심의 혁명 노선에 반대했던 마오쩌둥은 패잔세력을 이끌고 장시성(江西省)과 후난성(湖南省)의 경계지대인 징강산(井岡山)으로 들어가 농민의 지지를 바탕으로 하는 소비에트를 구축하기 시작했다.2) 마오쩌둥의 산간 및 농촌 지역 소비에트 전략을 통한 토지혁명과 유격전술로 1930년대 초반 중국 공산당의 세력은 점차 확대되었다. 1931년 11월 장시성의 루이진(瑞金)에는 중화소비에트 공화국 임시정부가 수립되었고, 마오쩌둥이 임시정부 주석으로 선출되었다. 그러나 장제스의 국민당 군대는 공산당의 소비에트 토벌에 엄청난 노력을 기울였다. 결국 1934년 장제스의 경제봉쇄와 군사적 공세를 견디다 못한 공산당은 소비에트를 포기하

2) 소비에트는 공산당 통치 구역을 말하며 중국에서는 해방구(解放區), 홍구(紅區)라고도 칭했고, 반면 국민당 통치 구역은 백구(白區)라고 불렸다.

고 내륙 깊숙한 지역으로의 탈출, 이른바 장정(長征)을 결정했고, 서북(西北)의 싼깐닝(陝甘寧) 지역, 즉 싼시성(陝西省)의 옌안(延安)에 이르러 간신히 전열을 가다듬을 수 있었다.[3)]

그러다가 1937년 7월 7일의 전면적인 중일전쟁 발발 후 국민당과 공산당은 어쩔 수 없이 국공내전을 일차 중단하고 항일연합전선을 형성하게 되었다. 항일전쟁(抗日戰爭)이라는 공동의 목표를 향한 국민당과 공산당 간의 협력, 즉 제2차 국공합작이었다. 그러나 종전으로 국공합작의 공동 목표가 사라졌다. 장제스가 이끄는 국민당군대는 반공(反共)을 기치로 공산당이 항일전쟁을 통해 조직한 인민군대(홍군, 紅軍)와 소비에트에 대해 대규모 공세를 전개했다. 국민당과 공산당 양측은 모두 중국을 차지하고 싶어 했다. 사실 제2차 세계대전 종전 이전부터 국민당과 공산당 간의 연합은 이미 끝난 것과 다름없는 상태였다. 국공합작으로 국민당군에 편제된 공산당의 팔로군(八路軍)과 신사군(新四軍)에 대해 장제스의 통제력은 행사되지 못했고, 팔로군과 신사군의 세력은 점차 확대되었다. 장제스는 공산당을 믿지 않았고, 무엇보다 국공합작이 공산당 세력 확장의 계기가 될 것을 우려했다. 1937년 중일전쟁의 발발로 인해 어쩔 수 없이 국공합작을 받아들였던 국민당은 공산당의 세력 확대를 우려해 1939년 하반기부터 공산당 세력의 근거지인 소비에트 지역들에 대해 봉쇄조치를 단행했고, 급기야 신사군사건(皖南事變이라고도 함)을 유발했다.

중국 공산당 측의 기록에 따르면 신사군사건의 내막은 이러했다. 국공합작 이후 황허(黃河) 이남의 창장(長江: 양자강) 남북 지역에서는 공산당의 팔로군과 신사군이 일본군과 전투를 하고 있었

3) '싼깐닝'은 싼시(陝西)-깐수(甘肅)-닝샤(寧夏)의 교차 지역으로 주로 옌안 및 그 주변 지역을 지칭했다. 싼시성의 북부 지역이란 뜻의 싼베이(陝北)라고도 부른다.

으며, 그들의 세력은 약 50만 명에 이르렀다. 점차 강해지고 있는 공산당 세력에 불안을 느낀 장제스는 1940년 12월 9일 창장 이남 안후이성(安徽省) 및 저장성(浙江省)의 신사군에게 창장 이북으로 철수하라는 명령을 내렸고, 이어 황허 이남의 팔로군과 신사군을 모두 1941년 1월 30일까지 황허 이북으로 철수하라고 명령했다. 창장 남북 지역의 공산당 세력을 일본군 밀집 지역으로 내몰아 약화시키겠다는 의도였다. 어쩔 수 없이 명령에 따른 신사군 주력 9,000명은 창장을 넘었다. 1월 6일, 갑자기 8만 명의 국민당군이 나타나 창장을 넘은 신사군을 포위하고 공격했다. 신사군은 약 2,000여 명이 국민당군의 포위를 뚫고 간신히 탈출했지만 나머지는 전사, 실종 또는 포로가 되었다. 부대장 예팅(葉挺)마저 국민당 군측과 협상을 시도하려다 체포되어 군법회의에 회부되었고, 장제스는 아예 신사군을 해체해 버렸다. 그러나 1월 20일 옌안의 공산당 군사위원회는 신사군을 재건하기로 결정하고 천이(陳毅)를 부대장으로 류샤오치(劉少奇)를 정치위원으로 하는 9만 병력으로 재편하였다.[4] 그런데, 신사군사건은 오히려 장제스를 고립시키는 결과를 낳았다. 국민당 내에서도 장제스에 대한 비판여론이 일었고, 당시 홍콩에서 활동하던 쑨원의 미망인 쑹칭링(宋慶齡) 여사는 여러 차례 장제스에게 반공정책의 폐기와 항일연합의 중요성을 강조했다. 소련, 영국, 미국도 장제스의 반공정책으로 인한 항일연합세력의 약화를 우려했고, 심지어 미국은 국민당과 공산당의 갈등이 해소되기 전에는 국민당 정부에 대한 전시 원조 확대가 불가하다는 방침을 표명했다. 결국 장제스는 반공정책을 잠시 접어둘 수밖에 없었다.[5] 하지만 신사군사건으로 인해 국공합작은 사실상 끝이 났다.

4) 中共中央黨史硏究室, 『中國共産黨歷史』 上卷 (北京:人民出版社, 1991), pp. 569-573.
5) *ibid.*, pp. 574-575.

제2차 세계대전 종전 직후, 미국은 전시 동맹이었던 국민당과 장제스를 지지하면서도 한편으로는 국민당과 공산당 간의 대립을 조정하고자 시도했다. 이는 전쟁 시기부터 계속되어 왔던 중국의 미래 통치자에 대한 탐색의 연장이었다. 일찍이 태평양전쟁 발발 직후, 미국은 중국 공산당 측에 중국전선의 일본군 동향을 미군이 정찰할 수 있도록 협조를 요청했고, 중국 공산당 또한 통일전선 형성 의사를 미국 측에 전달했었다. 그러나 당시의 미국은 중국 공산당을 완전히 믿지 않았다. 1942년 2월 싱가포르가 일본군에게 함락되고 난 후에야 미국은 비로소 태도를 바꾸기 시작했다. 중국의 군사적 역할 확대가 필요했던 것이다.[6] 미국은 항일전선 역량 강화를 위해 장제스에게 공산당과의 협력을 요구했다. 하지만 장제스는 미국의 참전으로 일본의 패전은 확정적이라고 판단했고, 오직 국민당군대의 보전과 공산당세력의 억제에만 관심이 있었다.[7]

1944년 봄, 국민당군이 중국 중부와 남부에서 일본군에게 크게 패한 뒤 미국은 국민당군의 능력을 의심하기 시작했고, 오히려 세력이 확대되는 공산당을 주목하게 되었다. 나아가 미국은 종전 이후의 국제질서 수립에 있어 공산당과 국민당 중 어느 쪽이 중국대륙을 차지하는 것이 미국에 유리할 것인지를 고민하기 시작했다. 따라서 미국은 공산당에 대한 정확한 정보가 필요했다.[8] 결국 인도-버마(현 미얀마)-중국 전역(戰域)의 미군사령부는 공산당을 직접 접촉하기로 했다. 이에 따라 1944년 7월 22일 배럿(David Barrett) 대령이 이끄는 9명의 미군 시찰단 '딕시 미션(Dixie Mission)'이 공

6) 朱蓉蓉, 『抗日戰爭時期的民間外交硏究』, 蘇州大學博士學位論文(2010), pp. 67-68; 조너선 D. 스펜스·안핑 친(김희교 역), 『20세기 포토 다큐 세계사 1: 중국의 세기』 (서울: 대한교과서, 2006), p. 141.
7) 서진영, 『중국혁명사』 (서울: 한울, 1992), pp. 237-238.
8) 朱蓉蓉(2010), p. 67.

산당의 근거지 옌안에 도착했다. 1947년 3월 11일 옌안을 떠날 때까지 이들은 공산당과 홍군(紅軍) 지도자들의 성향, 정치적 주장과 군사전략, 팔로군과 신사군의 전투능력 등에 대한 다양한 관찰을 했다. 그 중에는 공산당과 홍군을 높이 평가하는 내용도 있었다. 미군 시찰단은 공산당이 광범위한 대중적 지지를 얻고 있음을 확인했다.[9)]

때마침 서방 언론인들도 마침 공산당의 활동과 그들의 근거지를 취재하러 옌안에 들어와 있었다. 뉴욕타임즈 및 내셔널지오그래픽 기자 해리슨 포맨(Harrison Forman, 중국명 福爾曼), 독일 출신의 AP통신 및 영국 맨체스터 가디언 기자 권터 슈타인(Günther Stein, 중국명 斯坦因), 로이터 및 토론토 스타 기자 겸 국민당 중앙선전부 국제선전처 고문 모리스 보토(Maurice Votaw, 중국명 莫里斯·武道), 미국 타임지와 뉴욕타임즈 기자였던 폴란드 태생의 이스라엘 엡슈타인(Israel Epstein, 중국명 伊斯雷爾·愛潑斯坦 또는 艾培), 미국 카톨릭 신부 코믹 샤넌(Cormic Shanan, 중국명 夏南汗), 소련 타스통신사 기자 1명 등이 '중외기자서북참관단(中外記者西北參觀團)'의 일원으로 1944년 6월 9일~7월 12일 사이 옌안에 들어온 것이다. 그들 중 일부는 10월이 되어서야 옌안을 떠나 충칭으로 돌아갔다.[10)] 이들은 공산당의 큰 환영을 받았다. 마오쩌둥은 이들의 취재가 해외에서 공산당 측에 유리한 여론을 형성함으로써 미국의 인식 전환(항일전쟁의 주력이 국민당이 아니라 공산당이라는)을 이끌어 낼 수 있을 것이라 기대했다.

"옌안을 방문한 외국기자들의 보도로 중국 공산당, 팔로군, 신사

---

9) 이장원, "중화인민공화국 수립 이전 중국 공산당의 공공외교에 대한 연구", 『한중사회과학연구』, 제14권 3호(2016), p. 28.
10) *ibid.*, pp. 24-26.

군 및 각 항일근거지의 진상과 연합국의 대일항전 협력에 있어서의 중요 역할을 외국인들이 명확히 이해하게 될 것이다.…미군시찰단의 성공적인 임무수행을 미리 축하하는 바이며, 중국 공산당의 항전 의지, 민주적 정책의 시행, 그리고 공산당 지도하의 항전 역량에 대해 미군지휘부가 진정한 이해를 하고 정확한 정책을 결정하게 되기를 희망한다. 이 성공적인 임무 수행으로 중국과 미국 양대 맹방(盟邦)의 단결이 증진되기를 희망한다."[11]

1944년 9월 루스벨트(Franklin D. Roosevelt) 미국 대통령은 개인특사 헐리(Patrick J. Hurley)를 중국에 파견해 국민당과 공산당 간의 갈등을 조정하려 시도했다. 그러나 헐리가 공산당 지도자들에게 가지고 간 장제스의 조건은 공산당이 수용할 수 없는 내용이었다. 장제스의 뜻은 공산당과 홍군을 국민당과 국민당군에게 종속시키겠다는 것이었다. 헐리와 공산당 간의 담판 끝에 합의안이 도출되었다. 단일한 중앙정부와 군대, 그리고 이에 대한 국민당의 지휘통제권을 인정하되 공산당을 비롯한 모든 정치세력의 합법적 지위를 승인하고 국민당 정부를 개편해 연립정부를 형성한다는 내용이었다. 마오쩌둥은 1944년 11월 10일자로 루스벨트에게 감사의 편지를 보냈다. 그러나 이 협의안은 장제스에 의해 거부되었고, 헐리는 바로 장제스의 편으로 돌아서서 공산당을 압박하기 시작했다.[12]

제2차 세계대전의 종전으로 국민당과 공산당의 갈등은 더욱 심

---

11) 공산당이 옌안에서 발간하던 해방일보(解放日報)의 1944년 8월 15일자 사설 "歡迎美軍觀察組的戰友們(미군시찰단 전우들을 환영한다)"의 일부. 中華人民共和國外交部·中共中央文獻硏究室, 『毛澤東外交文選』 (北京: 中央文獻出版社·世界知識出版社, 1994), pp. 34-38.

12) 中共中央黨史硏究室(1991), pp. 639-643.

각해졌다. 미국의 새로운 대통령 트루먼(Harry S. Truman)은 마셜(George C. Marshall) 장군을 중국으로 파견해 국민당과 공산당의 협력을 촉구했지만, 미국의 시도는 실패했다.[13)]

1946년 여름부터 전면적인 내전이 재개되었다. 미국은 장제스와 국민당의 지도력을 불신해 군사적·재정적 지원을 중단하겠다고 위협하기도 했지만, 유럽에서 시작된 냉전으로 인해 아시아 최대 국가인 중국의 공산화를 우려하지 않을 수 없었다. 결국 미국은 장제스와 국민당을 지원하기로 결정했다. 그럼에도 불구하고 국민당 정부의 총체적 부패, 인플레로 인한 경제 붕괴, 그리고 이미 떠난 민심에 더해 군사전략의 무능까지 어우러져 1948년 가을부터 전세는 공산당 측으로 기울었다. 국민당 장악 지역의 경제상황은 날로 악화되었고, 1947년 365만 명이었던 국민당군은 1948년 가을에 이르러 290여만 명으로 줄어들어 있었다. 반면 공산당의 인민해방군은 310여만 명으로 증강되어 있었으며, 1948년 11월 린뱌오(林彪)가 이끄는 동북(東北)인민해방군부대가 만주에서 국민당군을 격파한 것을 기점으로 전세가 역전되기 시작했다. 린뱌오의 인민해방군은 1949년 1월 15일 톈진(天津) 지역의 국민당군을 궤멸시켰다. 1월 16일 화북(華北) 지구 국민당군 부사령관 덩바오샨(鄧寶珊)은 린뱌오와의 평화회담을 시작해 21일 '베이핑 문제 해결에 관한 협의(關於和平解決北平問題的協議)'에 합의, 푸쭤이(傅作義) 사령관 휘하의 베이핑 수비대 25만 병력이 철수했고, 31일 인민해방군이 베이핑에 무혈입성했다.[14)]

---

13) 헨리 키신저(권기대 역), 『중국이야기』 (서울: 민음사, 2012), pp. 122-133.

14) 中共中央黨史硏究室(1991), pp. 785-800 참고. 당시 베이징(北京)은 베이핑(北平)으로 불렸고, 1949년 9월 21일 중국인민정치협상회의(中國人民政治協商會議) 제1차 전체회의에서 베이징(北京)으로 개명되었다.

1949년 10월 1일 마오쩌둥은 톈안먼(天安門)에서 중화인민공화국의 수립을 선포하고 국가주석에 취임했다. 12월 10일 장제스는 훗날을 기약하며 마지막 거점인 청두(成都)에서 타이완으로 탈출했고, 12월 27일 인민해방군이 청두에 입성했다.

이때부터 대륙의 공산당 정부(중화인민공화국)와 타이완의 국민당 정부(중화민국) 사이의 정치적, 군사적 갈등이 타이완해협을 사이에 두고 전개되었다.

2. 냉전(冷戰)의 시작

'냉전'이란 1947년부터 1989년까지 40여 년 동안 지속된 미·소 양국 중심의 동서 양 진영 간 이데올로기와 군사적 대결을 의미한다. 미·소 간의 직접적인 무력 충돌은 없었으나 군비경쟁과 체제경쟁을 바탕으로 하는 강력한 적대적 갈등이 있었으며 주변부에서는 끊임없는 국지적 충돌이 전개되었다.

냉전은 제2차 세계대전의 종전을 전후해 나타난 전시(戰時) 동맹 분열의 결과물이었다. 특히 전후 국제질서 수립을 둘러싼 미·영과 소련의 이해관계 대립과 갈등으로 과거의 동맹국이 적국(敵國)으로 변했다. 세계는 미국과 소련을 중심으로 두 개의 진영으로 분열되었다.

냉전의 원인에 대해 하버드대학교 조지프 나이(Joseph S. Nye, Jr.) 교수는 그의 저서 『국제분쟁의 이해』에서 전통주의자 (traditionalist), 수정주의자(revisionist), 탈수정주의자(postrevisionist) 세 학파의 논쟁을 소개한다. 이에 따르면 전통주의자들은 스탈린과 소련에 의해 냉전이 시작되었다고 주장한다. 제2차 세계대전 종결 당시 공산주의의 팽창을 원했던 소련보다 미국의 외교가 방어적이었다는 것이다. 1960~1970년대 초반에 주로 활동했던 수정주의자들은 종전 직후 스탈린의 정책은 온건했던 반면 미국은 전쟁을 통해 오히려 강력해졌다며 냉전이 소련의 팽창정책보다는 미국으로 인해 시작되었다고 주장한다. 시카고대학교의 브루스 커밍스(Bruce Cumings) 교수와 같은 학자가 이에 속한다. 한편 1970~1980년대에 등장한 탈수정주의자들은 냉전은 그 어느 한편의 책임이 아니기 때문에 전통주의자와 수정주의자 모두 틀렸다고 주장한다. 역사학자 존 개디스(John Lewis Gaddis)와 같은 이들은 구조적 차원에 초점을 맞추었다. 그들에 따르면 전쟁으로 유럽 국가들은 약화되었고, 힘의 진공상태에 미소 두 초강대국이 세력균형의 양극체제를 형성하려 했기에 냉전은 불가피했다는 논리다.[15)]

누가 먼저 냉전을 시작했는지 관계없이, 1946년 2월 22일 모스크바 주재 미국 부대사 조지 캐넌(George F. Kennan)이 소련을 봉쇄해야 한다는 내용의 전문을 워싱턴으로 보낸 이래 냉전은 분명해졌다.[16)] 1946년 3월 5일에는 처칠(Winston Churchill)의 '철의 장막' 연설이 이어졌다. 미국을 방문한 처칠이 미주리주 풀턴에서 "발트해의 슈체친에서부터 아드리아해의 트리에스테에 이르기까지 대륙을 횡단하는 '철의 장막'이 드리워졌다(From Stettin in the Baltic to Trieste in the Adriatic an 'iron curtain' has descended across the Continent)."며 소련의 공산권 형성 강화를 비난한 것이다. 이후 미국의 트루먼 대통령은 공산주의와 소련에 대한 봉쇄정책을 전개했다. 미국은 경제적으로 마셜 플랜(1947~1951년)을

15) 조지프 S. 나이(양준혁 역), 『국제분쟁의 이해』 (파주: 한울아카데미, 2009), pp. 189-193.

16) Telegram, George Kennan to George Marshall, February 22, 1946, https://www.trumanlibrary.org/whistlestop/study_collections/coldwar/documents/pdf/6-6.pdf (검색일: 2015.11.01).

통해 서유럽 경제를 부흥시켜 소련과 공산주의의 확산을 저지하려 했고, 군사적으로는 1949년 북대서양조약기구(NATO)를 조직해 소련과 공산권을 압박했다. 소련도 1948년의 체코 공산화, 1948~1949년 베를린 봉쇄, 1955년 바르샤바조약기구 창설로 맞대응했다.

사실 제2차 세계대전 종전 이전부터 미·영·소의 반(反)파시스트 동맹전선은 이미 분열의 조짐을 보였다. 얄타 회담(1945년 2월 4일~2월 11일)에서 미·영·소 3국의 전후 국제질서 구상이 충돌한 것이다. 얄타에서 벌어진 갈등의 주요 원인은 폴란드 문제였다. 전후 폴란드의 정부수립과 관련해, 미국과 영국은 런던의 전시 폴란드 망명정부를 지지했다. 반면 소련은 친소련파 폴란드 인민해방위원회를 지지했다. 논쟁 끝에 얄타에서는 보통·비밀·자유선거를 통해 폴란드의 정부형태를 결정한다는 일반원칙이 합의되었다. 하지만 이는 지켜지지 않았다. 소련은 자국 안보를 위해 폴란드에 영향력을 행사할 수 있도록 친소련 정부 수립을 원했고, 결국 공산정부 수립에 성공했다. 폴란드의 국경선도 논쟁거리였다. 소련은 폴란드를 점령하고 일방적인 국경선을 그었다.[17] 이때부터 소련의 동유럽 장악 시도는 점차 노골화되었다. 소련은 독일과의 전쟁으로 자국이 가장 많은 희생을 입었다고 생각했고, 헝가리, 루마니아, 불가리아 등 동유럽을 먼저 점령했으므로 동유럽에 대한 소련의 지배는 당연하다고 생각했다. 이로 인해 미국은 소련이 유럽에서 팽창정책을 추구할 것이라고 우려하기 시작했다.

종전 이후 미국과 소련 사이의 갈등은 더욱 표면화되었다. 전쟁 기간 중 미국은 핵무기 개발계획을 소련과 공유하려 하지 않았다. 하지만 소련은 스파이들을 통해 이미 미국의 핵무기개발 내용을

17) 김용구, 『세계외교사』 (서울: 서울대학교출판문화원, 2006), p. 826.

인지하고 있었다. 1945년 8월 일본에 대한 미국의 원폭투하와 일본의 항복은 핵무기 개발에 대한 소련의 의지를 더욱 확고하게 하였다. 그리고 1949년 8월 29일 소련도 독자적인 핵실험에 성공했다. 소련의 핵무기 보유는 전후 국제질서를 팽팽한 긴장상태로 몰아가는 촉매제 역할을 했다. 미국과 소련은 상대보다 강하고 많은 핵무기를 실전배치하려 했다. 그러나 상대방이 가진 핵무기의 위협 때문에 선불리 핵무기를 먼저 사용할 수 없는 이른바 공포의 균형은 동시에 재래식 군비 증강을 야기했다.

이란에서의 소련의 군사적 행동도 미·영과 소련의 갈등을 증폭시켰다. 1941년 8월 독일의 소련 침공 직후 소련과 영국은 이란에서 영향권의 경계를 설정하고 각자의 군대를 주둔시켰었다. 소련은 북쪽을, 영국은 남쪽을 차지했다. 1943년 12월의 테헤란 회담에서 루스벨트와 처칠, 그리고 스탈린은 이란의 독립과 영토주권을 보장하고 제2차 세계대전을 끝낸 후 6개월 내에 이란 영토에서 모든 외국군대를 철수시키기로 합의했다. 그러나 소련은 점령 지역 내에서 공산주의를 선동했고, 이란에서의 외국군대 철수 시한인 1946년 3월 2일이 지나서도 이란의 북쪽 지역에 병력을 그대로 주둔시켰다. 영국과 미국은 그날 이전에 철수하였다.

유엔 안전보장이사회의 첫 개회일인 1946년 1월 19일 미국의 지원 하에 이란 정부는 소련이 이란의 국내문제에 개입하고 있다고 공식적으로 비난하였고, 소련은 이를 부인하며 오히려 그리스와 인도네시아에서 영국군과 네덜란드군이 평화를 위협하고 있다고 공격하였다. 이란 위기를 계기로 미국은 페르시아만 지역에 대한 소련의 영향력 확대를 우려하게 되었고, 소련은 유엔이 미국과 영국의 도구라고 간주하게 되었다.[18]

18) 제임스 E. 도거티·로버트 L. 팔츠그라프 (이수형 역), 『미국외교정책사』

한편 나치 독일이 물러난 그리스에서는 1946년 정부군과 공산게릴라들 사이의 내전이 발발했다. 하지만 그리스 내전은 실상 독일 점령 시기부터 좌우 대립으로 이미 시작되고 있었다고 봐야 할 것이다.[19] 1941년 독일과 이탈리아, 그리고 불가리아가 그리스를 점령하자 그리스국왕 요르요스 2세와 그리스 정부는 이집트로 피신해 망명정부를 수립했다. 그러나 점령군에 대한 저항은 주로 그리스 내의 저항조직들(레지스탕스)에 의해 이루어졌다. 이들 저항조직들은 다양한 정파들이 있었고, 공산주의자들의 그리스민족해방전선 외에도 그리스민족공화동맹 같은 우파세력도 있었다. 그들은 점령군들과 싸우면서 동시에 서로가 반목하고 투쟁했다. 최대의 세력은 그리스민족해방전선의 민병대인 그리스인민해방군이었으며, 그들은 1944년 10월 연합국이 아테네를 해방시킬 즈음 이미 그리스 대부분의 지역을 장악하고 있었다.

이집트의 그리스 망명정부와 영국은 우파인 그리스민족공화동맹을 지지했다. 종전 후 영국군이 그리스에 진주했고, 1946년 3월 총선이 실시되었지만 공산주의자들은 선거에 불참했다. 결국 우파 정당이 승리를 거두었고, 그리스인민해방군 조직원들은 새로 그리스민주군을 창설하여 정부군을 공격하기 시작, 결국 전면적인 내전으로 발전했다. 반면 제2차 세계대전 중 소련은 그리스가 영국의 영향권에 편입되는데 동의했으며, 이에 따라 그리스 공산주의자들을 거의 지원하지 않았다. 그리스의 공산주의자들을 지원했던 것은 소련이 아니라 그리스 북부에 새롭게 탄생한 사회주의 국가들, 즉 유고슬라비아, 알바니아, 마케도니아였다. 그러나 미국은 소련이 그리스의 공산게릴라들을 지원하고 있다고 생각했다. 1947년,

---

(서울: 한울, 1997), pp. 90-92 참조.

19) 그리스 내전에 관해서는 던컨 힐(박수철 역), 『사진으로 기록된 20세기 전쟁사』 (서울: 시그마북스, 2011), pp. 170-171 참조.

그동안 경제적으로 군사적으로 그리스 정부군을 지원해 왔던 영국이 더 이상 지원할 여력이 없다고 선언하자 소련의 영향력 확대를 우려한 미국은 결국 영국에 이어 그리스 정부군을 지원 할 수밖에 없었다.[20]

한편, 이웃한 터키는 소련으로부터의 직접적인 군사적 위협을 받고 있었다. 원래 제2차 세계대전 기간 중 터키는 형식적으로 중립을 표방했으나 실제로는 영국과 미국의 군사적인 지원을 받고 있었다. 터키에 대한 소련의 압박은 흑해 연안 및 지중해를 통한 영향력 확장이 그 목표였다. 전통적으로 소련은 제정 러시아 시절부터 대외팽창을 위한 전략적 필요에서 흑해에서 지중해로 통하는 보스포러스와 다다넬스 두 해협의 항행권과 관할권을 원했었다. 크림전쟁 때도, 제1차 세계대전 때도 러시아의 전쟁 결정 배경에는 이 지역을 장악하고자 하는 야망이 있었고, 이는 줄곧 터키와 러시아 간 충돌의 원인이 되었다. 터키와 러시아의 충돌은 15세기 중엽까지 역사적 연원을 거슬러 올라간다. 1453년 오스만제국이 동로마제국을 멸망시킨 후 유럽으로의 팽창을 계속했고, 이에 유럽 국가들이 대응함으로써 비롯된 이른바 동방문제가 그것이다. 16세기부터 오스만제국은 쇠퇴해지기 시작한 반면 유럽 국가들은 강성해졌다. 이에 따라 그때까지 오스만제국의 유럽진출을 저지하고 있던 오스트리아와 러시아가 오스만제국에 대해 공세적인 정책을 취하기 시작했다. 17세기 말부터 오스트리아는 발칸반도 장악

20) *ibid.* 1949년 그리스의 공산주의자들은 패배했다. 유고슬라비아의 지도자 티토가 독자노선을 선언하자 소련은 유고슬라비아에 대한 지원을 중단했고, 그리스 공산주의자들은 결국 소련을 선택했다. 그러자 유고슬라비아도 1949년 7월 그리스 공산주의자들에 대한 지원을 끊었다. 이로 인해 그리스 공산주의자들은 큰 타격을 받았다. 동년 9월 많은 수의 공산주의자들이 정부군에 투항하거나 알바니아로 피신했다. 이후 알바니아도 그리스 공산주의에 대한 지원을 중단했다. 10월 16일 그리스 공산주의자들은 휴전을 선언했다.

을, 러시아는 남하정책을 추구했다. 특히 러시아는 예카테리나 2세 집권 시기(재위 1762~1796년) 본격적인 대외팽창정책을 전개했는데, 그 과정에서 오스만제국과 2번의 전쟁에서 승리했다. 그 결과 흑해와 지중해의 관문인 보스포러스해협과 다다넬스해협에 진출하고 오스만제국의 내정에 개입할 수 있게 되었다. 즉 러시아는 제1차 러시아-투르크 전쟁의 승리로써 1774년 7월 〈쿠츠크 카이나르지 조약〉을 체결해 흑해연안 일대와 크림반도의 일부를 차지했고, 그때까지 터키가 배타적으로 장악하고 있던 흑해 및 보스포러스와 다다넬스 두 해협의 자유항행권을 가지게 된 것이다. 아울러 콘스탄티노플에 러시아정교회를 설립할 권리도 가지게 되었다. 이 조약의 해석이 훗날 크림전쟁의 불씨가 되었다.[21] 이러한 배경에서 20세기 전반부에 이르기까지 두 해협을 중심으로 흑해연안을 확보하고 지중해로 진출하려는 러시아의 팽창전략과 이를 저지하려는 오스만제국 및 영국 사이의 이해관계는 지속적인 충돌로 재현되곤 했다.

제2차 세계대전 종전을 전후해 소련은 다시 이 지역의 관할권을 추구했다. 유럽에서의 제2전선 형성 문제를 논의하던 테헤란 회담(1943년 11월 28일~12월 1일)에서 처칠이 발칸반도에 제2전선을 형성하자고 주장하자 스탈린은 이를 극력 반대했다. 영·미군이 발칸에 상륙하면 종전 후 이 지역에 대한 소련의 발언권이 약화될 것을 우려했던 것이다. 그리고 포츠담 회담(1945년 7월 17일~8월 2일)에서 소련은 해협의 관할권을 주장했지만 영국과 미국은 이를 받아들이지 않았다.

1946년 8월 7일, 소련은 터키와 미국 측에 국제회의를 개최하여 해협의 통제권 문제를 논의하자고 요구했다. 동시에 흑해에서

21) 김용구(2006), pp. 236-237 참조.

해군 기동훈련을 실시하고 상당수의 병력을 터키 북쪽 국경 지대 인근의 코카서스 지역에 집중시키며 터키를 군사적으로 압박했다. 터키는 서방측에 도움을 요청했고, 트루먼 대통령은 그 지역에 육·해군 부대를 파견했다. 이에 힘입어 터키는 소련의 요구를 단호하게 거절했다. 10월 9일 미국과 영국은 터키에 대한 지원을 재확인하는 메시지를 소련에 보냈다. 10월 말, 소련은 국제회의 개최 요구를 철회했다.[22)]

이상의 그리스 내전과 터키 위기는 미국이 트루먼 독트린(Truman Doctrine)을 발표하게 된 직접적인 배경이 되었다. 1947년 2월 21일 미 국무부에는 영국이 국내의 경제적 어려움으로 인하여 3월 31일자로 그리스와 터키에 대한 경제적·군사적 원조를 중단할 것이라는 메시지가 전달되었다.

2월 26일 트루먼 대통령, 마셜 국무장관, 애치슨 국무차관 3인의 토론에서 애치슨은 만약 그리스를 상실한다면 터키를 상실할 것이고 그 결과 소련이 다다넬즈 해협을 지배해 지중해로 팽창할 것이라고 주장하며 그리스와 터키에 대한 군사·재정 원조 계획을 제시했다. 그리고 3월 12일 트루먼은 상·하 양원 합동회의에서 그리스와 터키에 대한 4억 달러 규모의 긴급 지원금 승인을 요청하는 연설을 했다.[23)]

> "지금 그리스는 국가의 존재 자체가 수천 명의 공산주의 무장 세력에 의해 위협받고 있습니다. 공산주의자들은 특히 그리스 북부 국경을 중심으로 하는 일부 지역에서 정부의 권위를 인정하지

---

22) Michael Brecher and Jonathan Wilkenfeld, *A Study of Crisis* (Ann Arb-or: The University of Michigan Press, 1997), pp. 335-336.

23) President Harry S. Truman's Address before A Joint Session of Congre-ss, March 12, 1947.

않고 있습니다.…그런데 그리스 정부는 현재의 상황에 대처할 능력이 없습니다. 그리스군은 규모와 장비보급이 열악합니다. 그리스 영토 전역에 걸쳐 정부의 권위를 회복하려면 지원과 장비보급이 필요합니다. 그리스가 자구적이고 자긍심을 갖춘 민주주의 체제가 되려면 지원이 꼭 필요합니다.…미국이 바로 그 지원을 제공해야 합니다.…그리스에 인접한 터키 역시 관심이 필요합니다.…터키의 보전은 중동에서의 질서 유지를 위해 필수적입니다.…미국 외교정책의 기본 목표 중 하나는 우리 및 다른 나라들이 강제가 없는 상태에서 삶의 방식을 자유롭게 만들고 결정할 수 있는 환경을 만드는 것입니다.…전체주의 체제의 씨앗은 고통과 재난을 자양분삼아 자라납니다. 빈곤과 분규라는 악의 토양에서 퍼지고 성장합니다.…세계 자유시민들은 그들의 자유를 위한 지원을 바라며 미국을 바라보고 있습니다."[24)]

결국 그리스·터키 원조 계획은 1947년 4월 말 의회의 승인을 받

24) "The very existence of the Greek state is today threatened by the terrorist activities of several thousand armed men, led by Communists, who defy the government's authority at a number of points, particularly along the northern boundaries.… Meanwhile, the Greek Government is unable to cope with the situation. The Greek army is small and poorly equipped. It needs supplies and equipment if it is to restore the authority of the government throughout Greek territory. Greece must have assistance if it is to become a self-supporting and self-respecting democracy.…The United States must supply that assistance.…Greece's neighbor, Turkey, also deserves our attention.…That integrity is essential to the preservation of order in the Middle East.…One of the primary objectives of the foreign policy of the United States is the creation of conditions in which we and other nations will be able to work out a way of life free from coercion.…The seeds of totalitarian regimes are nurtured by misery and want. They spread and grow in the evil soil of poverty and strife.… The free peoples of the world look to us for support in maintaining their freedoms."

아 사상 최초로 미국이 평화 시에 미주대륙이 아닌 지역에 대한 개입을 결정한 사례로 기록되었다. 터키는 미국의 원조와 지원을 받아 해협에 대한 소련의 공동 관리 요구를 거부했고, 그리스 내전은 1949년 10월 좌파 반정부세력이 미국의 원조와 군사고문단 파견으로 힘을 얻은 정부군에 투항함으로써 종결되었다. 궁극적으로 트루먼 독트린은 소련과 공산주의에 대한 봉쇄정책이었다. 그리고 그 최초의 아이디어는 캐넌이 제공했다. 전술한대로 1946년 2월 캐넌은 800자의 긴 전보를 모스크바에서 워싱턴으로 타전했다. 이는 소련체제의 본질, 목표, 그리고 행태에 관한 보고서였다. 이 전보는 또 그가 국무부 정책기획실장으로 일하던 1947년 7월 미국의 외교안보 전문지 포린어페어스에 필명 'X'를 사용해 "소련 행동의 근원(The Sources of Soviet Conduct)"이라는 논문으로 게재되었다.

전보에서 캐넌은 미국의 정책은 장기적이고 인내심이 필요하며, 소련의 팽창주의에 대한 확고한 봉쇄정책이 되어야 한다고 주장했다. 소련과 공산주의의 팽창을 힘으로 막아야 한다는 냉전 시기 미국의 대 소련 봉쇄정책의 틀을 짜는데 결정적인 역할을 한 것이다. 서유럽 경제부흥정책인 마셜 플랜도 그 연장선상에 있었다. 그리고 역시 전술한 바와 같이 1946년 3월 5일, 미국을 방문 중이던 처칠은 미주리주 풀턴의 웨스트민스터 칼리지에서 행한 연설에서 "유럽에서 철의 장막이 펼쳐지고 있다."는 유명한 말로 소련의 위협을 강조했다.

1948년 6월 11일 미국 상원에서는 이른바 반덴버그 결의가 채택되었다. 이는 미국 정부가 본토 밖에서 평화 시에도 동맹을 체결할 수 있도록 허용한 것으로, 이에 따라 10월 개최된 유럽 5개국 외상회의에서는 미국과 캐나다를 포함하는 대서양의 안전보장에 관한 북대서양동맹을 제창하였고, 미국에게 북대서양동맹조약안을 제시했다. 1949년 4월 4일 미국, 영국, 프랑스, 베네룩스 3국, 캐나다, 노르웨이, 아이슬랜드, 포르투갈, 이탈리아가 참여한 〈북대서양동맹조약(The North Atlantic Treaty)〉이 체결되었다. 트루먼 독트린과 마셜 플랜, 그리고 반덴버그 결의에 대해 1948년 6월 24일 소련은 베를린 봉쇄로 대응했다. 1949년 8월 29일 소련은 원폭실험에 성공했으며, 1955년 5월 14일 소련, 폴란드, 헝가리, 루마니아, 불가리아, 알바니아, 동독이 참여한 〈소비에트 및 동유럽 7개국 우호협력상호원조조약(바르샤바조약)〉이 결성되었다. 양대 진영은 군사적으로도 첨예한 대결구도를 갖추게 되었다.

양대 진영의 대결 구도 속에 미국의 대외전략은 소련과 공산주의의 팽창을 저지하는 데에 우선순위를 둘 수밖에 없었고, 이는 당연히 동아시아 지역에도 적용되었다. 그런데, 1949~1950년 미국은 중국에 대해 겉으로 보기엔 이해할 수 없는 행동을 취했다. 장제스와 국민당을 포기한 것이다. 이에 대한 미국의 태도는 1949년 8월 5일 발표한 〈중국백서〉에 등장한다.[25] 그것은 애치슨 국무장관이 트루먼 대통령에게 제출한 보고서 형태의 백서였다. 내용의 1/5은 19세기 말부터 20세기 전반까지의 중국정세와 미국의 대 중국 정책에 대해 언급하고 있고, 나머지 4/5는 중국과 관련된 미국 대통령들의 연설문, 국민당 정부와 왕래한 서신, 성명, 조약, 법규, 주중 미국대사의 보고서, 국민당과 공산당의 성명과 문건 등이 수록된 광범위한 내용이었다. 그 가운데 특기할만한 것은 장제스와 국민당의 무능함에 실망하고 지금까지 취해 왔던 미국의 대 중국 정책이 실패했음을 인정하고 있다는 점이다.[26]

---

25) United States Department Of State, *United States Relations with China, With Special Reference to the Period 1944-1949*, Aug. 5, 1949.
26) "미국, 장제스와 국민당을 버리다", http://www.ohmynews.com/NWS_W

이 백서가 등장하기 이전, 중국의 내전이 한창이던 1940년대 미국의 중국 정책은 일견 혼란스러운 측면이 다분했다. 중국역사 연구의 대가 페어뱅크(John K. Fairbank)는 중국 내전에 대한 미국의 개입을 시대착오적인 것이었다고 비판하고 있다. 당시 중국 관련 외교 현장의 국무성 관리들이나 인도-버마(현 미얀마)-중국 전역 사령관 조지프 스틸웰(Joseph W. Stilwell) 장군 같은 미군 지휘관들은 중국 공산주의 혁명의 실상과 세력 확장 가능성을 주시하고 있었지만, 워싱턴의 정책결정자들은 공산당과 국공내전의 실상을 제대로 파악하지 못하고 있었고 장제스와 국민당 정권에 대한 지원을 선택하고 있었다는 것이다.[27]

일본 항복 후의 1945년 가을, 국공내전의 중심은 중국의 화북과 동북(東北: 만주) 지역이 되어 있었다. 공산당군과 국민당군은 모두 이 지역을 장악하기 위해 움직였고, 미국은 소련의 개입에 대비해 베이징과 톈진을 장악하려고 약 53,000명의 해군을 화북에 투입하여 국민당을 지원했다. 그럼에도 불구하고 국민당은 패배했다. 국민당이 패한 데에는 전장에서의 어리석음과 전선 후방에서의 무능력 두 가지가 모두 작용했다.[28] 장제스는 그의 군사적 자원을 무리하게 확산시켰고, 경제적으로도 무능력했다. 일본으로부터 넘겨받은 연해 지역의 자산은 부패한 국민당 관리들의 약탈대상이 되었다. 소비재도 제대로 공급할 수 없을 정도로 국민당 통치 지역의 공업생산은 이미 중단되었다. 1948년의 화폐개혁은 오히려 엄청난 물가상승만을 초래했다. 심지어 일본이 항복한 뒤 국민당은 공산당과의 내전에 항복한 일본군을 동원했다. 국민당은

eb/view/at_pg.aspx?CNTN_CD=A0001191288 (검색일: 2016.05.01).

27) 존 킹 페어뱅크·멀 골드만(김형종·신성곤 역), 『신중국사(수정증보판)』 (서울: 까치글방, 2005), pp. 394-396 참조.

28) *ibid.*, pp. 397-399.

이런 식으로 민중의 지지를 상실했다.[29]

이러한 상황에서 미국은 장제스와 국민당에 대해 실망했고, 실망은 곧 행동으로 옮겨졌다. 마오쩌둥이 소련과의 동맹조약 체결을 위해 모스크바에 머물고 있던 1950년 1월, 미국은 공식적으로 장제스와 국민당을 포기하는 선언을 한 것이다.

1950년 1월 10일 상원외교위원회의 비공개회의에 참석한 국무장관 애치슨은 미국의 극동방위선이 타이완의 동쪽 즉, 일본-오키나와-필리핀을 연결하는 선이라고 말했고, 이틀 뒤 외교위원장 톰 코널리(Tom Connally)는 이 사실을 공식 발표했다.[30] 이른바 애치슨라인의 선언이었다. 이어 애치슨은 워싱턴의 내셔널프레스클럽에서 행한 연설을 통해 미국의 태평양 지역 방위선을 알류샨 열도-일본-오키나와-필리핀을 잇는 선으로 한정한다고 재확인했다.[31] 즉 장제스와 국민당이 이전한 타이완은 미국의 아시아·태평양 방위선에서 제외되었다는 것이다. 그런데, 여기서 한 가지 지적해야 할 것은 애치슨의 연설에 숨어 있는 미국의 절묘한 의도이다. 키신저는 애치슨이 "누가 장기적으로 중국을 위협하는가?"를 지적하고 있는 것이라고 설명했다. 이는 곧 중국의 영토를 원하는 소련의 의도를 경고하는 것이며 아울러 소련의 영향력을 거부했던 유고슬라비아의 티토가 취했던 자세를 노골적으로 중국에게 제안한 것과 다름없었다는 것이다. 말하자면 애치슨은 이념이 아닌 국익에 기반한 새로운 중미관계를 제시했다는 것이다.[32]

29) *ibid.*, pp. 399-401.
30) 『경향신문』, 1950년 1월 12일, 1면.
31) Dean Acheson, "Speech on the Far East," The National Press Club, January 12, 1950.
32) 키신저(2012), p. 157 참조,

"공산주의 체제는 새로운 수단과 기술 그리고 개념을 러시아 제국주의에게 더해주었다. 이러한 공산주의적 개념과 기법은 새롭고 은밀한 침투 무기로 러시아 제국주의를 무장시켰다. 이러한 새로운 파워로 무장한 가운데 중국에서 무슨 일이 벌어지고 있는가? 소련이 중국의 북부 지역을 분리해 그것을 소련에 갖다 붙이고 있는 것이다. 외몽골은 그 작업이 이미 완료되었고, 만주에서는 거의 완료되고 있다. 나는 내몽골과 신장에서 소련 스파이들에 의해 모스크바로 유의미한 보고서들이 보내지고 있다고 확신한다.… 우리는 지금까지 견지해 온 입장을 취해야만 한다. 누구든 중국의 영토 보전을 침해하는 자는 중국의 적이다. 그것은 우리의 이익에 위배되는 것이다.…"[33)]

역설적이지만, 키신저의 설명대로라면 미국의 의도는 장제스와 국민당을 포기하고 마오쩌둥과 공산당을 암묵적으로 인정함으로써 중국과 소련을 이간질 시키고 궁극적으로는 중국을 이용해 동북아시아에서 소련을 견제할 속셈이었다는 것이다. 하지만 중국은 결국 소련과의 동맹을 체결하는데 성공했고, 1950년 한반도에서 발발한 6·25전쟁을 기점으로 동아시아의 냉전체제는 확실해졌다.

---

33) "…the Communist regime has added new methods, new skills, and new concepts to the thrust of Russian imperialism. This Communistic concept and techniques have armed Russian imperialism with a new and most insidious weapon of penetration. Armed with these new powers, what is happening in China is that the Soviet Union is detaching the northern provinces [areas] of China from China and is attaching them to the Soviet Union. This process is complete in outer Mongolia. It is nearly complete in Manchuria, and I am sure that in inner Mongolia and in Sinkiang there are very happy reports coming from Soviet agents to Moscow.…We must take the position we have always taken—that anyone who violates the integrity of China is the enemy of China and is acting contrary to our own interest.…"

3. 한반도의 분단과 중국-소련-북한의 6·25전쟁

제2차 세계대전 중 얄타 회담에서 미국과 소련이 합의한 대로 일본 패전 후 북위 38도선을 경계로 한반도의 남쪽은 미군이, 북쪽은 소련군이 진주하였다. 그 결과 1948년 8월 15일 남한에는 대한민국 정부가 수립되었고, 9월 9일 북한에는 조선민주주의인민공화국이 수립되었다. 그리고 1950년 발발한 6·25전쟁은 한반도의 냉전, 나아가 동아시아의 냉전을 본격화 시킨 계기가 되었다. 그 이유는 6·25전쟁의 성격 때문이었다. 6·25전쟁은 당사자인 남북한 이외에도 중국과 소련이 전쟁의 발발과 전개, 그리고 휴전에 이르기까지의 전 과정에서 북한을 지원하며 개입하였고, 미국을 비롯한 유엔 16개 회원국이 한국을 지원하며 참전하였다. 이른바 국제전이었다. 중국은 이 전쟁에서 무려 36만여 명이 넘는 막대한 인명손실을 기록하였고,[34] 타이완 해방은 요원하게 되었으며 국제적으로도 고립되었다. 이제 막 새로운 정부를 수립한 중국이 그렇게 큰 피해를 감수하면서까지 6·25전쟁에 개입했던 이유는 무엇일까?

한중수교 25주년이 된 지금까지도 6·25전쟁에 대한 중국의 공식적인 입장은 변함이 없다. 2017년 8월 1일 중국인민해방군 건군 90주년 기념행사에서 시진핑 주석이 언급한 용어도 여전히 '항미원조전쟁(抗美援朝戰爭)', 즉 북한을 지원하여 미국의 침략에 반대한 전쟁이라는 것이었다. 미국을 6·25전쟁에 부당하게 개입한 제국주의 침략자로, 중국은 정의를 수호하기 위해 북한을 지원한 국

34) 1950년 10월 25일부터 1953년 7월 27일까지의 중국측 피해는 전사 11만 6천여 명, 부상 22만여 명, 실종 및 포로 2만9천여 명으로 집계된다. 軍事科學院軍事歷史硏究部, 『抗美援朝戰爭史』 第三卷 (北京: 軍事科學出版社, 2000), p. 461.

가로 인식하고 있는 것이다.[35] 중국에서 지금까지 출판되어 온 공식적인 문서들도 일관적으로 6·25전쟁을 '항미원조전쟁'으로 기술하고 있다. 다만 중국 정부의 입장과는 선을 달리하는 학술적 차원의 의견들이 등장하고 있는 것은 주목할 만한 일이다. 예를 들면 션즈화(Shen Zhihua: 沈志華) 같은 중국학자가 대표적이다. 그는 누가 먼저 방아쇠를 당겼느냐와 같은 문제는 중요하지 않다는 입장이지만, 그럼에도 불구하고 '항미원조전쟁'이 아닌 '조선(한국)전쟁'이라는 용어를 사용하고 있고, 실질적으로 소련의 원조와 지지 하에 이뤄진 중국과 미국 사이의 전쟁, 즉 국제전이라고 전쟁의 성격을 규정하며, 조선인민군(북한군)이 38선을 넘어 대규모 공격을 개시한 시점으로부터 전쟁의 시작 단계를 파악하고 있다. 또한 개전 초기의 조선전쟁이 내전으로 보이기도 하지만 스탈린과 마오쩌둥의 동의 없이 내전이 발발할 수는 없었다고 설명한다.[36] 이러한 점에서 그는 전통적인 중국의 시각과는 다른 차원의 논의를 전개하고 있다.

> "누가 먼저 방아쇠를 당겼든지 상관없이, 즉 조선(북한)이 먼저 공격하였든지 혹은 한국이 조선(북한)을 공격하였든지와 관계없이, 6월 25일 조선인민군이 신속하고 순조롭게 38선을 돌파한 것은 김일성이 일찍부터 대규모 전쟁을 준비하였고 실제로 이를 실행하였음을 증명한다. 반대로 한국은 '북진' 의도와 그 동기가 있었다 하더라도, 이에 대한 준비가 전혀 없었고 이를 행동으로 옮기지도 않았다."[37]

35) 習近平, "在慶祝中國人民解放軍建軍90週年大會上的講話", 2017年 8月 1日, 『人民日報』, 2017年 8月 2日, 第2版.
36) 션즈화(김동길 역), 『조선전쟁의 재탐구』 (서울: 선인, 2014), pp. 60-61.
37) *ibid.*, p. 285.

6·25전쟁과 중국은 크게 두 가지 문제와 연계된다. 하나는 전쟁의 발발에 있어 중국이 어떠한 역할을 했느냐의 문제이다. 특히, 처음엔 김일성의 남침계획에 반대했던 마오쩌둥이 왜 동의하는 쪽으로 돌아섰느냐는 의문이다. 다른 하나는 군사적 개입이다. 김일성의 남침계획에 동의했다 하더라도 1950년 10월의 군사개입은 건국한지 겨우 1년 남짓한 중국으로서는 대단히 큰 모험이었다. 그 이유는 무엇이었을까?

우선, 전쟁 발발과 관련된 '중국의 역할'에 대해서는 '소련의 역할'과 마찬가지로 그동안 여러 연구들이 출현했다. 특히 탈냉전기 들어 기밀 해제된 구 소련의 외교문서들을 통해 최근 일부 연구자들이 당시 스탈린과 마오쩌둥, 그리고 김일성 사이에 오간 전문과 대화록을 해석함으로써 그들의 역할과 상호 관계를 파악할 수 있는 실마리를 제공해 주고 있다. 그럼에도 불구하고 그 어떤 연구도 아직까지는 당시의 상황을 완벽하게 재현해주지 못한다.

이와 관련한 기존의 주장들을 분류해 본다면 대략 다음과 같다.

첫째, 망설이던 스탈린과 마오쩌둥을 설득하여 남침을 감행한 김일성이 전쟁의 주도자라는 주장이다. 예를 들면, 웨더스비(Kathryn Weathersby)는 김일성이 스탈린에게 여러 차례에 걸쳐 무력통일을 간청했다는 점에 주목한다.[38] 김정배는 김일성이 주도면밀하게 스탈린이 반대하지 못하도록 상황을 몰고 갔고, 스탈린이 다시 마오쩌둥을 '동의'할 수밖에 없도록 몰고 갔다고 분석한다.[39]

둘째, 스탈린이 주연이라는 주장이다. 울람(Adam B. Ulam), 박명림, 곤차로프(Sergei N. Goncharov), 루이스(John W. Lewis),

---

38) "Letters: Stalin, Kim, and Korean War Origins," *Cold War International History Project*(이하 *CWIHP) Bulletin*, Issue 4(Fall 1994), p. 21.

39) 김정배, "스탈린은 왜 한국전쟁을 '허락'했는가?: 새로운 시각", 『역사학보』, 제188집(2005), pp. 269-297.

쉬에리타이(Xue Litai), 션즈화 등의 주장이 여기 해당된다.[40] 예를 들어 션즈화는 "전쟁의 시작에 가장 중요한 역할을 한 인물은 스탈린이다. 만일 스탈린의 동의가 없었다면, 조선(북한)은 공격할 용기도 능력도 없었다."고 주장한다.[41] 김일성과 마오쩌둥은 조연이었다.

셋째, 수정주의 냉전관(冷戰觀)을 가진 것으로 유명한 브루스 커밍스(Bruce Cumings)는 김일성과 마오쩌둥의 관계에 주목한다. 당시의 북중관계는 김일성이 소련과 중국 사이에서 줄타기를 할 수 있는 비장의 카드였고, 남침의 시기 역시 김일성이 마오쩌둥에게 요청한 조선의용군 출신 병력의 입북과 관계되어 있다는 것이다.[42]

넷째, 커밍스와는 반대로 김일성이 실은 마오쩌둥의 도움을 원하지 않았고, 따라서 남침 결정에 대한 중국의 역할이 미비했다는 주장도 있다. 키신저, 션즈화 등에 따르면, 김일성은 1950년 5월 13일의 베이징 비밀 방문에서 남침계획에 대한 스탈린의 동의를 얻었음을 마오쩌둥에게 알리면서 동시에 군사적 지원을 원하냐는 마오쩌둥의 질문에는 북한 스스로 해결할 수 있어 중국의 군사적 지원은 필요 없다고 거절했다. 다시 말해 김일성의 입장에서 보면, 이미 소련의 지원 약속은 받아 놓았고, 중국 방문은 마오쩌둥의 동의를 얻어오라는 스탈린의 요구를 만족시키기 위한 것에 불과했다. 그리고 김일성은 중국에 종속되기 싫어했다. 반면 마오쩌둥은

40) "Letters: Stalin, Kim, and Korean War Origins,"; 박명림, 『한국전쟁의 발발과 기원 Ⅰ: 결정과 발발』 (서울: 나남출판, 1996), p. 193; Sergei N. Goncharov, John W. Lewis, Xue Litai, *Uncertain Partners: Stalin, Mao, and the Korean War* (Stanford: Stanford University Press, 1993), p. 142; 션즈화(2014).

41) 션즈화(2014), p. 350.

42) "Bruce Cumings and Kathryn Weathersby: An Exchange on Korean War Origins," *CWIHP Bulletin*, Issue 6/7(Winter 1995/1996), pp. 120-121.

타이완 해방 후에야 김일성의 계획을 지지할 생각이었지만 김일성과의 회담 바로 다음날 스탈린의 전문을 받고는 어쩔 수 없이 남침에 동의했다.[43] 따라서 전쟁 발발에 대한 중국의 역할은 수동적이었다는 것이다.

어느 경우든, 결과적으로 6·25전쟁은 김일성의 계획과 이에 대한 소련, 중국의 사전 인지, 동의 혹은 지원 등의 밀접한 관계가 있음을 부인할 수는 없다.

그런데, 스탈린과 마오쩌둥이 처음에 김일성의 남침 계획에 부정적이었다면, 나중에는 왜 남침을 지지하는 쪽으로 돌아섰을까? 특히 마오쩌둥은 당시 중화인민공화국 수립을 선포한지 불과 몇 달 되지 않은 시점에서, 더군다나 신생공화국으로서의 정치·경제적인 안정은커녕 아직도 국민당 잔존세력과의 전투와 타이완 침공을 준비해야 하던 불안한 상황에서 왜 그러한 결정을 했을까?

물론 6·25전쟁에서 전면전에 대한 최초의 제안자는 단연 김일성이다.[44] 김동길과 박다정에 따르면, 1949년 3월 4일 모스크바를 방문한 김일성은 사흘 후(3월 7일) 스탈린과의 회담에서 무력통일에 대한 지지와 지원을 요청했다. 그러나 이때 스탈린은 김일성의 제안을 거절했다. 스탈린은 "조선인민군이 남한에 대해서 압도적 우위를 점하고 있지 않으며, 현재 남한에 미군이 주둔하고 있어 충돌이 발생할 경우 개입할 수 있고, 38선은 미국과 합의된 유효한 분계선"이라는 이유를 들어 김일성의 선제공격 제안을 거부했다.[45]

---

43) 키신저(2012), pp. 165-166; Shen Zhihua, "Sino-North Korean Conflict and its Resolution during the Korean War," *CWIHP Bulletin*, Issue 14/15(Winter/Spring 2003/2004), p. 9.

44) 안치영, "중소관계와 한국전쟁의 결정", 『중앙사론』, 42집(2015), p. 484.

45) 김동길·박다정, "중화인민공화국 건국 전후 및 한국전쟁 초기 중국의 한국전쟁과 참전에 대한 태도 변화와 배경", 『역사학보』, 제225집(2015), p. 236; 이 같은 스탈린의 태도는 션즈화의 연구에서도 확인된다. 션즈화

스탈린의 이 같은 태도는 1949년 말까지 계속되었다는 것이다.[46)]

마오쩌둥 역시 스탈린과 마찬가지로 김일성의 선제공격에 소극적이었다. 1949년 4월 말, 김일성은 조선인민군 정치국장 김일을 비밀리에 특사로 중국에 파견해 마오쩌둥, 주더, 저우언라이 등을 면담했다. 이때 마오쩌둥은 한반도의 남북한 간에 전쟁이 발발할 경우 지원을 하겠다는 의사를 표시했지만, 남한을 선제공격하지 말고 더욱 유리한 형세를 기다려야 한다고 했다. 다시 말해 당시 타이완 해방을 위한 준비에 열중하던 마오쩌둥으로서는 김일성이 남한을 먼저 공격함으로써 타이완 공략 작전에 미칠 악영향을 우려했고, 또 북한이 곤란한 상황에 직면할 경우 사실은 원조를 제공할 능력도 없었기에 북한의 남침을 반대했다는 것이다.[47)] 이로 미루어 보면, 중국은 이때 이미 북한의 남침계획을 짐작하고 있었거나 혹은 적어도 한반도에서의 전쟁 발발 가능성을 높게 보고 있었던 것이다. 하지만 동시에 마오쩌둥이 김일성에게 그 당시 상황에서 남침을 하는 것은 반대이며 더욱 유리한 형세를 기다려야 한다고 한 그 말 때문에, 즉 "인민해방군의 주력이 창장 이남에 있기 때문에 상황이 유리해 질 때를 기다려야 한다."라는 대목은 마오쩌둥이 남침 자체에 반대한 것은 아니라고도 볼 수 있는 근거가 된다.[48)]

김동길과 박다정에 따르면, 중화인민공화국이 수립된 직후인 1949년 10월 21일 마오쩌둥은 스탈린에게 보내는 전보에서 북한이 남한을 공격해서는 안 된다는 입장을 전달하였고, 스탈린도 이에 동의하였다. 중국은 적어도 1950년 3월 말까지는 이 같은 태도

(2014), pp. 153-154.

46) 김동길·박다정(2015), p. 237.

47) 션즈화(2014), pp. 304-305.

48) 안치영(2015), pp. 484-485 참조.

를 견지하고 있었던 것으로 보인다.[49] 즉 1950년 3월 말, 김일성의 중국 방문 문제를 논의하는 자리에서 마오쩌둥과 저우언라이는 주중 북한대사 이주연(李周淵)에게 "북한이 가까운 시기에 남한에 대한 군사행동을 할 계획이라면 김일성은 비공식 방문을 해야 한다."면서도 "김일성의 공식 방문을 원한다."고 요구했다는 점에서도 그러하다.[50] 그런데, 1950년 초부터 스탈린은 태도를 바꾸어 김일성의 제안에 동의하였고, 5월에는 마오쩌둥도 동의하게 되었다.

먼저 스탈린의 태도가 바뀌는 과정을 간략히 살펴보자. 1950년 1월 19일 북한 주재 소련대사 시티코프(Terenty F. Shtykov)는 모스크바에 보내는 전문에서 이틀 전 김일성과의 회동 내용을 보고했다. "김일성은 스탈린을 다시 만나고 싶어 했고, 그것이 힘들면 당시 중소동맹조약 체결을 위해 모스크바를 방문 중이던 마오쩌둥을 만나게 해달라고 요청했다. 마오쩌둥을 만나기만 하면 모든 문제가 질서를 찾게 될 것이라고 했다. 그는 마오쩌둥이 중국내전이 끝나면 한반도 통일 노력에 지원을 약속했다고 주장했다. 지난여름 마오쩌둥은 만주에서 중국 공산당과 함께 국민당에 대항해 싸웠던 조선인 출신 부대 2개 사단을 북한으로 보냈다."는 내용이었다.[51] 1950년 1월 31일 시티코프는 스탈린에게 보낸 전보에서 "1월 17일 북한 외상 박헌영과의 대화 이후 스탈린 동지의 지시대로 1월 30일 김일성과의 회담을 가졌으며, 스탈린 동지의 지시 중 첫

49) 김동길·박다정(2015), p. 237.
50) *ibid.*, p. 238.
51) 윌리엄 스툭(서은경 역), 『한국전쟁과 미국 외교정책』 (파주: 나남출판, 2005), pp. 101-102에서 재인용. 원문은 Shen Zhihua, "Sino-Soviet Relations and the Origins of the Korean War: Stalin's Strategy Goals in the Far East," *Journal of Cold War Studies*, Vol. 2, No. 2(Spring 2000), p. 65 참조.

번째를 명확히 김일성에게 전달했다. 김일성은 내 이야기를 듣고 크게 만족해했다. 김일성에 대한 동의와 이 문제(남침)에 대한 지원 준비는 그에게 깊은 인상을 주었다. 김일성은 이 문제에 관해 스탈린 동지를 만날 수 있다는 의미냐고 물었고, 나는 스탈린 동지가 당신을 맞이할 준비가 되었다고 말했다."[52] 1950년 3월 초부터는 북한군의 무장 강화를 위한 무기, 탄약, 기술 장비 등을 조속히 지원해 달라는 김일성의 메시지가 스탈린에게 전달되었으며, 시티코프를 통한 3월 18일자 스탈린의 회신은 "완전히 만족할만한 지원을 해주겠다."였다.[53] 1950년 3월 21일 시티코프는 비신스키(Andrei Y. Vyshinskii) 소련 외상에게 김일성과의 면담 결과에 대해 "지시대로 김일성을 만나 3월 18일자 스탈린 동지의 회신을 전달했으며, 김일성은 4월 초에 비공식 방문으로 스탈린 동지를 만나고 싶다는 자신의 메시지가 전달되었는지 물었다며 스탈린과의 만남에서 김일성이 한반도 통일의 방법에 대해 논의할 것"이라고 보고했다.[54] 실제로 1950년 3월 30일부터 4월 25일까지 김일성은 모스크바를 방문하여 스탈린과 세 차례 회담을 가졌고, 이때 스탈린은 김일성의 요구에 동의했다. 이는 키신저의 기억에서도 확인되고 있다. 키신저는 "김일성이 모스크바를 방문하자 스탈린은 김일성의 요청에 녹색 신호를 보냈다."고 적고 있다.[55] 션즈화 역시 아래와 같이 언급하고 있다.

"1966년 8월 9일, 소련 외교부가 브레즈네프 등 소련 지도부

52) Kathryn Weathersby, "New Russian Documents on the Korean War," *CWIHP Bulletin*, Issue 6/7(Winter 1995/1996), p. 36.
53) *ibid.*, p. 37.
54) *ibid.*, p. 38.
55) 키신저(2012), p. 161.

에 제출한 〈조선전쟁 배경에 관한 보고서〉에서 스탈린은 김일성이 1950년 3~4월에 모스크바를 방문하는 동안, 조선(북한)이 입안한 방안을 최종 승인하였다."[56]

박명림에 의하면, 김일성의 남침계획에 대한 소련 측의 최종 동의는 1950년 3월 소련공산당 정치국회의에서 결정되었다.[57] 그리고 김일성이 모스크바에서 돌아온 직후부터 소련은 남침에 동의하는 전보를 북한에 보냈고, 소련의 무기들이 대량으로 북한에 도착하기 시작했으며, 1950년 5월부터는 북한 주재 소련 군사고문단이 다수의 작전 전문가들로 교체되었다.[58]

그렇다면 스탈린은 왜 김일성의 남침계획에 반대하다가 승인하는 쪽으로 변화되었을까? 이 문제에 대해서는 아직도 많은 논의가 진행되고 있으며, 그 어떤 합의된 견해가 존재하지 않는 것으로 보인다. 아래에서는 지금까지 등장한 몇 가지 논의를 소개해 본다.

스툭은 다음과 같이 이유를 제시한다.[59] 첫째, 국제환경의 변화이다. 스탈린은 중국 공산당이 승리했기 때문에 더 이상 내전에 신경 쓰지 않고 김일성을 지원하는 데에 관심과 에너지를 쓸 수 있게 되었고, 필요한 경우엔 중국이 군대를 보내 지원할 수도 있을 것이라 생각했다. 또 중국 공산당의 내전 승리는 아시아 혁명세력의 힘을 보여주고 미국의 취약함을 증명하는데 중요한 역할을 했다고 평가했다. 1949년 8월 소련의 원폭실험 성공, 1950년 2월의 중소동맹조약 체결로 동북아시아에서 미국을 상대하는데 자신감을 얻게 되었다. 둘째, 1948년 12월 발표된 미국의 NSC-48 보

56) 션즈화(2014), p. 331.
57) 박명림(1996), pp. 146-148.
58) 션즈화(2014), p. 336.
59) 스툭(2005), pp. 102-105.

고서, 1950년 1월 12일의 애치슨선언으로 스탈린은 미국의 방위선에서 한반도가 제외된 사실에 주목했다. 그러나 동시에 스탈린은 유사시 미국의 군사적 개입을 우려했다. 이 때문에 만일 미국과 문제가 생길 경우 소련은 개입하지 않을 것이며 중국에 도움을 요청하라고 김일성에게 강조했다는 것이다.[60] 셋째, 중소동맹조약의 체결이다. 이 조약을 통해 중국은 소련에게 뤼순과 다롄 및 창춘철도(長春鐵路)에 대한 관할권을 늦어도 1952년 말까지 반환할 것을 요구했다. 즉 중국이 만주에서 소련의 특권을 무너트리는 것은 시간문제라는 것을 스탈린도 알고 있었으며, 따라서 이를 대체할 친소 정권이 한반도를 통일하는 것이 중요했다. 1949년 3월 북한과 소련은 소-북 연결 철도 부설에 합의했다. 김일성의 남침이 성공했다면 이는 소련을 한반도 남쪽의 부동항으로 연결시키는 주요 교통로가 되었을 것이다.

한편, 중소동맹과 관련해 션즈화도 소련의 지정학적인 사고로부터 스탈린의 태도 변화 이유를 설명하고 있다. 그에 따르면 1949년 말까지 소련의 한반도 정책은 3단계로 구분된다. 제1단계(1945~1946년)는 국제신탁통치 방식과 미국과의 협력을 통해 소련에 우호적인 통일정부를 세우는 것으로서 스탈린이 가장 마음에 들어 하는 방안이었다. 제2단계(1946~1947년)는 한반도 북방의 정치경제 능력을 강화해 한반도의 통일을 가속시킨다는 것이었다. 제3단계(1947~1949년)는 미소공동위원회가 중단되고 남한에서 단독선거가 실시된 후, 미국에 대항하기 위해 북한이 단독정부를 구성할 수 있도록 지원하고 이를 통해 한반도 북부를 통제한다는 것

60) 스탈린이 미국의 군사적 개입을 우려했고, 만일의 경우 소련은 개입하지 않고 빠져나갈 것이고 뒷일은 중국에게 미루겠다는 내용은 다른 연구자의 주장에서도 확인된다.

이었다. 이는 미소 냉전 발발 후 소련에게 강요된 선택이었다.[61)]

이에 따르면 스탈린의 목적은 폴란드 전체를 통제한 것처럼 한반도 전체를 통제하려 한 것이 아니었다. 스탈린은 북한과 우호적 관계를 유지하고 한반도에서 소련과 미국의 이익 및 영향력의 균형을 유지하고자 했다는 것이다.[62)] 그 근거로 션즈화는 다음과 같이 1945년 9월 20일 스탈린이 소련 극동군 총사령관 바실렙스키(Aleksandr M. Vasilevsky)와 연해주군관구 군사위원회 및 제25군단 군사위원회에 통보한 내용을 제시한다.

> "북한 지역에서 소련 정부의 위원회와 기타 기구들을 설치하지 말 것; 각 항일 민주정당과 단체들의 광범위한 연합을 기초로 자산계급 민주정부를 수립할 수 있도록 북한을 도울 것; 소련군이 점령한 북한 각 지역에서 현지 주민들이 항일 민주정당과 단체를 조직하는 것을 방해하지 말고 도와줄 것; 현지주민들에게 소련군이 북한에 들어온 것은 일본 침략자를 소멸시키기 위한 것이지 북한에서 소비에트 제도를 실시하려고 하거나 북한 영토를 장악하기 위한 것은 아니라는 점 등을 정확히 설명할 것…."[63)]

말하자면 스탈린의 목표는 한반도에 소련과 우호적인 정부를 수립하는 것뿐이었다.[64)] 하지만 이것만으로는 스탈린이 김일성의 남침을 지지한 이유를 설명하기는 불충분해 보인다. 션즈화는 여기서 더 나아가 스탈린이 한반도에 대해 지정학적인 전략적 사고를 가지고 있었기 때문에 김일성의 전쟁을 필요로 했다고 주장한다.

---

61) 션즈화(2014), p. 126.
62) *ibid.*, pp. 127-128.
63) *ibid.*, p. 128.
64) *ibid.*, p. 151.

스탈린이 한반도에 대한 정책을 바꾼 시기는 1950년 1월이라는 점을 눈여겨봐야 한다는 것이다. 이 시기는 마오쩌둥이 과거 장제스의 국민당 정부가 소련과 맺은 중소동맹조약을 폐기하고 새로운 중국과 소련 간의 동맹조약을 체결하자고 모스크바에 머무르던 때였다. 션즈화의 추론은 여기서부터 출발한다.

새로운 중소동맹조약과 관련해 중국 측은 〈뤼순, 다롄항 및 창춘철도에 관한 협정〉 초안을 소련 측에 제출하며 2년 이내에 중국이 동북 지방에서 소련에게 양도했던 모든 주권을 회수할 것을 통보했다. 결과적으로 새로운 중소동맹조약으로 인해 소련은 아시아의 중요 전략 거점, 즉 태평양으로 향하는 유일한 해로와 부동항을 상실하게 되었다는 것이다. 이를 만회할 스탈린의 전략이 바로 김일성의 계획에 대한 지원이었다는 것이다. 김일성이 전쟁에서 승리한다면 소련은 한반도 전체를 통제할 수 있게 되고, 이에 따라 한반도 남부의 항구들로써 뤼순과 다롄을 대체할 수 있게 되며, 북한의 철도를 통해 창춘철도와도 연결될 수 있게 된다. 김일성이 실패한다하더라도 동북아시아의 긴장국면 조성으로 중국은 뤼순과 다롄에 소련군이 계속 주둔하기를 요청하게 될 것이고, "전쟁 혹은 위기 상황이 발생하면 소련군은 창춘철도를 사용할 권리를 가진다."는 중소조약 조항에 따라 소련은 태평양으로 통하는 철도를 계속 확보할 수 있을 것이라는 계산이었다. 실제로 6·25전쟁의 발발로 중국은 소련에 창춘철도를 개방하지 않을 수 없었고, 소련군이 뤼순항에 계속 주둔할 것을 자발적으로 요청했다는 것이다. 승패에 상관없이 소련은 태평양으로 향하는 출구와 부동항을 계속 확보할 수 있었다.[65] 중소동맹조약이 김일성의 남침을 위한 조건을 만들어준 셈이다.

---

65) *ibid.*, pp. 66-67, 379-385.

한편, 박명림은 1950년 1월 스탈린이 시티코프에게 보낸 전보를 통해 김일성의 모스크바 방문을 허락한 것, 1950년 3월 북한군의 무장 지원 요청에 대한 수락, 그리고 1951년 소련의 대북한 차관 예산을 1950년에 미리 전용할 수 있도록 동의해 준 것 등의 사례에서 이미 김일성의 소련 방문 이전에 스탈린은 한국에 대해 변화된 정책을 노정하고 있었다고 분석하고 있다.[66]

박명림은 또한 앞의 스툭과 마찬가지로 중국혁명의 성공과 스탈린의 태도 변화를 연관 짓고 있다. 박명림이 제시한 1950년 3~4월 김일성의 모스크바 방문 중 스탈린과의 회담기록을 보자.

> "스탈린 동지는 김일성에게 국제환경과 국내환경이 모두 조선통일에 대해 더욱 적극적인 행동을 취할 수 있도록 바뀌었다고 강조했다. 국제적 여건으로는 중국 공산당이 국민당에 승리를 거둔 덕분에 조선(북한)에서의 행동개시에 유리한 환경을 만들었다. 중국은 이제 국내문제로 인한 시름을 덜었기 때문에 관심과 에너지를 조선(북한)에 쏟을 수 있게 됐다. 중국의 승리는 심리적으로도 중요하다. 이는 아시아 해방의 기운을 증명했고, 대신 아시아 반동세력과 그 주인인 미국, 서방의 취약성을 드러냈다. 미국은 중국에서 물러나 이제 더 이상 군사적으로 새 중국에 도전하지 못한다."[67]

즉, 스탈린은 중국혁명의 성공을 기다려 자기는 빠지고 중국을 대신 개입시키려는 의도였다는 것이다. 여기 더해 박명림은 중소동맹조약의 체결과 소련의 원자폭탄 개발 성공으로 스탈린이 자신

66) 박명림(1996), p. 139.
67) *ibid.*, p. 149.

감에 차 있었음을 제시한다. 그러나 또 한편으로 스탈린은 여전히 미국의 개입 가능성을 우려하고, 중국 지도부가 김일성의 계획을 사전에 승인하는 경우에 한해 전쟁을 시작해야 한다고 생각했다는 점도 제시하고 있다.[68]

이제는 마오쩌둥이 태도를 바꾼 이유를 살펴볼 차례다.

션즈화는 1950년 2월, 마오쩌둥이 모스크바에 체류하고 있던 기간 동안 스탈린과 마오쩌둥이 김일성의 남침계획에 대해 토의한 것이 확실하다고 추론하고 있다.[69] 션즈화는 마오쩌둥의 러시아어 통역이었던 스저(師哲)와의 인터뷰를 통해 그러한 가능성을 제시하고 있다. 즉, 모스크바에서 스탈린은 마오쩌둥에게 "김일성은 젊고 매우 용감하여 남한에 대해 군사행동을 취하기를 원하지만 그는 지나치게 유리한 요인들만 계산하고 있다."며 마오쩌둥의 의견을 물었고, 이에 마오쩌둥은 "우리는 당연히 김일성을 도와야 한다."고 대답했다. 그러나 스탈린은 남침계획에 대한 지지여부와 김일성의 모스크바 방문 건에 대해서는 언급하지 않았으며, 마오쩌둥이 언급했다는 "김일성을 도와야 한다."는 말도 남한의 공격에 대비해야 한다는 의미일 수 있다는 것이다.[70]

션즈화가 소련의 기밀해제 된 외교문건들을 토대로 파악한 스탈린의 입장은 한반도 전쟁 발발 시 미국의 군사적 개입과 미소 간 군사적 충돌의 가능성을 두려워했다는 것이다. 따라서 스탈린은 김일성에게 소련의 대규모 원조와 지지를 기대하지 말 것을 사전에 강조하였고, 만일 미국의 개입과 강력한 저항에 부딪힌다면 소련은 도울 수 없으니 반드시 마오쩌둥에게 도움을 요청해야 한다고 김일성의 모스크바 방문 시 강조했다.[71] 이는 앞서 언급한 스

68) *ibid.*, pp. 149-150.
69) 션즈화(2014), p. 324.
70) *ibid.*, pp. 324-325.

툭의 주장과 일치한다. 그런데 마오쩌둥은 왜 스탈린에게 등을 떠밀리듯이 하여 김일성의 남침에 동의했던 것일까? 그것도 만일의 경우 중국 혼자 김일성을 지원해야 하는 부담을 안고서.

1950년 3월 모스크바를 방문해 스탈린의 남침 승인을 받은 김일성은 1950년 5월 13일 베이징에 도착해 그날 저녁 마오쩌둥을 비롯한 중국 수뇌부를 만났다. 이 회담에서 김일성은 마오쩌둥에게 스탈린이 자신의 계획을 승인했지만 최종 결정은 마오쩌둥과의 협의를 통해 이루어져야 한다고 했던 점을 설명했다. 이에 마오쩌둥은 스탈린으로부터 직접 설명을 듣고 싶다고 했고, 다음날인 5월 14일 스탈린은 마오쩌둥에게 전문을 보내 그 내용을 확인해 주었다. 이에 마오쩌둥은 김일성의 계획에 동의했다. 마오쩌둥은 5월 15일의 2차 회담에서 김일성과 구체적으로 의견을 교환했다. 여기서 마오쩌둥은 미군이 개입할 가능성을 우려했지만, "만일 미군이 참전한다면, 소련은 미국과 38선 분할에 대한 합의가 있어 (어렵지만) 중국은 그러한 의무가 없으므로 병력을 파견하여 북한을 돕겠다."고 했다.[72] 김일성-스탈린-마오쩌둥 사이에 개전에 대한 최종합의가 이루어지는 순간이었다.

마오쩌둥은 여전히 타이완 해방작전을 먼저하고 김일성이 남침을 시작하면 김일성을 충분히 도울 수 있을 것으로 판단했지만, 김일성과 스탈린이 결심을 굳히자 그 시점부터는 개전에 더 적극적이었다.[73]

마오쩌둥의 태도변화에 대해 박명림은 3가지 이유로 설명한다.

첫째, 스탈린의 선제결정에 대한 존중이다. 이는 신생 사회주의 공화국을 수립하고 안정시키는 과정에서 소련과의 불화를 원치 않

71) *ibid.*, pp. 334-335.
72) 박명림(1996), pp. 155-159.
73) *ibid.*, p. 159.

는 중국의 현실주의적 고려였다는 것이다. 당시 중국의 상황으로서는 일단 스탈린이 결정한 것을 뒤집는다는 것은 엄청난 부담이었다. 특히 앞에서도 언급했듯이 스탈린은 중국 공산당을 믿지 않았다. 1945년 제2차 세계대전 종전 후에도 스탈린은 공산당이 아니라 국민당 정부를 계속 인정하고 있었고 심지어는 국민당 정부와 〈중소우호동맹조약(中蘇友好同盟條約)〉까지 체결했다. 또 공산당이 창장을 도하해 국민당 점령 지역인 창장 이남 지역을 공략하는 것도 "전쟁이 확대되면 미군의 개입을 불러올 수 있다."며 저지했다. 심지어는 1949년 4월 공산당의 도하작전이 성공해 국민당 정부의 수도였던 난징을 점령하자 주중 소련대사 로신은 중국 공산당과의 협의도 없이 장제스의 국민당 정부를 따라 광저우로 갈 정도였다. 5월에는 국민당 정부와 신장성(新疆省)의 자원채굴권 확보에 관한 협정을 5년간 연장하는데 합의하기도 했다. 중국 공산당은 소련의 이러한 행동을 중국 공산당의 권력 장악 저지와 더불어 중국에 대한 영향력 확대 시도로 밖에 볼 수 없었다.[74] 스탈린이 보기엔 마오쩌둥과 그의 동지들은 민족주의적 성향이 강했다. 그리고 그들은 세계 사회주의 혁명 역사상 소련의 도움을 가장 적게 받았으며, 심지어 스탈린의 의견에 따르지 않고 혁명을 성공시켰다. 그리고 소련에 버금갈 정도의 인구와 영토를 가진 나라를 세웠다. 이 같은 사실은 스탈린으로 하여금 중국이 유고슬라비아의 티토처럼 독자노선을 걸으며 소련과 거리를 두지 않을까 하는 우려를 가지게 하는데 충분했다.[75] 물론 1949년 6월 중화인민공화국 건국 직전 류샤오치가 모스크바를 방문해 건국 문제를 논의할 때 스탈린은 중국 혁명에 간섭한 것을 사과했다. 그러나 새로

74) *ibid.*, pp. 224-225.
75) *ibid.*, pp. 223-224.

운 중국은 경제복구, 사회통합, 토지개혁, 잔존 반공세력 진압, 티베트 점령, 타이완 해방 등 산적한 문제들을 시급히 해결해야만 하는 상황에서 스탈린의 사과를 마냥 기뻐하고만 있을 수는 없었다. 특히 경제문제가 심각했다. 아편전쟁 이후 100여년 만에 처음으로 통일정부를 수립하게 된 중국은 오랜 혼란과 전쟁으로 이루 말할 수 없이 피폐해진 상태였다. 혁명의 성공에도 불구하고 경제상황이 나아지지 않는다면 타이완과 대륙의 반공잔존세력들에게 반격의 명분을 제공할 수 있었다. 경제 복구를 위해 중국이 유일하게 기댈 수 있는 나라는 소련이었다. 따라서 중국 공산당으로서는 소련과의 관계를 개선해 나가는 것이 매우 중요했다.[76] 그런데 1948년 말 중국 공산당 지도부 내에서는 건국 이후 중국의 외교노선에 대한 논쟁이 있었다. 일부는 미국과의 관계 개선을 추구했고, 또 일부는 소련 일변도를 주장했다. 중국 공산당 지도부 내에 미국과의 관계 개선을 주장하는 세력이 있다는 것은 중국의 미래 행보에 대한 스탈린의 의심을 더 해 줄 소지가 있었다. 1949년 6월 마오쩌둥이 '소련 일변도'를 선언하며 논란을 정리했던 것도 스탈린의 우려 가능성에 대한 중국의 '안심' 메시지였던 것이다.[77]

둘째, 타이완 점령으로 완전한 통일을 실현하기 위한 필요성 때문이었다. 앞에서 설명한 것처럼 김일성과 스탈린이 남침계획을 논의하던 시기에 중국 공산당은 타이완 점령이라는 중요한 군사적 목표를 눈앞에 두고 있었다. 마오쩌둥으로서는 김일성의 남침보다 자신의 과제 해결이 우선 순위였다. 1949년 10월 1일자로 중화인민공화국 정부수립을 선포했다 할지라도 여타의 미점령 지역, 특히 타이완을 점령해야 비로소 중국의 완전한 혁명과 통일이 실현

76) *ibid.*, pp. 225-226.
77) *ibid.*, pp. 226-228.

되었다 할 수 있기 때문이다. 그런데 그 과정에서 예상되는 외부 변수 가운데, 미국의 군사적 개입은 중국 공산당의 타이완 점령과 김일성의 남한 점령 순서에 따라 달라질 가능성이 있었다. 당시 상황에서 타이완 점령이 먼저 추진될 때 미국의 개입 가능성이 절대적이라고 보기는 어려웠다. 앞서 소개한 바와 같이 이미 1949~1950년 초 미국 조야에서는 그동안의 중국 정책에 대한 실패를 비판하고 장제스의 국민당 정부를 포기하자는 분위기가 일고 있었기에 중국 공산당의 군사적 행동에 강하게 개입하지 않을 가능성도 있었다. 그러나 김일성의 남침으로 한반도가 먼저 공산화된다면 이야기는 달라질 수 있었다. 미국은 한반도에 이어 타이완까지 공산화 되는 것을 좌시하지 않을 것이었다. 또 설령 미국의 군사적 개입이 없다 하더라도 당시 해·공군력이 워낙 약했던 중국 공산당이 자력으로 타이완 점령 작전을 펼치기에는 무리였고, 소련으로부터의 군사적 지원이 필수적이었다. 따라서 마오쩌둥은 타이완 점령을 서두르며 스탈린에게 지원을 요청했던 것인데, 스탈린은 김일성의 손을 먼저 들어주었던 것이다. 그럼에도 불구하고 마오쩌둥은 이미 결정된 스탈린의 계획을 존중함으로써 스탈린과의 불화를 피하고, 후에 있을 타이완 점령 작전에 대한 소련의 지원을 고려했다는 것이다.78)

셋째, 중국 공산주의자들과 북한 공산주의자들 사이의 인적, 이념적, 역사적 연대이다. 중국이 북한과의 관계를 '혈맹(血盟)'이라 부르는 이유가 비단 6·25전쟁의 유산 때문만은 아니라 할 수 있다. 항일전쟁과 국공내전 시기 조선인들 가운데에 중국 공산당과 깊은 관계를 맺은 이들이 있었다. 즉 1930~1940년대 만주 지역의 항일무장세력 가운데 상당 숫자의 조선 출신 인사들이 중국 공산

78) *ibid.*, pp. 232-234.

당과 함께 무장투쟁을 전개했었고, 그들 중 일부가 후일 북한의 정치·군사적 핵심지도부에 참여하게 된다. 김일성, 최용건, 무정, 김책, 최현, 김일 등이 여기 포함되는 인물들이다. 이들은 짧게는 수년에서 길게는 20년 가까운 시간을 중국에서 공산당과 함께 항일 및 반(反)국민당 투쟁을 하며 동지적 관계를 형성하였고, 많은 희생도 치렀다. 예를 들면 중일전쟁 종전 후 전개된 국공내전 시기 동북 3성에서 국민당에 맞서 공산당 측으로 참전한 조선족이 62,942명에 달했고, 그 중 3,550여명이 전사했다.[79] 뿐만 아니라 1946년부터 1949년 중화인민공화국 수립 시기까지 북한 지역은 중국 공산당 군대의 병참, 의료, 훈련을 위한 배후기지의 역할을 직접적으로 제공했고, 북한으로부터 파견된 병사들이 많게는 10만 명 선까지 국공내전에 참가하고 귀환한 정황들도 있다는 것이다. 이들 중 많은 수가 6·25전쟁 발발 직전까지 북한으로 귀환하여 북한군의 군사력 강화에 도움이 되었음은 물론이다.[80]

결국 이 같은 박명림의 설명을 요약하자면, 스탈린에 대한 협조 표시와 거부의 어려움, 타이완 점령과 국가 건설을 위한 소련의 지원 기대, 북한과의 우의와 연대 등의 요인에 의해 마오쩌둥은 내키진 않았지만 전쟁의 결정에 동의했다는 것이다.[81]

한편, 박명림에 따르면, 6·25전쟁 발발 이후 마오쩌둥은 미국과 한번은 힘의 대결을 해야 할 것으로 예견했다. 문제는 어디에서인가 하는 문제였고, 베트남, 타이완해협, 한국이 그 예상 지역들이었다.[82]

서상문 역시 박명림과 비슷한 시각에서 미국의 잠재적 군사 위

79) *ibid.*, p. 243.
80) *ibid.*, pp. 236-248 참조.
81) *ibid.*, p. 251.
82) *ibid.*, p. 250.

협에 대한 마오쩌둥의 인식을 설명하고 있다. 즉 마오쩌둥은 향후 미국이 군사적 행동을 포함한 각종 방법으로 중국에 대한 긴장을 고조시킬지 모르는 잠재적 전선으로 3개 지역을 상정하고 있었다는 것이다. 그들 지역은 타이완을 근거지로 국민당이 반격을 시도하고 있는 중국의 동남 연해 지역, 국민당 잔존세력이 저항하고 있는 중국-베트남 국경 지대, 그리고 한반도였다. 다만 박명림과 다른 점은 중국 측의 이러한 인식이 사실은 6·25전쟁이 발발하기 이전인 1949년 6월부터 있었다는 것이다.[83)]

미국에 대한 마오쩌둥의 이러한 인식은 전쟁 발발 이전 김일성과 스탈린의 계획에 대한 중국 측의 동의와 전쟁 발발 이후 중국의 군사적 개입 결정에 상당히 중요한 동기를 제공했을 것으로 짐작할 수 있다. 6·25전쟁 발발 후 미국이 취한 행동은 마오쩌둥의 그러한 생각을 현실화하기에 충분했다. 전쟁 발발 직후 트루먼 대통령은 즉각 무력개입방침을 정하고 유엔 안보리 소집을 요청하여 한국에 대한 지원결의를 이끌어냈다. 1950년 6월 26일 주일(駐日) 연합군 사령관 겸 미 태평양사령부 사령관 맥아더(Douglas MacArthur) 원수에게 해·공군 지원 명령이 내려졌으며, 6월 28일 미국은 국민당군의 대륙 공격과 공산당군의 타이완 침공을 방지하기 위해 필리핀과 홍콩 해역에서 활동 중이던 미 해군 제7함대를 타이완해협에 진주시켰다. 6월 29일에는 지상군 투입 명령을 내렸다. 필요시에는 38도선 이북의 군사목표물에 대한 공격 권한도 부여되었다. 여기 더해 7월 31일 맥아더는 타이완으로 날아가 한반도 및 타이완을 둘러싼 중국 공산당에 대한 대응방안을 장제스와 논의하였고, 동시에 군사고문단 성격의 미 군사연락단을 타

83) 서상문, 『毛澤東과 6·25전쟁: 파병 결정과정과 개입동기』 (서울: 국방부 군사편찬연구소, 2006), p. 54.

이베이(臺北)에 설치했으며, 8월 4일 트루먼이 유엔 안보리에 타이완 중립화 문제를 제기한 날, 미 공군 제13항공대가 타이완에 전개되었다. 당시 타이완의 장제스는 6·25전쟁을 기회로 대륙을 탈환하고 싶어 했고, 맥아더는 6·25전쟁을 공산세력의 완전 궤멸과 아시아에서 소련과의 냉전 대결을 종식시킬 기회로 간주해 확전을 원했다. 물론 이 계획은 워싱턴의 반대로 실현되지 못했으나, 미국은 이때부터 타이완에 대한 군사적 지원을 재개하였다. 마오쩌둥은 당연히 반발했고, 미국이 타이완 점령의 방해 차원을 넘어서서 장제스를 사주하거나 장제스와 연합해 중국 대륙을 공격할 수도 있겠다는 생각을 하게 되었다.84)

미 해군 제7함대의 타이완해협 전개 발표 직후인 6월 28일 오전 저우언라이는 미국이 중국의 영토인 타이완을 무장 침략했다고 대외성명을 발표해 비난했다.85) 그날 오후 마오쩌둥은 중화인민공화국 중앙인민정부위원회 제8차 회의를 소집, 미 제7함대의 타이완해협 진주 의도에 대해 논의하였고, 미국의 행동을 중국과 아시아인들에 대한 제국주의적 도전으로 규정하며 "미 제국주의의 어떠한 도발도 물리치자."고 결연한 항전을 촉구하였다.86)

이러한 맥락에서, 사실상 개전 초기부터 마오쩌둥은 한반도에 대한 중국의 군사적 개입 가능성을 생각하고 있었다고 봐야 할 것이다. 서상문 역시 중국 수뇌부가 전쟁 발발 직후 한반도 군사개입을 원칙적으로 결정했고, 1950년 8월에는 기왕에 결정된 참전 원칙을 재확인했으며, 마오쩌둥 자신도 9월 15일 유엔군의 인천상륙작전 뒤 한반도 전황의 반전에 따라 파병을 최종 결심했다고 설

84) *ibid.*, pp. 23-25, 44-51.

85) *ibid.*, p. 38.

86) "打敗美帝國主義的任何挑釁", 1950年 6月 28日, 中華人民共和國外交部·中共中央文獻硏究室(1994), p. 137.

명하고 있다.[87]

그리고 이 같은 파병 결심에 영향을 미친 구체적인 요인에 대해 서상문은 다음과 같이 4가지 요인을 제시한다. 첫째, 마오쩌둥은 중국의 전통적인 대(對) 한반도 지정학적 관점에서 북한 김일성 정권의 사활을 '순망치한(脣亡齒寒)'의 관계로 파악했다. 미국의 북진으로 북한이 붕괴한다면 그 화(禍)는 중국으로 닥쳐올 것이기에 반드시 북한정권을 존속시켜야 중국의 안보가 보장될 수 있다는 것이다. 둘째, 마오쩌둥은 미국의 중국 동북 지역 진격을 예단하였고, 이 지역에 대한 효율적인 방어를 위해 중국 영토 내에서 미군의 진입을 기다리기보다는 북한으로 직접 들어가 전진방어를 전개하는 것이 낫다는 선제발동 전술을 취했다. 이는 앞의 지정학적 고려와 연결되는 이유로서, 어차피 미군과의 충돌이 불가피하다면 차라리 먼저 북한으로 들어가 지원함으로써 전쟁의 주도권을 추구했다는 것이다. 셋째, 마오쩌둥은 개인적으로 전국적인 군중운동으로 국가를 전시체제로 예인하고 신생 중화인민공화국의 사회통합을 위한 국내정치적 목적을 달성하기 위해 중국의 전장화(戰場化)를 예방하고 국외전장(國外戰場)을 유지하겠다는 의도에서였다. 넷째, 항일전쟁과 국공내전 당시 중국 공산당군에 참여해 중화인민공화국 정권 창출에 협조한 한인들에 대한 고마움을 보답하려는 중국적 보은(報恩)관념과 대국의식이 서로 결합된 결과였다.[88]

한편, 박명림은 국가안보에 대한 대처와 소련과의 관계, 즉 미국으로부터의 위협, 스탈린의 강력한 대북 지원 권고, 김일성의 지원 호소 등을 중국의 참전 결정에 영향을 미친 요소로 제시하고 있다. 그러나 종국적으로 중국의 입장에서 북한정권을 구하는 것 보

87) 서상문(2006), pp. 15-16.
88) *ibid.*, pp. 265-343 참조.

다 더 중요한 것은 중국의 생존문제였음을 강조한다.[89] 여기 더해 션즈화는 마오쩌둥의 참전 결정은 중국에 대한 스탈린의 의심과 불만을 해소하고, 중소동맹의 정치적 초석을 공고히 함으로써 중소동맹이 실제적 효과를 발휘하도록 해 신생 중화인민공화국의 안정과 발전을 보장받으려는 목적이었다고 분석한다. 따라서 결과적으로 한반도에 대한 중국의 군사적 개입은 중소 간 동맹관계 발전의 전환점이 되었다는 것이다. 스탈린은 중국의 파병 후 마오쩌둥에 대한 기존의 태도를 바꾸어 대규모 군사·경제 원조를 중국에 제공하기 시작했고, 동시에 중조(중북)연합군의 지휘권, 38선을 넘는 문제, 정전협상 등에서 중국과 북한 사이에 갈등이 있을 시 소련은 중국의 입장을 일관되게 지지했다. 중국은 이 전쟁을 기회로 소련의 적극적인 지원을 얻어내 중국군의 현대화를 초보적으로 실현하고 중국의 사회·경제 정상화를 도모할 수 있었다.[90]

중국이 소련을 대신해 한반도에서 피를 흘리는 동안, 스탈린은 실질적으로 이 전쟁의 최고 결정권자였지만 중국을 끌어들이고 스스로는 참여를 거부했다. 인천상륙작전의 성공으로 북한이 수세에 몰리고 김일성의 망명정부 수립까지 거론되는 상황에서도 스탈린은 직접 무력 개입을 해서 김일성을 구해내기 보다는 중국을 참전시켜 책임을 떠넘기는데 모든 노력을 기울였다. 스탈린은 미국과의 대결을 끝까지 주저했다.[91]

공식적으로 마오쩌둥은 1950년 10월 2일 스탈린에게 전문으로 중국의 참전 결정을 통보한 것으로 기록되어 있다.[92] 그리고 10월 8일 중국인민지원군(中國人民志願軍) 편성을 명령하고 펑더화이

89) 박명림(1996), p. 252.
90) 션즈화(2014), p. 68.
91) 박명림(1996), p. 201.
92) 中華人民共和國外交部·中共中央文獻研究室(1994), pp. 139-141.

(彭德懷)를 사령관에 임명하였다.[93]

그런데, 중국의 참전 결정과 관련해 일부 논란이 존재했다는 것을 언급하지 않을 수 없다. 션즈화에 따르면, 이 논란은 참전 결정 통보일자의 근거로 제시된 10월 2일자 마오쩌둥의 전문이 원인이었다. 마오쩌둥이 스탈린에게 보냈다는 그 전문이 두 통 발견되었고, 하나는 중국 측 기록(1987년 출간된 『건국 이래 마오쩌둥 문고(建國以來毛澤東文稿)』)에, 다른 하나는 러시아 연방 대통령 문서보관소에서 발견되었는데, 서로 정반대의 내용을 담고 있었다. 중국쪽의 기록은 10월 2일 마오쩌둥이 스탈린에게 중국의 지원군 파병 결정을 알린 것이었으나, 러시아쪽의 기록에는 마오쩌둥이 몇 가지 이유를 나열하며 중국이 당분간 한반도의 전쟁에 참전할 수 없음을 설명하고 스탈린의 참전 요청을 거절하였다는 것이다.

어떻게 된 일일까? 션즈화가 내린 결론은 중국측 전문은 당시 스탈린에게 보내지지 않았을 가능성이 크다는 것이다. 우선 전문 발송 시간과 발송자의 서명 기록이 없다. 또 당시 중국 지도부 내부의 파병 관련 의견이 일치되지 않았고,[94] 그 문제를 논의한 중공중앙정치국 확대회의가 중난하이(中南海)에서 10월 4일에 열렸으며, 5일 오후에 펑더화이가 마오쩌둥의 참전 주장을 지지함으로써 최종 결정이 되었다는 점에서도 10월 2일 마오쩌둥이 스탈린에게 참전 결정을 알릴 수가 없었다는 추론에 무게가 실린다.[95]

---

93) *ibid.*, pp. 142-143.

94) 한반도에 대한 군사 개입 결정 이전, 중국 공산당 지도부 내에는 이와 관련해 격한 논쟁이 있었다. 찬성파는 6·25전쟁이 반(反) 침략전쟁이며, 북한과 중국은 순망치한 관계에 있기 때문에 참전해야 한다고 주장했다. 반대파의 이유는 중국의 정부수립이 얼마 되지 않았고 국내건설에 몰두해야 할 때이며, 더구나 강대국인 미국을 상대로 전쟁을 할 수 없다는 것이었다. 박명림(1996), p. 203.

95) 션즈화(2014), pp. 419-431 참조.

공식적인 마오쩌둥의 작전 명령은 10월 18일 밤에 내려졌다. 19일 밤 압록강을 도하하라는 것이었다. 그러나 사실상 1950년 10월 16일, 중국군의 일부는 이미 북한 영토 내로 진입을 하고 있었다.[96] 이에 따라 '중화인민공화국'은 6·25전쟁의 당사자로서 '대한민국'과 조우하게 되었다.

96) 서상문(2006), pp. 223-224 및 션즈화(2014), p. 472 참조.

제3장 신중국 외교의 시작

1. 소련 일변도(親蘇一邊倒) 전략의 제기

중국 공산당의 친소(親蘇) 노선은 중화인민공화국 정부 수립 이전 이미 확정되어 있었다. 1949년 7월 1일 중국 공산당 기관지 인민일보는 마오쩌둥의 "인민민주독재를 논하다(論人民民主專政)"라는 글을 발표하였다. 이 글은 사실 6월 30일 작성된 것으로, 마오쩌둥은 이를 통해 신중국이 앞으로 소련을 중심으로 하는 사회주의 진영 일변도 정책을 취할 것임을 공식 선포하였다.[1)]

> "마르크스, 엥겔스, 레닌, 그리고 스탈린에게 감사한다. 그들은 우리에게 무기를 주었다. 그들은 무기로 기관총이 아닌 마르크스-레닌주의를 주었다. 중국인들은 소련인의 소개로 마르크스주의를 얻었다.…그러므로 우리는 소련인의 길을 가야 한다. 이것이 나의 결론이다. 여러분들에게는 일변도(一邊倒) 밖에 없다. 일변도는 쑨중산(孫中山)의 40년 경험과 중국 공산당의 28년 경험이 우리에게 준 교훈이다. 이들 경험에서 중국인은 제국주의를 향한 일변도가 아니라 사회주의를 향한 일변도를 해야 하며 절대 예외는 없다.…제3의 길은 존재하지 않는다. 우리는 영국과 미국의 지원을 필요로 한다. 그러나 오늘날 이와 같은 희망을 갖는다는 것은 어린아이의 생각과 같은 것이다. 오늘날 영국과 미국의 제국주의자들이 우리에게 지원을 할 수 있을 것인가?…우리는 국제적으로 소련을 중심으로 하는 반제국

1) 『毛澤東選集』 第四卷, pp. 1472-75.

주의 전선에 속하며, 진심으로 우정 어린 지원은 제국주의 전선이 아니라 반제국주의 노선에서만 얻을 수 있다."

그런데, 중국 공산당과 소련 사이의 관계는 사실 많은 갈등을 안고 출발했다. 이미 여러 차례 언급했듯이, 중국의 항일전쟁 및 국공내전 시기 소련의 최고지도자 스탈린은 마오쩌둥을 비롯한 중국 공산당을 신뢰하지 않았고, 오히려 장제스가 이끄는 국민당 정부를 지지하고 있었다. 심지어 1945년 8월 14일, 즉 미국의 원자폭탄 투하와 소련의 대일 선전포고로 일본의 패망이 가시화된 마당에 소련은 중국 공산당이 아니라 국민당 정부와 〈중소우호동맹조약〉을 체결하였다. 따라서 이 조약은 스탈린이 중국 공산당을 신뢰하지 않았다는 대표적인 증거로 제시되곤 한다.

소련이 국민당 정부와 체결한 〈중소우호동맹조약〉의 주요 내용을 살펴보면 다음과 같다.2)

첫째, 중화민국(국민당 정부)과 소련은 공동으로 일본에 대항하고, 일본이 다시 침략한다면 양국은 상호 군사원조를 제공하며, 조약의 유효기간은 30년으로 한다. 둘째, 소련은 중화민국 정부에게 군사적, 물질적 원조를 제공하고, 중국의 동북부 영토에 대한 중국의 주권을 존중하고 신장 지역의 내정에 간섭하지 않는다. 셋째, 전쟁이 끝난 후 외몽골이 국민투표를 통해 독립을 원한다면 중국은 외몽골의 정치적 독립과 주권을 존중한다. 넷째, 창춘철도는 중국과 소련이 공동으로 관리하고 운영하며 30년 경과 후 중국에 무상으로 제공한다. 이 철도의 경비(警備)는 중국정부가 담당하며 소련병력을 수송하지 않는다. 다섯째, 중국은 다롄을 모든 국가에 개

2) 1945년 8월 14일 국민당과 소련 사이에 체결된 〈중소우호동맹조약〉의 내용은 송영우·소치형, 『중국의 외교정책과 외교』 (서울: 지영사, 1992), pp. 171-172에서 재인용.

방하는 자유항으로 선포하고, 그 소속은 중국정부이나 항구의 관리는 소련이 파견한 소련인에 의해 30년간 관장된다. 여섯째, 뤼순은 군항으로서 30년간 중국과 소련이 공동으로 사용하며, 그 관할권은 중국이 갖는다. 중소군사위원회를 설치하여 항구의 공동 사용 문제를 처리한다. 일곱째, 소련군이 동북 3성에 진주한 후 중화민국 정부가 이 지역에 관리를 파견하여 행정기구를 설치하고 동시에 군사대표를 파견하여 소련군과 모든 문제를 협의한다. 여덟째, 일본이 항복한 날로부터 3주 이내에 소련군은 철수를 시작한다.

조약의 유효기간을 30년으로 설정했다는 것은 소련이 조약 체결의 당사자인 국민당 정부를 중국의 합법정부로 인정하겠다는 의미로 받아들일 수 있었다. 또한 이 조약으로 소련이 국민당 정부를 인정하고 군사적·경제적 지원을 약속하는 대신 국민당 정부는 외몽골의 독립을 허용하고 만주 지역의 철도 및 주요 전략 항구들을 소련에게 내어줌으로써 주권을 스스로 양보하는 우를 범하였다.[3)]

---

3) 외몽골 문제는 중화인민공화국 수립 이후에도 계속해서 중국과 소련 간에 중요한 외교적, 안보적 이슈가 되었다. 원(元)제국을 건설하며 중국대륙을 장악했던 몽골은 명나라에 중원을 내주며 몽골고원으로 밀려나 '북원(北元)'으로 명맥을 유지하다가 청나라에 복속되었다. 1911년 신해혁명으로 청나라가 무너지자 외몽골은 러시아의 지원을 통해 중국의 지배에서 벗어나고자 시도했으나 중국 국민당 정부의 강력한 반대로 자치만 인정받았다. 그나마도 1920년 국민당 정부는 자치를 중단시켰다. 이에 반발해 외몽골인들은 1921년 몽골인민혁명당을 창당하고 7월 11일 소련 적군(赤軍)의 지원 하에 임시정부를 수립하며 중국으로부터의 독립을 선언했다. 1921년 11월 임시정부는 소련과의 우호관계를 설정하는 첫 번째 협정에 서명했으며, 1924년 11월 26일 사회주의 국가인 몽골인민공화국 수립을 선포했다. 그러나 중국 국민당 정부는 이를 인정하지 않다가 1945년 중국 국민당 정부와 소련 사이에 체결한 〈중소우호동맹조약〉을 통해 외몽골의 독립을 명시하였고, 1945년 10월 국민투표를 통해 외몽골인들의 독립 의지가 확인되자 1946년 1월 결국 외몽골의 독립을 승인했다. 장제스는 외몽골의 독립을 저지할 생각이었으나 만주와 신장, 내몽골을 위협하고 심지어 중국 공산당을 지지하겠다는 스탈린의 압박에 굴

이런 배경에서 1940년대 중후반, 중국 공산당은 소련을 믿지 않고 오히려 미국과의 관계 개선을 시도했다. 중국 공산당은 한동안 미국과의 관계 개선도 가능할 것이라고 생각했다.

앞에서도 설명했지만, 국공내전 당시 미국의 입장은 표면적으로는 장제스와 국민당에 대한 지지였으나 실상은 국민당과 공산당 양측이 중국대륙을 통일할 가능성을 모두 염두에 두고 있었다.[4] 1941년 12월 전면적인 태평양전쟁 발발 이후 미국은 항일전쟁에서의 장제스와 국민당군의 역할 증대를 기대하였으나 장제스는 오로지 반공과 국민당 군대의 보전에만 관심이 있었다. 그리고 국민당의 무능과 부패로 인해 중국내의 공산당 지지자들은 오히려 증가되었다. 이로 인해 미국은 장제스와 국민당군을 불신하며 공산당에 주목하게 되었고, 나아가 종전 이후 극동 지역에서의 유리한 입지 확보를 위해 국민당과 공산당 가운데 어느 쪽을 선택하는 것이 미국에 유리할지 고민했던 것이다. 중국 공산당 측에서도 여러 경로를 통해 미국의 지원을 이끌어 내려고 노력했었다.[5]

그러나 중화인민공화국 수립 이후 미국은 아시아에서도 공산주의의 팽창이 본격화되고 있다고 느꼈고 결국 정치적으로, 경제적으로 또 군사적으로 장제스와 국민당을 지지하며 반공·반소·반중

복했다. 한편 내몽골에서는 1945년 9월 내몽골인민공화국 임시정부가 수립되었다. 1947년 392명의 내몽골 인민대표들은 중국 공산당이 영도하는 민족지역자치를 실행하기로 결의했고, 이에 따라 내몽골은 이후 중화인민공화국에 편입되었다. 가오훙레이(김선자 역), 『절반의 중국사: 한족과 소수민족, 그 얽힘의 역사』 (서울: 메디치 미디어, 2017), pp. 708-714 참조.

4) 이장원, "중화인민공화국 수립 이전 중국 공산당의 공공외교에 대한 연구", 『한중사회과학연구』, 제14권 3호(2016), pp. 27-28 참조.

5) 제2차 세계대전 기간의 미국의 대 중국 정책에 대해서는 邁克爾·沙勒, 『美國十字軍在中國 (1938-1945年)』 (北京： 商務印書館, 1982)을 참조. 원제는 Michael Schaller, *The U.S. Crusade in China 1938-1945* (New York: Columbia University Press, 1979).

정책을 전개했다. 그 덕분에 타이완으로 쫓겨난 국민당 정부는 1971년까지 유엔의 회원국 및 안전보장이사회 상임이사국의 지위를 유지할 수 있었다.

이런 상황에서 중국은 선택의 여지가 없었다. 소련의 대 중국 정책에 만족하지는 않았지만 공산주의에 적대적인 미국에 기댈 가능성이 없어진 상황에서는 소련에 의지하는 것만이 유일한 대안이었다. 다시 말해 미국의 지원을 받는 국민당 세력과 타이완해협을 사이에 두고 대치하고 있던 신생 중화인민공화국이 안전보장과 경제 발전을 위한 각종 협력과 지원을 받을 유일한 방법은 소련을 향한 '일변도' 전략이었다.

2. <중소우호동맹상호원조조약(中蘇友好同盟互助條約)>의 체결

소련 일변도 전략의 궁극적인 목적은 소련과의 관계를 강화시켜 중국의 안전을 보장받고, 국내 안정을 위한 협력과 지원을 제공받는 것이었다. 그러기 위해서는 어떤 명시적 안전장치가 필요했다. 그런데 마오쩌둥의 신중국이 소련과의 관계를 명시적 동맹관계로 발전시키기 위해서는 그들 사이에 선결되어야 할 중요한 문제들이 있었다. 그것은 양국이 국익을 두고 갈등해 온 서북 신장 지역에서의 독립운동과 소련의 세력 확대, 외몽골의 독립 문제, 그리고 창춘철도와 뤼순·다롄항의 관할 문제였다. 이 문제들은 앞서 언급된 것처럼 1945년 국민당 정부와 소련 사이에 체결된 〈중소우호동맹조약〉에서 이미 확정된 사안이었으나, 중국은 이들 문제에 대해 소련이 중국의 주권을 침해하며 소련의 이익을 확대하려 한다고 불만을 갖지 않을 수 없었다.

신장은 청나라 강희제 때부터 정복이 시작되어 1884년 11월 신장성(新疆省)의 설치로 중국 영토에 정식으로 편입된 지역이다. 1949년 9월 25일 펑더화이의 지휘로 우루무치(烏魯木齊)가 점령됨으로써 중국 공산당의 통치영역이 되었고, 중화인민공화국 정부 수립 후인 11월 20일 신장성인민정부가 수립되었으며, 1955년 10월 1일 신장위구르자치구(新疆維吾爾自治區)로 편제되었다.[6] 그런데 이 지역은 중앙아시아와 인접한 지정학적 요건으로 인해 오랫동안 제정 러시아의 남진 시도가 이루어졌고, 또 이슬람계 민족들의 독립운동 등으로 주권이 상당히 불안했다. 특히 제정 러시아는 이 지역에 대한 지속적인 세력 팽창을 추구했다. 예를 들면 1864년 10월 7일 러시아는 청나라와 〈중러서북경계탐측약정(中俄勘分西北界約記)〉을 체결하여 신장 지역의 파이카스호(巴爾喀什湖, Lake Balqash) 동쪽 및 남쪽의 영토 44만㎢를 차지했고, 이슬람계 민족들의 반청봉기를 틈타 국경 지역 안보를 이유로 1871년 이리(伊犁, 현 신장위구르자치구 톈산산맥 중서부)를 점령하고 러시아의 알마타(지금의 카자흐스탄공화국 수도)에 편입시켰다.[7]

국민당 정부와 소련이 체결한 〈중소우호동맹조약〉에서 소련은 중국의 주권을 존중하고 신장 지역을 넘보지 않겠노라고 약속했지만 마오쩌둥은 소련이 신장 소수민족의 무장 독립투쟁을 지원하며 이 지역에서의 세력 확장을 기도한다고 계속 의심스러워했다. 사실 제2차 세계대전 당시 신장 지역에는 중국에 있던 소련의 12개 기관 중 8개가 주재하고 있었으며 수많은 소련 이민자가 거주하고 있었고 소련은 이들 교민협회에 경제 및 기술 원조를 제공하는 형

6) 윤종변, 『중국의 영토분쟁에 대한 연구: 중화인민공화국 수립 이후의 사례를 중심으로』, 충북대학교 박사학위논문(2015), p. 36.
7) *ibid.*, p. 50 참조.

식으로 이 지역에 영향력을 행사했다.[8] 스탈린은 1945년 〈중소우호동맹조약〉 협상과정에서 소련이 신장 소수민족의 무장투쟁과 독립을 더 이상 지원하지 않는 대신 장제스가 외몽골의 독립을 인정하도록 하는데 이 같은 상황을 이용했다.[9]

소련은 외몽골이 동북아에서의 소련의 영향력 확대와 중국과의 갈등을 완충하는 일종의 안전지대 역할을 해 주길 원했다. 그러기 위해서는 외몽골을 중국에서 분리해 낼 필요가 있었다. 반면 마오쩌둥은 외몽골을 내몽골과 합쳐 중국에 편입시키고 싶어했다.

중화인민공화국 정부가 들어선 이후 스탈린은 신장에 대한 양보를 대가로 마오쩌둥이 외몽골 문제에 대해 침묵하기를 희망했고, 마오쩌둥은 동맹조약을 체결하러 모스크바에 체류할 당시 내몽골과의 합병을 통해 외몽골의 종주권을 가져가겠다고 요구했으나 결국 스탈린의 뜻을 수용해 더 이상 외몽골 합병을 고집하지 않았다.[10]

창춘철도와 뤼순·다롄항의 관할권은 소련이 특히 관심을 가진 문제였다. 극동지역에서의 소련 세력 팽창과 이익 보호를 위한 지전략적(geo-strategic) 포석으로서 이들 지역은 소련에게 매우 중요했기 때문이다. 앞서 6·25전쟁 발발의 배경에서 설명한 것처럼, 스탈린이 김일성의 남침계획을 승인하게 된 과정에 뤼순·다롄항과 창춘철도의 관할권 문제가 등장했다는 점을 상기할 필요가 있다. 1945년의 〈중소우호동맹조약〉에 창춘철도와 뤼순·다롄항에 대한 사용권과 관할권의 조항이 들어간 것도 동일한 이유에서였다. 마오쩌둥은 새로운 중소동맹조약을 체결하며 이를 소련으로부터 되찾아오려 했고, 스탈린은 그 대안으로서 한반도를 생각했던 것이다.

8) 션즈화(김동길 역), 『조선전쟁의 재탐구』 (서울: 선인, 2014), p. 200.
9) *ibid.*, pp. 200-201.
10) *ibid.*, pp. 201-202.

1949년 12월 16일 모스크바에 도착한 당일 마오쩌둥은 스탈린과 첫 번째 공식 회담을 했다. 마오쩌둥은 스탈린을 만나자마자 새로운 중소동맹조약의 체결을 요구했다. 반면 스탈린은 장제스와 체결한 구(舊) 조약의 유지를 원했다. 스탈린은 구 조약을 수정한 새로운 조약의 체결로써 중국 동북 지역에서의 경제적 이익과 소련의 태평양 출구를 상실하게 될까봐 걱정했다. 그럼에도 불구하고 스탈린이 마오쩌둥의 요구를 수용해 새로운 중소동맹조약을 체결한 이유는 무엇이었을까? 궁극적으로는 제2차 세계대전 종전 이후 미국과의 경쟁과 대립을 중심으로 하는 냉전질서 속에서 이제 막 출범한 동아시아의 사회주의 대국 중국을 자기 진영으로 끌어들이기 위한 필요에서였다.[11] 이와 관련해 션즈화도 중소 간의 새로운 동맹조약, 즉 〈중소우호동맹상호원조조약〉을 체결하는 과정에서 스탈린이 마오쩌둥에게 크게 양보한 데에는 미국 요인이 컸다고 분석하고 있다. 즉 미국의 트루먼 행정부는 1949년 이후 국민당 정권을 희생시키는 것을 미끼로 해서 중국 공산당과 관계를 개선하고 중소동맹의 결성을 방해하려 했다. 중국 공산당에 그러한 미국의 뜻을 전달한 것이 1950년 1월 5일 트루먼이 기자회견을 통해 미국은 중국 문제(국공내전)에 개입하지도 타이완의 국민당군에 군사원조를 제공하지도 않을 것이라는 선언이었다. 며칠 뒤인 1월 12일 이는 이른바 애치슨 선언으로 공식화 되었던 것이다. 이것은 분명 미국이 중화인민공화국에 화해의 손을 내민 것으로서, 만일 미국과 마오쩌둥의 신중국이 손을 잡는다면 소련에게는 대단히 큰 손실이고 위기가 될 수 있었던 터였다. 따라서 만일 마오쩌둥이 새로운 중소동맹의 체결에 실패하고 돌아간다면 소련은 구 조약을 유지하며 당분간 중국에서의 기득권을 지키게 되겠

11) 송영우·소치형(1992), p. 178.

지만, 큰 틀에서 보면 소련의 이익 기반이 될 수 있는 중국에 의지할 수 없게 될 뿐만 아니라 중국과의 정치적 관계가 나빠짐으로써 소련의 안보에도 위협이 될 것이었다. 따라서 스탈린은 구 조약의 폐기와 새로운 동맹조약의 체결에 동의할 수밖에 없었다는 것이다.12)

새로운 〈중소우호동맹상호원조조약〉은 모두 6개의 조항으로 이루어져 있으며, 〈중국의 창춘철도, 뤼순 및 다롄에 관한 협정(關於中國長春鐵路、旅順口及大連的協定)〉과 〈중화인민공화국에 대한 차관 공여 협정(關於貸款給中華人民共和國的協定)〉의 2개 부속협정을 수반하고 있다.13)

〈중소우호동맹상호원조조약〉의 주요 내용은 다음과 같다. 제1조, 일본 또는 일본과 결탁한 어떤 국가로부터의 침략이 재개되어 평화가 깨지게 되는 것을 방지하기 위해 체약 쌍방은 필요한 모든 조치를 다한다. 만약 체약 일방이 일본 또는 일본과 결탁한 어떤 국가의 침략으로 전쟁상태에 빠지면 나머지 체약 일방은 즉시 모든 군사적 및 기타 원조를 제공한다. 제2조, 제2차 세계대전에 참가한 타 동맹국들과 함께 최대한 빠른 시간 내에 대일 평화조약을 공동으로 체결한다. 제3조, 상대방을 적대시하는 어떠한 동맹도 체결하지 않으며, 상대방을 적대시하는 어떤 집단, 행동, 조치에도 참가하지 않는다. 제4조, 평화와 보편적 안전이익 강화를 근거로 양국의 공동이익에 관계되는 모든 중대한 국제문제에 대해 서로 협의한다. 제5조, 양측은 우호협력의 정신, 평등, 상호이익, 국가주

12) 1950년 2월 14일 체결된 〈중소우호동맹상호원조조약〉의 체결과정과 이를 둘러싼 중소 간의 이해관계 및 갈등에 대해서는 沈志華, "中蘇條約談判中的利益衝突及其解決", 『歷史研究』, 2001年 第2期, pp. 39-55와 션즈화(2014), pp. 195-283 참조.

13) 當代中國外交編輯委員會, 『當代中國外交』 (北京: 中國社會科學出版社, 1988), pp. 25-27.

권과 영토완정의 존중 및 상호 내정불간섭의 원칙을 약속하고 양국 간의 경제와 문화관계를 발전시키며 모든 가능한 경제적 원조를 서로 제공하고 필요한 경제협력을 진행한다. 제6조, 본 조약은 비준 즉시 효력을 발생하며 30년을 유효기간으로 한다.

〈중국의 창춘철도, 뤼순 및 다롄에 관한 협정〉은 총 4개 조항으로 이루어져 있고, 그 주요 내용은 다음과 같다. 제1조, 소련은 공동 관리하던 창춘철도의 모든 권리와 재산을 중국 정부에 1952년 말까지 무상으로 반환한다. 제2조, 1952년 말까지 소련군은 공동 사용하던 뤼순해군기지에서 철군하고 이 지역의 시설을 중국 정부에 반환하며, 대신 중국은 1945년부터 소련이 뤼순해군기지 건설에 투입한 비용을 소련 측에 지불한다. 소련군 철수 및 기지 설비 반환 이전까지는 양측이 동수의 군사대표를 파견하여 중소연합군사위원회를 구성해 뤼순 지구의 군사업무를 관리케 하며, 민사행정은 중국 정부가 관할한다. 만일 체약 어느 일방이 일본 또는 일본과 결탁한 어떠한 국가의 침략을 받아 군사행동에 말려들게 되면 침략자를 물리치기 위해 중국 정부의 제안과 소련 정부의 동의를 거쳐 중소양국은 뤼순해군기지를 공동으로 사용할 수 있다. 제3조, 체약 양국은 대일평화조약 체결 후 필히 다롄항 문제를 처리한다. 다롄의 행정은 완전히 중국 정부의 관할이다. 현재 소련이 관리하거나 임차해 사용하는 모든 다롄항의 소유재산은 중국 정부가 모두 접수한다. 제4조, 본 협정은 비준 즉시 효력을 발생한다.

〈중화인민공화국에 대한 차관 공여 협정〉은 모두 5개 조항으로 이루어져 있고, 주요 내용은 다음과 같다. 제1조, 소련은 중국에 미화 3억 달러의 차관을 제공한다. 제2조, 이 차관은 1950년 1월부터 총 5년 동안 매년 균등하게(1/5씩) 제공된다. 제3조, 중국은 원자재, 차, 현금, 달러 등으로 원금과 이자를 상환한다. 제4조, 본

차관의 결산 등 업무를 위해 소련국가은행과 중국인민은행은 상호간 특별계정을 만들어 관리한다. 제5조, 본 협정은 사인한 날로부터 효력을 발생한다.

〈중소우호동맹상호원조조약〉 등의 체결로 중국은 신생 국가로서의 생존에 필요한 안보·경제적 기반을 확보할 수 있게 되었다. 또 외교적으로도, 새로운 공화국을 출범시키며 과거 국민당 정부가 소련과 체결한 구 조약을 폐기하고 새로운 조약을 체결했다는 것은 그동안 중국이 제국주의 열강의 침략을 받으며 불평등하고 피동적인 처지에서 감내해야 했던 치욕적인 경험을 씻고 새롭고 평등한 외교관계를 수립할 수 있는 선례를 만들었다는 점에서 매우 중요했다. 그러나 또 한편으로는 소련과 손을 잡은 공산주의 진영의 일원이 되어 미국과 완전히 등을 짐으로써 미국의 타이완 정책을 재조정하게 하여 결국 타이완 점령은 미완으로 돌아갔고, 아울러 6·25전쟁을 계기로 군사동맹으로서의 효력을 십분 발휘, 동아시아 지역의 냉전 체제를 강화하는데 일조했다.

한편 2017년 6월 현재 중국 외교부 홈페이지에서는 〈중소우호동맹상호원조조약〉의 전문(全文)을 확인할 수 없다. 홈페이지 자료실에는 1952년 12월 이전의 조약 관련 문서들이 공개되어 있지 않다. 중화인민공화국과 소련의 초기 관계에 대해서는 1949년 10월 2일 소련이 중화인민공화국을 승인하였고, 12월 마오쩌둥이 소련을 공식 방문했으며, 1950년 2월 체결된 〈중소우호동맹상호원조조약〉이 중화인민공화국 정부 수립 이후 외국과 맺은 최초의 조약이라는 정도만 소개되어 있다.

3. <공동강령(共同綱領)>과 신중국의 외교 원칙

1948년 말, 국공내전의 전세가 공산당 측으로 기울자 마오쩌둥과 공산당은 앞으로 수립될 새 정부의 국정운영전략을 짜게 되었다. 그 일환으로 마오쩌둥은 새 정부의 외교 전략을 구상하였는데, 그것은 바로 "새롭게 시작하고, 방을 깨끗이 청소한 후 다시 손님을 맞이하고, 친 소련 일변도"를 원칙으로 하여 앞으로의 외교를 전개하겠다는 것이었다. 그 가운데, 전술한 '친 소련 일변도'를 제외한 앞의 두 외교 원칙은 청나라 및 국민당 집권 시기 제국주의 열강으로부터 강요당한 굴욕적인 불평등 외교를 철저히 청산함으로써 중국의 주권을 회복하고 신생 중화인민공화국의 외교관계를 새롭게 구축해 나가겠다는 의지의 표현이었다.

이러한 외교구상을 둘러싸고 1949년 3월에 열린 중국 공산당 제7기 중앙위원회 제2차 전체회의(중공 제7기 2중전회)와 같은 해 9월에 열린 중국인민정치협상회의(中國人民政治協商會議) 제1차 회의에서 신중국 외교에 관한 명확한 방향이 제시되었고, 그러한 내용들이 〈중국인민정치협상회의공동강령(中國人民政治協商會議共同綱領)〉(이하 〈공동강령〉)을 통해 발표되었던 것이다.

전국인민정치협상회의는 원래 항일전쟁과 국공내전 시기 중국공산당과 협력했던 민주당파, 인민단체 및 무당파(無黨派) 등의 정치단체 및 세력들의 대표로 구성된 정치조직이다. 현재는 중국 공산당의 통일전선 및 자문기구의 역할을 하고 있지만, 1949년 9월 21일부터 30일까지 베이징에서 거행되었던 제1차 전체회의는 중화인민공화국 수립을 위한 입법기관으로서 지금의 전국인민대표대회의 역할을 했고, 662명이 대표로 참가해 9월 29일 〈공동강령〉을 통과시켰다. 따라서 중국인민정치협상회의 제1차 회의는 중화인민공화국 출범을 위한 사실상의 마지막 과정이었다. 여기서 통과된 〈공동강령〉은 중화인민공화국의 국가성격, 정부조직 및 제도, 주요 정책 등을 명시적으로 포괄하고 있었으며, 1954년 9월 20일 제1기 전국인민대표대회 제1차 회의에서 헌법이 통과되기 전까지 사실상의 헌법 역할을 했다.

〈공동강령〉에 제시된 중화인민공화국 외교 원칙의 주요 내용은 아래와 같다.

> 제54조
>
> 중화인민공화국 외교정책의 원칙은 본국의 독립, 자유와 영토주권의 완정을 보장하고 항구적인 국제평화와 각국 인민들의 우호협력을 보호하며, 제국주의의 침략정책과 전쟁정책에 반대하는 것이다.
>
> 제55조
>
> 국민당 정부와 외국 정부가 맺은 모든 조약과 협정에 대해서는 중화인민공화국 정부의 심의를 거쳐 분별적으로 승인, 폐기, 수정, 갱신한다.
>
> 제56조
>
> 국민당과 외교관계를 단절하고 중화인민공화국 정부에 대해 우호적인 태도를 취하는 모든 외국 정부에 대해서 중화인민공화국 정부는 평등, 상호이익(互利), 영토주권에 대한 상호 존중을 기초로 담판을 통해 외교관계를 수립한다.
>
> 제57조
>
> 중화인민공화국 정부는 평등한 상호이익(平等互利)의 기초 위에서 각국 정부 및 인민들과 무역통상관계를 회복할 수 있다.

중화인민공화국 출범을 전후로 한 시기, 중국외교가 직면한 과제는 어떻게 “새로 시작할 것인가?”의 문제였다. 즉, 중화인민공화국 정부 수립 이전 장제스의 국민당 정부가 외국 정부와 맺은 외교관계를 어떻게 처리해야 할 것인가?

새로운 중화인민공화국은 국민당 정부의 외교관계를 조건 없이 계승하지 않겠다는 방침을 위의 〈공동강령〉 제55조와 56조에서 밝히고 있다. 국민당 정부와 외국 정부가 맺은 모든 관계는 하나씩 심의하여 사안에 따라 그 승계 및 수정 또는 재협상 여부를 결정하여 처리하겠다는 의미였다. 또한 사회주의 국가를 제외한 여타의 국가들이 중화인민공화국과 외교관계를 수립하려면 이에 상응하는 수교협상을 진행해야 한다는 것이다.

“새롭게 시작하다(另起爐灶)”

이 말은 원래 청나라 문인 리루쩐(李汝珍)의 장편소설 『경화연(鏡花緣)』에서 유래되었다. 중국어의 ‘루짜오(爐灶)’는 부엌의 아궁이와 부뚜막을 의미한다. 문자 그대로 아궁이와 부뚜막을 새로 짓는다는 뜻, 즉 새로 시작한다는 것이다. 그러므로 이는 국민당 정부가 외국과 수립했던 모든 외교관계를 인정하지 않고 중화인민공화국 정부가 중심이 된 새로운 외교관계를 수립할 것이며, 그 이전까지는 중국에 주재하던 외국의 기존 외교사절들도 민간인 대우를 받게 될 것이라는 선언이었다.

“방을 깨끗이 청소하고 다시 손님을 맞는다(打掃幹淨屋子再請客)”

역시 새로 시작한다는 의미이다. 특히 과거 중국에서 제국주의 세력이 점유하고 있던 모든 특권을 청산하여 중국의 주권과 독립을 공고히 하고, 그 기초 위에서 평화·민주·평등의 원칙을 지키겠다는 국가들과 국교를 새로 수립하겠다는 뜻이다.

이러한 원칙에 따라 "중국을 대표하는 유일한 합법정부로서의 중화인민공화국 정부"를 승인하고, 타이완의 국민당과 맺은 기존의 외교관계를 폐기하는 국가들에 한해 중국은 새롭게 외교관계를 설정하기 시작했다.

제4장 시기별 키워드로 본 중국 외교

1. 마오쩌둥 시기

1950~1970년대 중국의 외교노선과 정책은 마오쩌둥 개인의 세계관과 그의 대외전략사상에 의해 지배되었다 해도 과언이 아닐 것이다.

마오쩌둥의 세계관은 그의 〈계급투쟁론(階級鬥爭論)〉과 〈모순론(矛盾論)〉을 바탕으로 하고 있었다.

〈계급투쟁론〉은 중국의 사회주의 혁명 경험을 토대로 국제사회에서도 세계혁명을 완수할 수 있을 것이라는 신념이 반영된 것이었다. 즉, "제국주의의 희생자들이 국제 프롤레타리아 계급을 형성하고 서로 결속하여 제국주의에 대한 계급투쟁을 전개해야 하며, 그 결과 제국주의 체제의 붕괴는 필연적이다. 하지만 지배계급인 제국주의 국가들은 결코 자발적으로 그들의 특권을 포기하지 않기 때문에 이러한 국제적 계급투쟁은 반드시 폭력이 수반되어야 한다."는 인식 하에 마오쩌둥의 대외전략은 국제 프롤레타리아 계급의 단결과 계급동맹 구축을 통한 세계혁명의 완성을 목표로 하였다.[1)]

---

1) 마오쩌둥의 국제 프롤레타리아 계급투쟁론은 『毛澤東外交文選』에 수록된 "전쟁과 혁명의 문제(戰爭與革命問題)", "전세계 반제국주의 진영의 힘은 제국주의 진영의 힘을 능가한다(全世界反帝國主義陣營的力量超過了帝國主義陣營的力量)", "전세계 혁명세력이 단결하여 제국주의의 침략에 대항하자(全世界革命力量團結起來，反對帝國主義的侵略)" 등에 언급되어 있다. 中華人民共和國外交部·中共中央文獻硏究室, 『毛澤東外交文選』 (北京: 中央文獻出版社·世界知識出版社, 1994), pp. 28-31, 64-67, 71-75.

그리고 이 같은 세계혁명의 달성을 위한 구체적인 대외정책은 〈모순론〉을 기초로 하였다. 모순론은 변증법적 논리를 바탕으로 한다. 즉, 모든 인간과 자연현상이 항구적인 변화과정에 있다는 전제에서 출발하여, 그 변화의 원동력은 모순의 지속적인 발전이며 모든 사회발전에는 모순이 존재한다는 것이다. 마오쩌둥이 본 세계의 주요 4대 모순은 첫째, 사회주의 진영과 자본주의 진영 사이의 모순. 둘째, 자본주의 국가 내부의 프롤레타리아 계급과 부르주아 계급 사이의 모순. 셋째, 제국주의와 피압박민족 사이의 모순. 넷째, 제국주의 상호 간의 모순이었다. 그리고 이러한 모순의 본질을 파악하는 것이 중요했다. 예를 들면 제국주의 국가들 간 모순의 본질은 야합과 경쟁이라는 것이었다.[2)]

이러한 논리에 따라 마오쩌둥은 중간지대론(中間地帶論), 신중간지대론(新中間地帶論), 3개 세계론(三個世界論) 등의 대외전략 사상을 발전시켜 나갔으며, 이를 1950~1970년대의 중국 외교 실전에 적용했다.

(1) 중소 갈등과 중간지대론

전술한 바와 같이 중화인민공화국 수립을 전후한 시기 중국은 전략적 필요에 따라 '친소일변도' 전략을 취했다. 1950년대 초반 중국은 세계가 사회주의 진영과 자본주의 진영으로 구분되어 있다는 양대진영론으로 세계를 인식하였다. 그러므로 이데올로기적 측면과 안보적 측면에서 구체적인 외교 정책은 모두 이러한 양대진영론과 친소일변도에 근거한 혁명투쟁, 그리고 미국의 군사적 위협과 봉쇄정책에 대한 대항이 목표였고, 이를 위해 소련과의 군사

2) "矛盾論", 『毛澤東選集』 第一卷, pp. 299-340 참조.

동맹에 적극 의존하였다. 그런데, 1950년대 후반 들면서 중국의 양대진영론과 친소일변도 전략에 변화가 나타나기 시작하였다. 그 원인은 중국과 소련 사이의 갈등이었다. 중국과 소련은 다양한 영역에서의 언쟁과 비판을 통해 관계를 악화시키기 시작했다.3)

1956년 소련공산당 제20차 당대회에서 당시 소련 공산당 서기장 흐루쇼프는 평화공존론을 제기하며 스탈린의 적대적 대미정책을 비판하고 미국과의 평화공존을 강조했다. 흐루쇼프는 "현 국제정세의 기본문제"라는 정치보고를 통해 평화공존노선(평화공존, 평화경쟁, 평화이행)이 모든 사회주의 국가의 외교정책 기조가 되어야 한다고 주장한 것이다. 공산주의 세력이 우세하기 때문에 무력이나 폭력 없이도 승리가 가능하며, 따라서 경제적 요인에 따른 고전적 마르크스-레닌주의의 전쟁불가피론은 더 이상 적용될 수 없다는 논리였다. 흐루쇼프는 미국과의 화해도 가능하다고 생각했다. 흐루쇼프의 대미 유화정책은 이미 1954년 9월 25일~27일 미국의 캠프 데이비드에서 미소정상회담을 실현시켰다. 그리고 무엇보다 그는 마오쩌둥의 '계급투쟁론' 및 '모순론'에 입각한 중국의 현상타파적이고 급진주의적인 세계혁명노선이 야기할 수 있는 국제적 모험을 공동으로 부담하고 싶어 하지 않았다.

이에 대해 중국은 소련이 사회주의의 주적(主敵)인 미 제국주의와 평화공존이라는 미명 하에 서로 공모하려는 수정주의적 경향이 증대되고 있다며 소련을 비난하고, 곧이어 소련이 수에즈운하의 국유화를 책동하며 중동에서 제국주의적 팽창을 기도하고 있다고 비난하면서 중소관계는 악화되기 시작했다.

3) 이하의 중소갈등과 관련해서는 송영우·소치형, 『중국의 외교정책과 외교』(서울: 지영사, 1992), pp. 107-128; 소치형, 『중국외교정책론』(서울: 도서출판 골드, 2004), pp. 53-71; 헨리 키신저(권기대 역), 『중국이야기』(서울: 민음사, 2012), pp. 188-240 참조.

그런데 흐루쇼프의 1956년 발언 훨씬 이전부터 중국과 소련 사이가 흔들리는 징후들이 이미 나타나기 시작했다. 앞서 언급하기도 했지만, 〈중소우호동맹상호원조조약〉의 체결과정에서 보여준 스탈린의 냉담하고 중국을 무시하는 듯 하는 태도에 대한 마오쩌둥의 분노, 김일성의 남침계획을 승인하고 또 수세에 몰린 김일성을 구원하는 과정에서 마오쩌둥과 스탈린 간에 형성되었던 상호불신 등을 돌이켜 보면 이미 중국과 소련의 갈등은 예견된 것이었다.[4)]

> "한국전쟁이 종결되는 시점에서부터 중소관계는 악화일로를 치달았는데, 여기에는 스탈린이 김일성의 모험을 부추겼다는 것, 중국의 개입을 난폭하게 밀어붙였다는 점, 무엇보다 소련이 투덜대면서 결국 상환해야할 빚의 형태로 중국을 지원했다는 점 등이 크게 작용했다."[5)]

중국과 소련 사이의 갈등은 점점 확대되었다. 1958년 5월 중국공산당 제8기 중앙위원회 제2차 전체회의(중공 제8기 2중전회)에서는 국내 건설방식에서 소련식 모델의 탈피와 중국식 사회주의

---

4) 중국 국내적으로 보면 가오강(高崗) 사건 같은 경우가 마오쩌둥이 이미 소련을 불신하고 있었다는 방증이 될 수 있다. 가오강은 국공내전 당시 중국공산당이 서북(西北) 지방의 혁명근거지(싼시성 북부 내륙의 옌안 지역)를 조직할 때 핵심적인 역할을 했던 인물로서 중앙 서북국(西北局)의 서기를 지냈고 이어 동북인민정부(東北人民政府)의 주석을 지내며 만주 지역을 장악했다. 중화인민공화국 정부 수립 이후에는 중앙인민정부 부주석과 인민혁명군사위원회 부주석 등을 역임하며 마오쩌둥의 후계자로 거론되기도 했다. 그러나 자신의 공로를 과신하고 당내 2인자였던 류샤오치와 갈등하며 결국은 1954년 반당(反黨) 혐의로 숙청되었다. 만주를 배경으로 그의 권력이 눈에 띄게 확대되었고, 여기 더해 친 소련파라는 점도 마오쩌둥의 의심을 사게 된 배경이었다.

5) 키신저(2012), pp. 188-189.

건설방식을 표명하였고, 이에 따른 '삼면홍기정책'은 소련에 의존한 군사정책에서 탈피하여 인민전쟁체제로의 군사노선 전환을 의미하는 것이었다.[6] 여기 더해 1958년 흐루쇼프는 중국인들이 보기에 중국의 주권을 침해했다고 분노할만한 언행을 저질렀다. 즉 흐루쇼프는 소련 잠수함과의 교신을 위한 무선기지를 중국에 설립하자고 중국에 제안했고, 소련 해군이 중국의 항구를 사용하는 대가로 중국의 잠수함 건조 사업을 지원하겠다고 했다. 또 중국의 부동항을 소련이 사용하는 대신 북극해에 위치한 소련 잠수함기지에 접근할 수 있는 특별권한을 중국에 부여하겠다고 제안했다. 이러한 제안에 대해 주권 침해에 대단히 민감했던 마오쩌둥이 강하게 반발했음은 당연했을 터였다.

중소 양국의 갈등은 점차 확대되어 1960년 7월, 소련은 1950년에 체결한 〈중소우호동맹상호원조조약〉에 따라 중국에 파견했던 소련인 기술자 1,390명을 1개월 안에 전원 철수시키겠다고 통보했고, 핵개발 지원 약속도 일방적으로 폐기했다. 소련은 사회주의 진영에서는 자국의 핵보유만으로 충분하다는 입장이었고, 중국은 핵개발 지원에 대한 소련의 배신과 강대국의 핵 독점에 비판적이었다.[7]

1962년 거의 동시에 발생한 중국과 인도 사이의 국경 충돌, 그리고 미국과 소련 사이의 쿠바 미사일 위기도 중소 갈등을 부채질하는 요인이 되었다. 소련은 티베트 문제로 발생한 중국과 인도의 무력 충돌 사건에서 중립적 입장(사실상 소련은 인도를 지원했음)을 견지함으로써 중국을 자극했다. 중국은 흐루쇼프가 쿠바에 핵미사일을 배치한 후 미 케네디 대통령의 압력에 굴복하여 철수한

---

6) 삼면홍기(三面紅旗)란 세 개의 붉은 깃발이라는 의미로서 총노선, 대약진, 인민공사로 상징되는 마오쩌둥의 중국식 사회주의 혁명의 기본 노선이었다.
7) 중국은 독자적인 핵개발에 나서 1964년 10월 16일 핵실험에 성공하였다.

행위를 두고서 '모험주의'와 '항복주의'라고 비난했다.

1964년 말 흐루쇼프가 실각한 후 권력을 장악한 브레즈네프(Leonid Brezhnev)는 1966년 1월 소련군의 몽골(외몽골, 이하부터는 몽골로 표기) 주둔을 허용하는 동맹조약을 갱신하였고, 1968년에는 몽골의 동부, 서부 지역에 지대지 미사일을 배치함으로써 군사적으로 중국을 압박했다. 또한 브레즈네프는 1968년 8월 이른바 브레즈네프 독트린(Brezhnev Doctrine)을 발표하였다.[8] 1968년 1월 체코슬로바키아 공산당 내 개혁파의 두브체크(Alexander Dubcek)가 당 제1서기에 오르며 검열제 폐지, 정당과 정치단체의 부활 등 개혁정치를 추진하자 이것이 동유럽 사회주의 체제에 미칠 영향에 불안을 느낀 브레즈네프가 마르크스-레닌주의에 대한 이탈을 이유로 소련, 동독, 폴란드, 헝가리, 불가리아 등으로 구성된 바르샤바조약기구를 동원해 체코슬로바키아를 침공함으로써 이른바 프라하의 봄을 좌절시킨 것이었다. 이에 대해 중국은 소련의 행동을 '패권주의'라고 강하게 비판하였다.

브레즈네프는 또 1969년 6월 8일 모스크바에서 열린 국제공산당회의에서 아시아 지역을 대상으로 하는 집단안전보장체제의 구축을 제창하였다. 중국은 이를 소련의 대 중국 포위 전략으로 인식하고 비판하였다.

이러한 소련과 중국의 갈등은 결국 1969년 3월과 8월, 우수리(Ussuri)강 중류의 쩐바오섬(珍寶島, 소련 명 다만스키)과 신장위구르자치구에서의 무력 충돌로 폭발하였다. 이리하여 중소관계는 초기의 밀월관계를 뒤로하고 기나 긴 적대적 관계를 형성하게 되

8) 사회주의 국가들에 대한 소련의 군사적 개입을 정당화하기 위한 목적으로 제기하였으며, '제한주권론'이라고도 한다.

었다.

이와 같은 배경에서 마오쩌둥은 '중간지대론'을 제기하였다. 미국과 소련 사이에는 중간지대가 있으며, 중간지대 내의 국가들이 연합해 이 두 제국주의에 대항해야 한다는 논리였다. 즉, 중간지대는 반소·반미를 위한 연합전선지대였다. 원래 중간지대론은 1946년 8월 마오쩌둥이 미국 여기자 스트롱(Anna Louise Strong)과의 회견에서 최초로 제기하였다. 1955년 반둥회의에서 저우언라이는 제3세계 국가와의 통일전선을 촉진하기 위해 제3세계 국가 사이에 존재하는 상이한 이념과 체제를 떠나 평화공존이 필요하다고 주장하였고, 이러한 논리는 1950년대 후반 중소관계 악화를 계기로 구체적 틀을 갖추기 시작하였다. 마오쩌둥은 1958년 9월 아시아, 아프리카, 라틴아메리카를 미국과 소련의 중간지대로 명명하고 공식적인 개념 틀을 제시하였다. 이로부터 중간지대론은 1960년대 중반까지 반(反)제국주의 대외정책의 이론적 기반으로 운용되었고, '신중간지대론'을 거쳐 1970년대 들어 '3개 세계론'으로 발전하게 된다.

한편, 중국은 친소련 노선의 폐기와 동시에 독자외교노선을 추구하기 시작했다. 그리고 그 수단으로 폭력외교, 이른바 혁명수출을 추구하였다. 마오쩌둥은 평화적인 방법으로는 사회주의 건설이 불가능하고, 무산계급은 모든 국가에서 정권을 탈취해야 하며 신생독립국가는 무장투쟁노선으로 식민주의에서 벗어나야 한다고 강조하였다. 그리하여 소위 중간지대의 국가들과 광범위한 연합전선을 형성하고 폭력혁명을 통한 사회주의 정권의 수립을 선동했던 것이다. 이미 1950년대 중반부터 반둥회의 등에 적극 참여하며 아시아-아프리카 지역 신생독립국가들과의 관계를 강화했던 사례나, 1960년 3월 중국-중남미주 우호협회를 창설하고 동년 4월에는 중국-아프리카 인민우호협회를 결성한 일, 어려운 경제여건에서도 1961년부터 1965년 사이 아시아 및 아프리카 국가들에게 6억 1,000만 달러의 경제원조를 제공한 일 등 제3세계와의 관계 강화는 바로 그러한 노력의 일환이었다.[9)]

(2) 신중간지대론과 조반외교

그런데 중간지대 진출과 연대를 위한 중국의 노력은 1950년대 후반부터 여러 가지 차질을 빚고 있었다. 반둥회의를 계기로 중국은 아시아-아프리카 국가들과의 유대관계를 형성하는데 성공했지만, 1958년 후반부터 그들과의 갈등 또한 형성되기 시작했다. 티베트 문제로 인해 발생한 중국과 인도 사이의 갈등은 그 대표적인 사례라 할 것이다. 네루 인도수상이 중국에서 망명한 달라이 라마를 지원하였고, 1961년 9월 유고슬라비아의 수도 베오그라드에서 열린 비동맹회의에서 네루는 노골적으로 중국을 따돌렸다. 또 전술했듯이 1962년 영토문제와 관련해 중국과 인도 간에는 대규모의 무력충돌이 발생하였다. 아시아-아프리카 신생독립국가들을 사실상 이끌고 있던 인도와 중국의 충돌은 외교적으로 상당히 큰 사건이었다. 또한 중국이 혁명수출의 기치 하에 수단, 파키스탄, 버마, 태국, 인도네시아 등에서 군사쿠데타와 무장폭동을 배후에서 책동함으로써 아시아와 아프리카 여러 나라의 지도자들로 하여금 중국을 회의와 경계의 눈으로 보게 하였다. 중간지대 진출은 실패였다. 이 같은 상황에서 중국은 중간지대론을 수정하지 않을 수 없었고, 마오쩌둥은 신중간지대론(2개의 중간지대론이라고도 칭함)을 내 놓았다. 신중간지대론은 1963년 9월 중공중앙공작회의에서 처음 제

---

9) 송영우·소치형(1992), pp. 180-181.

기된 것으로서, 1964년 1월과 7월 중국을 방문한 일본 공산당 및 사회당 인사들과의 인터뷰에서 재차 강조되었다.

마오쩌둥에 따르면, 세계에는 2개의 중간지대가 존재하는데, 제1중간지대는 아시아, 아프리카, 중남미의 신생독립국 및 독립을 쟁취하려는 국가들이며, 제2중간지대는 지배계급이 착취자이며 억압자인 동시에 미국의 지배에서 벗어나려는 이중적 성격을 지닌 국가들로서 서유럽, 북미의 캐나다, 일본, 오세아니아 여러 나라들(주로 자본주의 국가들)이 포함된다.[10] 즉, 이들 2개의 중간지대가 사회주의 진영과 미 제국주의 사이에 존재하며, 미소 초강대국이 지배하는 국제정치체제에 대항하기 위해서는 이들 2개의 중간지대에 속하는 국가들과 국제통일전선을 구축하고 제3세계를 후견세력으로 동원해야 한다는 것이었다. 이 같은 사상을 바탕으로 마오쩌둥은 소련 및 미국과 적대적 대항 관계를 형성하고 자력갱생과 세계혁명전략을 적극 추구했던 것이다. 당시 중국은 세계혁명의 구호 아래 이념적 경직성과 사회주의적 이상주의를 바탕으로 제3세계 국가들 내부의 공산당과 민족주의자들의 무장 혁명을 지지하고 군사고문, 무기 및 장비, 방송설비 등을 지원하며 전 세계적 프롤레타리아 계급혁명의 확산을 꾀했다. 심지어 유럽 주재 중국대사관에서까지 세계혁명을 적극 선전하게 하는 등의 급진적 외교 행태를 보임으로써 대외관계에 부정적인 영향을 끼쳤다.[11]

한편, 1965년 이래 문화대혁명(文化大革命)의 전국적 확산은 중국 외교에 심각한 부정적인 영향을 미쳤고, 이 시기의 '조반외교(造反外交)'는 중국을 외교적으로 고립시키는 결과를 낳았다. 문화대혁명은 대약진(大躍進)운동 실패의 산물이었다. 야심찬 국가건설

10) 中華人民共和國外交部·中共中央文獻研究室(1994), pp. 506-509.
11) 김옥준, 『중국 외교노선과 정책』 (서울: 리북, 2011), p. 68.

전략이었던 대약진운동의 실패로 마오쩌둥은 정책적으로 대척점에 있던 류샤오치에게 국가주석 자리를 내주어야 할 정도로 심각한 권력투쟁이 발생했다. 마오쩌둥은 결국 홍위병(紅衛兵)들의 극좌(極左)적 폭력 활동을 선동해 권력 만회에 나섰다. 문화대혁명 당시 마오쩌둥이 홍위병들을 선동하던 구호가 바로 "모든 반항과 반란에는 나름대로 정당한 이유가 있다(造反有理)."였다.

마오쩌둥은 이러한 폭력적 극좌노선을 외교에도 이용했던 것이다. 1966년 8월 12일 중국 공산당 제8기 중앙위원회 제11차 전체회의(중공 제8기 11중전회)에서는 대내적으로 문화대혁명을 전개하기로 결정하였다. 동 회의에서는 동시에 대외적으로 소련과 미국을 각각 수정주의와 제국주의라고 비난하고 무산계급 국제주의 원칙을 견지하며 전 세계 인민의 혁명투쟁을 지지한다는 이른바 조반외교를 전개할 것을 결의하였다. 조반외교는 제국주의 미국에 반대(반제, 반미)하고, 수정주의 소련에 반대(반수, 반소)하며 전 세계 반동세력에 반대한다는 이른바 3반외교(三反外交)로도 불렸다. 이는 폭력혁명 외교노선으로 소련을 견제하고, 고립을 면하기 위한 외교를 전개하고자 하는 시도였으나 지나치게 비현실적이고 폭력적이어서 중국 외교의 기반을 거의 붕괴시키다시피 했다. 외교적 관례와 원칙을 무시하고 마오쩌둥 사상의 선전과 그 지역 공산주의자들의 선동을 대외활동의 주된 임무로 함으로써 주재국 정부와 마찰을 빚는 일이 비일비재했고, 몇몇 국가와는 관계 단절 또는 대사의 소환을 초래했다. 특히 홍위병의 소련대사관, 영국대사관 난입 등 과격한 행태는 중국의 국제지위를 최저수준으로 하락시키고 우방 국가들로부터의 외교적 고립을 자초했다. 중소관계 악화의 영향은 동구 사회주의권 국가들과 중국의 관계에도 영향을 미쳤다. 폴란드, 동독, 체코슬로바키아, 헝가리, 불가리아 등 5개국은 소련의 편에 서서 중국을 비난하였으며, 중국 역시 이들 동구 국가들을 소련과 함께 수정주의 집단으로 분류하고 비난하였다.[12)]

이 시기 제1중간지대에 대한 중국의 외교는 표면적으로는 반제국주의, 반수정주의 투쟁의 지지를 이끌어내는 국제연합전선 구축으로서, 1960년대 초반까지는 주로 정부간 관계 개선과 우호관계 강화에 주력했지만, 전술한 것처럼 제1중간지대 국가들에 대한 혁명수출 등으로 오히려 관계가 악화되었다. 중국은 특히 경제원조를 무기로 아프리카 국가들과의 관계 강화를 추구했지만 문화대혁명으로 중국의 경제지원은 급격히 감소하게 되었고, 결과적으로 중국의 지원과 원조에 의해 정권을 획득한 아프리카 국가의 정부나 혁명운동은 전무했다. 중남미에서도 칠레를 제외하고는 미국과 소련의 영향이 강했던 이 지역 국가들과의 관계 강화는 사실상 불가능했다.[13)]

한편 제2중간지대에 대한 외교는 일부 성과를 나타냈다. 소련에 대한 과중한 경제적 의존을 벗어나려는 대안에서 중국은 제2중간지대의 국가들과 미국을 분리시켰고, 특히 일본 및 서유럽 국가들과의 관계 개선 및 교역 확대를 적극 추진했다. 대표적으로 1964년 1월 27일 중국은 당시 프랑스의 반미 독자노선 추구에 힘입어 프랑스와의 수교원칙 합의를 발표했다. 1964년 4월 18일에는 일본과 무역연락소 설치 및 기자 상호교환에 관한 합의서에 조인했다. 결과적으로 중국이 기대했던 반제 및 반수정주의를 위한 서구 국가들과의 이념적인 연대는 실현되지 않았지만 북유럽 및 프랑스, 이탈리아, 오스트리아, 서독, 벨기에 등과의 무역, 교류 확대가 실현되며 1970년대 중점적으로 추진되었던 서구 국가들과의 관계 정

12) *ibid.*, p. 72.
13) *ibid.*, pp. 72-77.

상화를 위한 기반이 마련되었다.[14)]

(3) 3개 세계론과 연미반소(聯美反蘇) 외교

문화대혁명은 내부적으로 심각한 정치·경제적 혼란을 초래했을 뿐만 아니라 급진적 혁명수출전략의 실패로 중국의 외교적 고립을 자초하였다. 한편, 대외적으로는 1968년 소련의 체코침공, 1969년 우수리강 쩐바오섬에서의 중소 국경 충돌 사건, 브레즈네프의 아시아집단안보체제 제의, 1969년 닉슨 독트린 발표와 미국의 베트남전 철수 의사 표명 등으로 1960년대 말~1970년대 초의 중국은 상당한 대내외적 환경 변화에 직면하게 되었다.[15)] 이와 같은 배경에서 1970년대 중국은 획기적인 대외정책의 변화를 추구하였다. 즉, 표면적으로는 미국과 소련 양대 초강대국에 대한 반(反)패권주의 정책을 표방하였지만, 중국은 소련을 사실상의 주적으로 설정했고 미국을 제2의 적으로 삼는 전략으로 전환하였다. 나아가 중국은 소련으로부터의 안보적 위협에 대응하기 위해 미국과의 연대를 추진하기 시작하였다. 중국은 특히 쩐바오섬에서의 무력 충돌을 계기로 소련의 팽창주의와 군사적 위협에 대단히 민감해진 상태였다. 이에 따라 과거 주적이었던 미국을 전략적 협력자로 삼아 소련으로부터의 안보위협에 대응하고자 했던 것이다.

이러한 목적에서 중국은 1970년대의 외교적 목표로 반패권주의와 새로운 통일전선의 구축을 추구했으며, 그 이념적 바탕이 바로 1950~1960년대의 중간지대론과 신중간지대론을 계승한 '3개 세계론'이었다. 앞서 제1장에서도 언급했지만, 마오쩌둥은 1970년 처음

---

14) *ibid.*, pp. 77-80.
15) *ibid.*, pp. 81-82.

으로 "아시아, 아프리카, 남미는 제3세계이다."라고 언급함으로써 이른바 '천하3분론'이라는 세계구도관을 제시했다. 세계가 3개의 세력군(제1세계, 제2세계, 제3세계)으로 형성되어 있다는 것이었다. 그에 따르면 패권을 추구하는 미국과 소련은 제1세계, 미·소에 대해 "중간적인 입장을 취하는 자본주의 국가들"은 제2세계, 나머지 "개발도상국 및 저개발국가들"은 패권에 반대하는 제3세계로 구분되었다.

1974년 2월 22일, 마오쩌둥은 잠비아 대통령을 접견하는 자리에서 "내가 보기에 미국, 소련은 제1세계이다. 중간파인 일본, 유럽, 호주, 캐나다는 제2세계이다. 우리는 제3세계이다.", "아시아에서는 일본을 제외한 모든 국가는 제3세계이다. 아프리카는 전부 제3세계이다. 라틴아메리카도 제3세계이다."라고 3개의 세계를 구분했다.16)

마오쩌둥은 패권주의를 추구하는 제1세계의 타도를 위해서는 세계혁명의 주력군인 제3세계 및 일시적 동맹군인 제2세계와의 연합이 필요하다고 보았다. 마오쩌둥에게 있어 제3세계국가들은 중국의 반제, 반패권주의 투쟁을 위한 중요 자산이었다. 따라서 제3세계에 대해서는 정치·경제·군사적인 측면에서의 지원을 강화하였고, 각종 국제무대에서 기회가 있을 때마다 제3세계의 중요성을 강조하며 중국은 영원히 제3세계의 편에 설 것이라는 점을 부각시키려 애썼다. 다만 이전과는 다르게, 제3세계 국가들에 대한 혁명 지원보다는 기존 정부와의 관계 개선에 역점을 두었다. 국제경제체제의 불평등과 착취적 성격을 비난하며 제3세계 국가들의 호응을 유도했고, 동시에 제3세계 국가에 대한 소련의 정치·경제·군사적 지원을 통한 세력팽창을 저지하기 위해 이들 국가들과의 관계 개선

16) 中華人民共和國外交部·中共中央文獻研究室(1994), pp. 600-601.

을 적극 추구했던 것이다. 특히 아시아 지역 국가들은 당시 반소 통일전선을 위한 주요한 대상이었다. 소련은 인도, 베트남, 라오스 등과의 관계 강화를 바탕으로 중국을 포위하려 들었고, 중국은 이에 대응해 파키스탄, 스리랑카, 방글라데시, 버마(미얀마), 말레이시아, 필리핀, 태국과의 관계 강화 또는 개선을 추진하였다.

아프리카에 대해서는 정치외교적 유대 강화, 경제 관계 증진에 역점을 두어 1970~1978년 중국은 아프리카 24개국과 수교(총40개국)하고, 경제 원조를 강화하여 소련보다 많은 경제 원조를 제공하였다.[17]

중남미에 대해서는 당시 중남미의 대미 종속 탈피 및 소련의 패권주의에 대한 반감 출현 등의 지역 정서를 이용하며 1970년 처음으로 칠레와 수교한 이래 페루, 멕시코, 아르헨티나, 가이아나, 자메이카, 베네수엘라, 브라질 등 10개국과 수교를 실현했다.[18] 이는 당시 중국이 문화대혁명으로 혼란했던 시기였음을 상기해 볼 때 실로 대단한 외교적 노력이었다.

한편, 제2세계에 대해서는 미국의 영향력에서 벗어난 독자적인 세력으로서, 또 소련의 데탕트 외교 공세에 현혹되지 않는 반패권주의 통일전선에 동참하게 하는 것이 목표였다. 이에 따라 중국은 1979년까지 바티칸 등 일부를 제외한 서구 14개 주요국가와 외교관계를 수립했고, 1975년에는 유럽공동체와 공식적인 관계를 수립했다. 중국은 서구 국가들이 반패권주의 통일전선 구축을 위한 잠재적 동맹국이 되기를 기대했고, 서구 국가들은 상품과 원료시장으로서의 중국의 가치에 주목하기 시작했으며 또한 중국을 이용해

---

17) 1970~1977년 아프리카 국가들에 대한 중국의 차관 및 무상원조는 총 17억 달러에 달했고, 이는 당시 중국 대외원조액의 53%, 소련이 이들 국가에 지원한 액수의 두 배에 달하는 규모였다. 김옥준(2011), p. 99 재인용.

18) *ibid.*, p. 100.

미국과 소련을 견제하려 했다. 또 한편으로 과거 중소갈등에서 소련 편에 서서 중국을 비난했다는 이유로 관계가 악화되었던 사회주의 국가들(예를 들면 폴란드, 동독, 체코슬로바키아, 헝가리, 불가리아 등)과는 주로 경제적인 관계 발전에 치중했다. 유고슬라비아 및 루마니아와의 정치·경제적 우호관계도 발전되었다. 유고슬라비아와는 소련의 체코 침공 이후 우호관계로 발전하였으며, 루마니아는 소련과의 갈등이 심화되며 소련의 원조가 감소되자 중국으로부터의 정치적 지지와 경제적 지원을 필요로 했었다.[19)]

일본과는 중미 관계 개선을 배경으로 관계 발전이 가능해졌다. 1971년 키신저의 방중과 1972년 닉슨의 방중으로 충격을 받은 일본은 중국과의 관계 개선을 고려하기 시작했고, 때마침 1972년 7월 출범한 일본의 다나카 내각은 중국과의 관계 개선을 적극 추진했다. 중국도 대단히 긍정적으로 일본과의 관계 개선을 받아들였다. 동년 8월 일본은 관계 정상화를 위해 다나카 총리가 중국을 방문할 의사가 있음을 표시했고, 9월 25일 다나카 총리 일행이 수교 교섭을 위해 중국을 방문했다. 저우언라이 총리와 다나카 총리의 회담을 통해 중국과 일본은 9월 29일 국교 정상화에 합의하는 공동성명을 발표했다.[20)]

중국과 일본의 국교 정상화는 또한 양국의 이해관계가 합치된 결과였다. 양국은 경제적인 측면에서 서로의 협력을 필요로 했고, 정치적인 면에서도 공통적으로 소련에 대한 위협인식을 가지고 있었다. 이후 1978년 중국이 제2세계 국가와는 처음으로 일본과 체결한 〈중일평화우호조약〉에는 '반패권주의' 조항을 명시함으로써 공식적으로 일본을 반패권주의 통일전선에 끌어들이는데 성공한

19) *ibid.*, pp. 92-94.
20) 當代中國外交編輯委員會, 『當代中國外交』 (北京: 中國社會科學出版社, 1988), pp. 293-295.

셈이 되었다.[21)]

1970년대 중국 외교의 최대 성과는 미국과의 관계 정상화였다고 할 수 있다. 1960년대 말~1970년대 초의 중국은 소련으로부터의 위협이 미국으로부터의 위협보다 심각하다고 판단했다. 따라서 중국의 국가안전에 최대의 위협이 되는 소련에 대항하기 위해서는 과거 불편했던 국가들과의 관계 개선은 물론이고, 적대적이었던 미국과도 '반소'라는 공동의 이익을 공유할 수 있을 것으로 보았다. 한편 이 시기 미국의 닉슨 행정부 역시 소련과의 데탕트를 추진하는 동시에 닉슨 독트린을 발표하며 아시아 정책을 조정, 중국과의 관계 개선을 통해 소련을 견제하는 연합세력으로 활용하려 했다. 이러한 배경에서 1970년대 제1세계에 대한 중국의 외교 전략은 '연미반소'로 특징지어진다 할 것이다.

중국과의 관계 개선을 막후에서 주도했던 키신저의 회고에 따르면, 마오쩌둥은 이미 1965년부터 미국에 대한 적대적인 태도를 누그러뜨리기 시작했다. 그렇게 볼 수 있는 근거는 바로 미국인 기자 에드가 스노우(Edgar Snow)와의 인터뷰였다. 후술하겠지만, 마오쩌둥과 스노우는 이미 1936년에 당시 중국 공산당의 혁명 근거지였던 서북 싼깐닝 지역, 즉 옌안에서 기자와 취재원으로 만났다. 그 경험을 스노우는 『중국의 붉은 별』이라는 책으로 출간함으로써 서방세계에 중국의 사회주의 혁명을 소개했다.[22)] 그 인연으로 중화인민공화국 수립 이후에도 스노우는 '우호인사(友好人士)'로 대우받으며 중국을 여러 차례 방문하고 중국 지도부를 만나곤 했다. 마오쩌둥은 스노우를 통해 자신의 생각을 서방세계에, 특히 미국에 전달하고자 했다. 1965년 1월 9일 베이징을 방문한 스노우는

21) 김옥준(2011), pp. 90-91.
22) 원제는 *Red Star over China.*

마오쩌둥과 회담을 했고, 이때 마오쩌둥은 역사적인 원인으로 중국과 미국이 단절되어 있는 것이 유감이고, 양국은 다시 가까워질 날이 올 것이며, 미국이 중국을 공격해 들어오지 않는 한 중국이 미국을 공격하는 일은 없을 거라는 말을 하였다.[23] 이는 곧 미국과 화해할 수도 있다는 암시였다. 1970년 12월 18일 마오쩌둥은 스노우를 또 만났다. 이때 마오쩌둥은 닉슨이 중국에 오겠다면 그와 회담하겠노라고, 그리고 중국과 미국은 틀림없이 수교할 것이라고 언급하였다.[24] 사실상의 초청이었고 수교 제의였다.[25]

한편, 국경 지대에서의 군사적 충돌로 중국과 소련의 전면 핵전쟁이 우려되던 1969년 이래 미국은 중국과의 관계를 심각하게 재고하기 시작했다. 1969년 8월 닉슨은 중국이 소련에 굴복하거나 해서 힘의 균형이 깨진다면 미국의 국익에 반할 수 있다는 주장을 내놓았다.[26] 미국은 조심스럽게 중국에 접근하기 시작했다. 1969년 11월~1970년 2월 사이 여러 나라에서 미국과 중국 외교관들이 열 차례도 넘게 접촉했고, 폴란드 주재 미국 외교관들은 폴란드 주재 중국 외교관들에게 닉슨이 중국과의 대화를 원한다는 메시지를 전달했다.[27] 폴란드 주재 중국 대사는 미국 대사였던 월터 스토셀(Walter J. Stoessel, Jr.)을 중국 대사관으로 초청했고, 이후 몇 차례의 중미 간 접촉이 바르샤바에서 있었으나 큰 진전은 없었다.

---

23) 中華人民共和國外交部·中共中央文獻硏究室(1994), pp. 556-557; 키신저(2012), pp. 254-255.

24) 中華人民共和國外交部·中共中央文獻硏究室(1994), pp. 592-593.

25) 그러나 키신저는 스노우의 인터뷰 내용이 사실 미국 정부에 아무런 영향을 끼치지 못했다고 기록하고 있다. 미국 정부는 친중 인사인 스노우를 중국의 선전도구라고 여겼기에 마오쩌둥이 스노우를 통해 전달하고자 했던 메시지가 백악관과 미국 고위층에 전혀 전달되지 못했다는 것이다. 키신저(2012), p. 280.

26) *ibid.*, p. 271.

27) *ibid.*, pp. 273-274.

1970년 여름부터 닉슨은 파키스탄과 루마니아의 지도자들에게, 키신저는 베트남 주재 프랑스 대사를 역임한 장 생트니(Jean Sainteny)에게 미국이 중국과의 고위급 회담을 원한다는 의사를 중국 측에 전달해 줄 것을 부탁했다. 중국은 그들대로 노르웨이 및 아프가니스탄 주재 대사관을 통해 미국에게 암시를 주었으나 이는 미국에 의해 무시되었고, 중국은 루마니아와 파키스탄을 통한 메시지에 반응을 보였다.[28] 1970년 12월 8일 백악관의 키신저 사무실에 저우언라이의 친필 서한이 전달되었다. 파키스탄을 경유해 들어 온 것이었다. 미국이 중국으로 특사를 파견해 타이완 문제를 논의하자는 내용이었다. 1971년 1월 같은 메시지가 루마니아를 통해 키신저에게 전달되었다. 미국은 루마니아 채널을 통해 중국에 회신했다.[29] 결국 1971년 4월 미국 탁구 대표단을 중국으로 초청한 '핑퐁외교'에 이어 7월 9일 키신저가 비밀리에 방중하여 저우언라이와 회담을 갖고, 1972년 2월 21일 닉슨의 방중이 성사되었다.

그러나 닉슨의 방중에도 불구하고 양국의 관계 정상화는 1978년 12월에 가서야 이루어졌다. 그 주된 이유는 다음과 같다. 우선 타이완의 지위에 대한 중미 간의 합의 실패였다. 중국은 "하나의 중국, 중국을 대표하는 유일한 합법 정부는 중화인민공화국 정부, 타이완은 중국의 일부분"이라는 외교원칙을 미국이 인정해주길 원했지만, 미국은 타이완과의 공식적인 외교관계를 유지하면서 동시에 중국과 수교하기를 원했다. 그리고 중국은 소련에 대항하기 위한 전략적 카드로 미국과의 연대를 원했던 반면 미국은 소련과의 적대관계가 아닌 데탕트 증진을 위한 카드로 중국을 이용하려 했다. 미국은 중소 분쟁에 휘말리길 원하지 않았다. 또한 문화대혁명

28) *ibid.*, p. 279.
29) *ibid.*, pp. 284-286.

이라는 중국의 국내정치 상황도 미국과의 관계 개선에 불리했다. 저우언라이와 같은 실용주의자들은 미국과의 관계 개선이 필요하다고 보았으나 문화대혁명의 주축이었던 장칭(江靑)을 비롯한 사인방(四人幫) 등 보수 세력은 이러한 실용주의에 비판적이었다. 1976년 9월 9일 마오쩌둥의 사망과 10월 6일 사인방의 체포에 이어 덩샤오핑이 권력을 장악하고 실용주의 정책을 전개하면서 비로소 미국과의 수교를 위한 국내정치적 여건이 마련되었다.

수교 이래 미국과는 타이완 문제를 둘러싸고 여러 차례 갈등을 반복하였지만, 1989년까지 소련의 팽창과 위협에 공동 대항하는 전략적 협력관계가 대체로 유지되었다.

2. 덩샤오핑 시기

마오쩌둥의 후계자인 화궈펑(華國鋒)과 공산당 내 보수주의자들(문화대혁명 주도 세력, 문혁파라고도 함)은 마오쩌둥 노선을 견지하려 했지만, 덩샤오핑을 중심으로 한 실용주의자들은 모든 진리는 사실(事實)과 실천(實踐)에 의해 검증되어야 한다는 '실사구시(實事求是)' 논리를 전개하며 보수주의 세력의 마오쩌둥 개인숭배와 계급투쟁노선을 비판했다.

두 세력 간 권력 투쟁의 승리자는 덩샤오핑이었다. 1978년 11월 9일~12월 13일의 중앙공작회의에 이어 12월 18일~23일 중국공산당 제11기 중앙위원회 제3차 전체회의(중공 제11기 3중전회)에서는 사회주의 현대화와 중국적 특색을 지닌 사회주의 건설을 위한 기본 방침이 채택되었다. 그 핵심 목표는 국방·과학기술·공업·농업 분야의 이른바 '4개 현대화'를 중심으로 하는 사회주의 현대화, 즉 경제 발전이었고, 이를 실현하기 위한 전략이 덩샤오핑의 개혁개방 노선이었다.

이때부터 중국 공산당과 국가 업무의 모든 역량은 '경제 건설'에 집중되며 마오쩌둥 시대의 계급투쟁 노선으로부터 경제 발전을 위한 실용주의 노선으로 전환되었다. 외교정책 역시 이를 뒷받침하기 위한 목적이 우선되었다. 경제 발전을 위한 자본투자 유치, 선진 과학기술과 경험 도입, 통상 확대를 위한 시장 개척과 경제무역협력을 위한 외교적 노력이 강조되었다. 또 경제 발전을 위해서는 다른 나라와의 정치적 갈등과 마찰을 줄여 장기적으로 평화롭고 안정된 주변 및 국제환경을 조성할 필요성이 대두되었다. 이에 따라 덩샤오핑 시대의 중국은 마오쩌둥 시대의 폐쇄적이고 반서방적인 대외관계에서 탈피해 적극적이고 개방적인 대외정책을 전개하기 시작했다.

(1) 실용주의 외교의 등장과 전개

마오쩌둥 시대에는 정치가 모든 것에 우선했었다. 국내문제이든 국제문제이든 간에 계급투쟁과 사회주의 혁명의 완성이 최고의 목표였던 전쟁과 혁명의 시대였다. 또한 소련식 발전모델을 답습한 중앙집권적 계획경제에 집착한 결과 인민공사(人民公社)와 대약진(大躍進)으로 대표되는 경제적 대실패를 가져왔다.

중앙집권적 계획경제시스템은 경제 운용의 경직성과 관료화, 비효율성을 초래했다. 또한 한정된 경제자원을 군수산업 등 중공업 분야에 우선 배분하다보니 인민들의 궁핍한 경제상황은 호전되지 않았다. 사유재산을 부정하고 집단생활과 공동노동, 가사의 사회화 등을 요구하는 집단적 극좌운동은 전통적으로 토지와 같은 생산수단의 사유개념이 강하고 가족 이외의 타인과의 공동생활에 익숙하지 않은 중국인들에게는 비현실적이었다. 덩샤오핑은 중국을 현대화된 사회주의 국가로 발전시킬 수 있다면 사회주의의 근간인 '평등주의'를 벗어나는 한이 있더라도 이 같은 시스템을 개혁해야 한다고 생각했다.

덩샤오핑의 실용주의 현대화 정책에는 외부적으로 미국 및 소련과의 관계가 많은 영향을 미쳤다. 사실 마오쩌둥 집권 시기 덩샤오핑과 저우언라이 등 실용주의자들은 미국과의 관계 개선 필요성과 가능성을 모색함으로써 린뱌오(林彪)와 사인방 등 일부 군부지도자 및 보수 강경파들과 대립했었다. 집권 이후 덩샤오핑은 사상해방을 강조하고 계급투쟁의 종식 및 민주와 법제의 보장을 강조함으로써 사회주의 건설에서 특정 지도자 개인보다는 '당의 노선'을 중시하였다. 사회주의 건설의 목표는 과거와 변함없었지만 방법론상에서는 마오쩌둥 시대 보다 현실주의적이고 실용주의적인 정책들이 추진되었다는 점에서 차이가 있었다.

덩샤오핑의 실용주의 정책은 '홍(紅, 이데올로기)'에서 탈피해 정치와 경제를 분리하는 '전(專, 실용주의·전문성)'을 강조하는 것이었다. '전' 우선 정책은 낙후된 중국을 선진화된 사회주의 국가로 건설한다는 4개 현대화 정책으로 표현되었고, 이는 '흑묘백묘론(黑猫白猫論)'의 관점에서 중국식 사회주의 건설의 실용성을 강조한 것이었다.30)

이에 따라 덩샤오핑 시대 중국의 외교적 목표는 "4개 현대화를 위한 평화적 국제환경의 조성과 경제적 실리의 추구"로 압축되었다. 물론 마오쩌둥 시대의 반패권주의 외교를 포기한 것은 아니었

30) '흑묘백묘'란 검은 고양이(黑猫)든 흰 고양이(白猫)든 쥐만 잘 잡으면 된다는 의미로서, 사회주의든 자본주의든 인민을 잘 살게만 하면 된다는 덩샤오핑의 실용주의적 표현이다.

지만 기조는 달라졌다. 즉, 반패권주의 원칙과 제3세계 국가로서의 중국의 정체성을 견지하면서도, 소련이나 미국과 같이 특정한 패권국가를 먼저 설정하고 이에 대항하고자 하는 통일전선전략은 포기했다. 그리고 독립자주외교노선을 전면에 내세워 철저한 비동맹 국가로서 완전한 자주노선을 표방하며, 스스로 미국카드나 소련카드를 사용하지 않을 뿐만 아니라 다른 국가가 제3국을 상대로 중국카드를 사용하는 것도 반대했다. 그러므로 덩샤오핑 시대에 들어 그동안 답보상태에 있었던 중미관계, 그리고 1950년대 후반 이래 줄곧 적대적이었던 중소관계가 변화하기 시작한 것은 결국 실용주의 외교의 결과였던 것이다.

미국과는 덩샤오핑 집권 직후인 1978년 12월 16일 〈수교성명〉을 발표함으로써 국교 정상화를 실현했다. 미국이 중국의 수교원칙, 즉 "중국은 하나이며, 중국을 대표하는 유일한 합법정부로서의 중화인민공화국 정부를 인정하고, 타이완은 중국 영토의 일부분이며, 따라서 미국은 타이완과의 공식적인 외교관계를 단절하고 타이완과 체결했던 공동방어조약을 폐기하며 미군을 철수한다."는 요구를 수용한 것이다. 이에 따라 덩샤오핑은 1979년 1월 28일~2월 5일 중국의 국가지도자로서는 최초로 미국을 방문하고 귀국길에 일본을 방문했다.

그러나 미국은 중국과 수교를 한 이후에도, 중국의 요구대로 타이완과의 공식적인 외교관계를 단절했음에도 불구하고 실제적으로는 타이완에 대한 군사적, 정치적 지원을 계속함으로써 중국의 강력한 반발을 야기했다. 특히 1979년 미 의회에서 제정한 〈타이완관계법〉(臺灣關係法, Taiwan Relations Act)은 미국 국내법의 형식을 취하고 있으나 사실상 타이완에 대한 무기 수출 및 방위 보장 등의 내용을 규정하고, 중미 간의 〈수교성명〉 효력 발생일과 동일한 1월 1일자로 효력을 발생시켰다.[31] 중국의 강력한 반발로 인해 미국은 1982년 8월 17일 재차 "중화인민공화국이 중국을 대표하는 유일한 합법정부이며, 타이완은 그 영토의 일부분"이라는 수교 원칙을 확인하는 공동성명을 발표하였으나 1980년대 이래로 미국과 중국은 타이완을 사이에 두고 끊임없는 갈등을 벌였다.

한편 소련에 대해서, 중국은 1970년대 말 소련의 팽창주의적 대외정책이 중국을 군사적으로 포위, 압박하려는 의도라고 판단해 대단히 심각한 위기의식을 가지고 있었다. 전술한 것처럼 북쪽의 몽골은 소련의 지원을 통해 중국의 영향력으로부터 독립한 이후 사실상 소련의 위성국이 되어 있었다. 친소 노선을 걸었던 몽골은 1960년대의 중소분쟁에서 공공연히 소련의 편을 들었고, 심지어 1966년 소련과 〈소몽우호협력상호원조조약〉을 체결하며 비밀군사협정에 서명하여 중국과의 접경 지역에 소련군 주둔과 미사일 기지 건설을 허용하였다.[32] 한때 10만여 명의 소련군이 몽골에 주둔하기도 했다. 따라서 1960~1970년대 중소갈등을 배경으로 중국에 대한 몽골의 적대적 태도와 몽골 주둔 소련군의 존재는 중국에게 심각한 안보적 부담이 되었다.

남쪽 인도차이나에서의 소련의 영향력 확대도 중국으로서는 큰 압박이었다. 베트남의 공산화 과정에서 북베트남(월맹)은 소련과 중국 양측으로부터 모두 지원을 받았다. 그러나 1960년대 말의 중소분쟁과 1970년대 초의 중미 화해 과정에서 베트남은 중국을 사회주의의 배신자로 비판하고 급속하게 친소련 성향으로 돌아섰다.

---

31) Taiwan Relations Act, https://www.ait.org.tw/our-relationship/policy-history/key-u-s-foreign-policy-documents-region/taiwan-relations-act/ (검색일: 2016.07.01).

32) 제성훈, "탈냉전기 러시아-몽골관계의 변화", 『국제정치논총』, 제50집 2호(2010), pp. 176-177.

그러한 베트남이 1978년 12월 25일 친중 성향의 크메르 루주가 통치하던 캄보디아를 침공한 것이다. 중국은 이를 소련이 베트남을 내세워 인도차이나에서의 영향력을 확대하려는 것이라고 보았다.

서쪽에서, 1979년 12월 소련의 아프가니스탄 침공은 중국의 위기감을 더욱 고조시켰다. 소련은 과거 제정 러시아 시절부터 중앙아시아 및 인도 방면으로의 세력 확장을 위해 아프가니스탄을 장악하려 했던 역사가 있다. 문제는 아프가니스탄과 중국이 76㎞ 길이의 국경을 맞대고 있다는 점이다. 따라서 소련이 대규모 병력을 동원해 아프가니스탄을 점령했다는 사실은 중국의 안보 우려를 급상승시킬 수밖에 없는 이슈였던 것이다.

그런데, 1980년대 들면서 중국의 이 같은 외부 환경에 변화의 여지가 감지되었다. 그 시작은 당시 소련 공산당 서기장 브레즈네프가 1982년 3월 24일 우즈베키스탄의 수도 타슈켄트에서 행한 연설이었다. 이를 통해 소련은 중국에게 화해의 메시지를 보냈다. "중국과 국경문제에 관한 회담을 하고 싶으며, 상호 내정불간섭과 이익 존중의 기초 위에서 관계 개선을 하고 싶다."는 내용이었다. 이에 대해 3월 26일 중국은 외교부 대변인의 성명을 통해 브레즈네프의 발언을 주목하고 있다는 표현을 내 놓았다. 이어 1982년 9월 1일 중국 공산당 제12차 전국대표대회(中共 12大)의 정치보고에서 후야오방(胡耀邦) 중국 공산당 중앙위원회 주석은 소련과의 관계 개선을 위한 전제조건을 발표하였다.[33] 즉, 소련의 팽창주의

33) 중국 공산당은 최고 지도자에 대해, 초대 지도자인 천두슈 이래로 중앙국 서기(中央局書記)-중앙집행위원회 위원장(中央執行委員會委員長)-중앙집행위원회 총서기(中央執行委員會總書記)-중앙위원회 총서기(中央委員會總書記) 등의 직제를 사용하다 마오쩌둥부터 중앙위원회 주석(主席) 직제를 사용했었다. 후야오방에 이르러 1981년 6월 29일~1982년 9월 11일은 주석으로, 1982년 9월 11일 이후부터는 총서기로 변경하여 지금의 시진핑

와 군사적 위협 해소가 선행되어야 양국 관계 정상화의 가능성이 있다는 것이었다.[34)]

> "20년 가까이 소련은 줄곧 중국-소련 국경 지대와 중국-몽골 국경 지대에 병력을 주둔해 왔고, 베트남의 캄보디아 침공을 지지하고 인도차이나와 동남아 지역에서 팽창을 추구하며 중국의 국경 지대에 대해 끊임없이 도발해 왔으며, 중국의 이웃인 아프가니스탄을 무력 침공했다. 이러한 행동은 아시아의 평화와 중국의 안보에 대한 심각한 위협이다. 중국은 소련 지도자가 중국과의 관계 개선을 희망한다는 소식에 주목하고 있다. 그러나 말보다는 행동이 중요하다. 만일 소련 당국이 중국과 관계를 개선하고 싶은 성의가 있고, 중국 안보에 대한 위협을 해소할 실질적 조치를 취한다면 양국 관계는 정상화 가능성이 있을 것이다."[35)]

이어 1982년 10월 5일~21일, 중소 양국은 베이징에서 관계 정상화를 위한 협상을 시작했다. 하지만 회담에서 중국은 앞서 설명한 북, 남, 서 3방향에서의 중국의 안보 위협이라는 중소관계의 '3대 장애'가 먼저 해소되어야 한다는 입장을 고수한 반면 소련은 이 같은 장애는 존재하지 않는다는 입장을 고수함으로써 1986년 상반기까지 양국의 협상은 답보상태였다. 그런 가운데에서도 양국은 경제, 무역, 과학기술, 문화 등 영역에서의 교류가 필요하다는 데에는 인식을 같이하여 동 분야에서의 점진적인 교류가 시작되었다.[36)]

까지 사용하고 있다.

34) 李寶俊, 『當代中國外交概論』 (北京: 中國人民大學出版社, 1999), p. 164.

35) 胡耀邦, "全面開創社會主義現代化建設的新局面", 1982年 9月 1日, http://cpc.people.com.cn/GB/64184/64186/66678/4493895.html (검색일: 2016. 05.01).

1982년 11월 10일 브레즈네프가 사망했다. 중국은 국무위원 겸 외교부장 황화(黃華)를 조문사절로 소련에 파견했고, 이를 계기로 양국 외교장관이 20여 년 만에 처음으로 접촉하게 되었다. 1984년 2월 안드로포프(Yuri Andropov) 서기장의 사망 시에도, 1985년 3월 체르넨코(Konstantin Chernenko) 서기장의 사망 시에도 완리(萬里) 부총리와 리펑(李鵬) 부총리가 각각 대표단을 이끌고 조문외교를 전개하였다. 이를 통해 중국과 소련은 접촉을 재개하기 시작했다.[37]

본격적인 변화는 체르넨코 사망 후 소련 공산당 서기장에 취임한 고르바초프가 이른바 '신사고(New Thinking)'를 제기하면서 시작되었다. 고르바초프는 소련을 근본적으로 개혁하려 하는 동시에 레닌과 스탈린의 '전쟁불가피론'을 수정하며 다원주의적이고 상호의존적인 세계관을 채택, 결국 탈냉전을 위한 중요한 조건을 만들었다.

중국에 대해서, 고르바초프는 1986년 7월 28일 블라디보스톡에서 행한 연설을 통해 아프가니스탄의 소련군 철수와 함께 중국과의 국경 분쟁을 평화적으로 해결할 것을 제의했다. 1986년 10월 중소 양국은 새로운 영사조약을 체결하여 12월에는 레닌그라드와 상하이에 양측의 총영사관이 각각 개설되었고, 드디어 1987년 2월 모스크바에서 중소국경회담이 재개되었다. 1988년 9월 16일 고르바초프는 캄보디아 문제의 정치적 해결을 촉구하며 중국과 최고위급 회담을 진행할 용의가 있다고 발표했다. 1988년 12월 1일 중국의 첸치천 외교부장이 1957년 이래 중국 외교부장으로는 처음으로 소련을 공식 방문했다. 1989년 2월 1일에는 소련 외교 수장으

36) 李寶俊(1999), p. 165.
37) *ibid.*

로서는 사상 처음으로 세바르드나제가 중국을 공식 방문했고, 2월 5일 양국 외교부 장관은 1989년 9월 말까지 캄보디아 주둔 베트남군의 철군과 캄보디아 문제의 평화적 해결을 골자로 하는 공동성명을 발표했다. 이로써 중소관계 정상화를 위한 3대 장애물은 기본적으로 해결되었고, 마침내 1989년 5월 15일 고르바초프가 중국을 방문했다. 형식적으로는 후야오방의 사망에 대한 조문사절단을 이끌고 온 것이었으나 사실상 중국의 최고지도자 덩샤오핑과의 회담을 위한 공식 방문의 성격이었다. 5월 16일 덩샤오핑과 고르바초프는 회담을 통해 과거를 뒤로하고 미래를 여는 새로운 선린우호관계 수립에 합의했고, 5월 18일 〈연합성명〉을 통해 양국 관계 정상화를 공표했다.[38] 1992년 소련과 몽골은 1966년에 체결한 조약을 폐기하기로 합의하였고, 동년 12월 말 몽골주둔 소련군은 모두 철군하였다.

덩샤오핑이 추진한 실용주의 외교의 목표는 크게 두 가지로 정리된다. 첫째, 국력 신장과 국제사회에서의 중국의 이익을 추구하는 것이다. 둘째, 강대국으로부터의 군사적 위협과 압력에 대항하는 것이다.

이 같은 목표는 무엇보다 1950년대 후반 중소관계 악화 이래로 소련의 팽창주의와 군사적 압박에 대한 대항이 중국 외교의 가장 시급한 과제였던 배경에서 비롯되었다. 이러한 과제를 해결하기 위해 중국은 미국과의 관계 개선을 추구하는 동시에 미국과 소련 사이에서 세력균형을 유지하려 했다. 그 방책이 바로 '독립자주(獨立自主)' 노선이었다.

38) *ibid.*, pp. 166-167.

(2) 독립자주 외교노선

1982년 9월 1일 개막된 중국 공산당 제12차 전국대표대회는 대외적으로 중국의 1980년대 외교원칙을 선언하였다는 의미에서 주목되었다. 덩샤오핑의 개회사와 후야오방의 정치보고에서 등장한 중국외교의 원칙들 가운데 공통적으로 강조된 것이 바로 '독립자주'의 선언이었다. 즉 "중국의 문제는 스스로의 힘에 의해 독립자주적으로 해결해야 한다.", "중국은 절대로 어떤 강대국이나 강대국 집단에 의존하거나 어떤 강대국의 압력에 굴복하지 않을 것이다.", "어떤 나라도 중국이 자국의 속국이 되기를 바라지 말라."고 주장하였던 것이다.[39]

독립자주의 강조는, 표면적으로는 기존의 '평화공존 5원칙', '반패권주의 원칙' 등을 견지하면서 동시에 다시는 국가적 존엄과 이익의 침해를 용납하지 않겠다는 의미였다. 그러나 또 한편으로, 중국은 1980년대 들어 소련으로부터의 안보위협을 외교정책의 최우선 고려사항에 놓지 않음으로써 외교전략의 가장 중요한 목표를 안보문제에 두기보다는 4개 현대화 추진을 위한 국제협력 확보와 평화적 대외환경 조성에 두겠다는 의미가 내포되어 있었다. 이에 따라 대소(對蘇) 외교에 있어 과거의 경직된 자세에서 벗어나 중국이 내세우는 조건들(예를 들면 '3대 장애' 해결 같은)에 대해 소련이 성의를 보이고 중국을 안심시킬 수 있다면 관계 정상화도 고려하겠다는 유연한 태도를 나타내게 된 것이다.

이는 또 1970년대 중국의 대미 접근에 대한 성찰에서 비롯된 태도이기도 했다. 1960~1970년대 중국의 입장에서는 중국을 둘러

39) 鄧小平, "中國共産黨第十二次全國代表大會開幕詞", http://cpc.people.com.cn/GB/64184/64186/66678/4493896.html (검색일: 2016.05.01.); 胡耀邦, "全面開創社會主義現代化建設的新局面."

싼 아시아 국제질서의 불안정이 모두 소련의 팽창주의에서 비롯된 것이었다. 이에 대항하기 위해 미국과 손을 잡았었는데, 문제는 중미관계 개선이 오히려 소련과 베트남 간의 군사동맹을 초래하고 중국의 주변 지역에서 소련의 군사적 압박을 증대시키는 악영향을 초래했다는 것이다. 그리고 미국은 중국과 수교한 이후에도 타이완에 대한 군사 지원을 계속하며 중국의 심기를 불편하게 했다. 그러므로 덩샤오핑과 후야오방은 1970년대의 '연미반소' 전략을 1980년대에 들어서도 계속 유지하기에는 대가는 크고 효과는 적다고 인식하게 된 것이다. 중국이 소련과의 관계 개선을 추구한 데에는 바로 미국의 태도에 경고의 메시지를 주는 의미도 있었을 것이다. 따라서 중국은 소련의 불안 심리를 자극하지 않고 소련과의 관계 개선을 추구하며 안전보장과 안정된 주변 환경 확보를 추구해 나가려 한 것이다.

이러한 측면에서 중국은 '독립자주'의 바탕 위에 균형 있는 미·중·소 삼각관계를 구축하고자 했다. 지금까지도 독립자주의 원칙은 반패권주의 원칙과 함께 중국이 미국, 러시아 등 주요 강대국들과의 관계를 설정하고 갈등을 해결해 나가는 과정에서 여전히 강조되고 있다.

(3) 도광양회(韜光養晦), 유소작위(有所作爲)

1980년대 말~1990년대 초의 국제정세는 가히 경천동지(驚天動地)의 수준이었다. 동유럽의 사회주의 정부들이 차례로 무너졌고 급기야 사회주의 종주국인 소련 공산당과 소련 연방이 해체되었다. 동유럽의 격변과 소련의 해체는 냉전의 종식을 가져왔고, 미국 중심의 새로운 국제질서가 수립되고 있었다. 이러한 외부적 상황 속에서 중국에서는 1989년 천안문사건이 발생했다. 1978년의 개혁개방 선언 이래 중국은 자본주의 시스템을 사회주의에 접목시키며 놀라운 경제 성장을 이루고 있었지만, 그 이면에는 부정부패와 빈부격차 등의 사회적 불만 요인들이 배태되고 있었다. 이에 대한 인민대중들의 반감은 갈수록 커졌고, 공산당의 지도력과 정당성에 대한 비판, 그리고 정치적 민주화 요구는 인민대중뿐만 아니라 공산당 내에서도 출현하고 있었다. 덩샤오핑과 중국 공산당 내 보수주의자들은 이러한 내외부적 불안 요인들을 사회주의와 국가 안정성에 대한 도전으로 인식했다.[40] 천안문사건은 그러한 배경에서 발생했다.

미국을 비롯한 서방 국가들은 천안문사건을 중국의 민주화 탄압으로 규정하고 중국에 대한 제재를 실행했다. 미국은 중국과의 정부 간 교류를 포함한 인적 교류의 중단, 금융 및 무역제재 등을 주도했고, 중국은 주권 침해와 내정 간섭이라고 반발했다. 이때부터 사실상 미국과 중국 간의 기나긴 불안한 관계가 시작되었다. 중국이 경제적, 군사적으로 급성장한 지금에도 양상은 다르지만 미국과 중국 간의 민주화를 둘러싼 논쟁과 갈등은 여전히 양국 관계에 영향을 미치는 핵심요인 중의 하나로 작용하고 있다.

또 한편으로, 미국은 개혁개방 선언 이후 급속한 경제 성장을 이룩해 나가는 중국을 미국 중심의 단극 패권질서에 도전할 수 있는 신흥위협세력으로 간주하기 시작했다. 이는 1990년 일본에서 등장한 '중국위협론'이 바탕이 되었다.[41] 부강한 중국의 등장이 일

---

40) 덩샤오핑 집권 시기의 중국 공산당 내 보수주의자들은 앞서 마오쩌둥 시기의 문화대혁명 주동 세력을 의미하는 것이 아니라 덩샤오핑의 개혁개방 정책을 추진하되 공산당 지도체제를 강조하며 정치적 다원주의와 민주화에 비판적인 세력을 말한다.

41) 1990년 일본에서 등장한 중국위협론에 대해서는 다음을 참고하라.
趙建民·何思愼, "日本外交中有關中國或美國優先之爭論－兼論日·中·臺新安全架構",

본에게 위협이 될 수 있다는 주장이 미국에서 확대 재생산되면서 미국의 대 중국 정책에 영향을 미친 것이었다. 즉, 로스 먼로(Ross H. Munro)와 같은 미국의 보수주의자들은 1980년대 이후 중국의 급속한 경제 성장이 군사대국화로 이어짐으로써 동아시아 지역질서의 변화를 초래함은 물론이고 궁극적으로 미국의 패권에 도전할 것이라는 논리를 내세우며 중국을 견제하고 억제하려는 정책을 추진했다.[42]

이 같은 해외의 비판적인 시각과 적대적인 태도에 대응하고 중국에 우호적인 국제환경을 만들기 위해 덩샤오핑 이래 중국의 역대 지도자들은 모두 "중국은 영원히 제3세계의 일원이며, 중국이 앞으로 부강해지더라도 절대 패권을 추구하지 않겠다."는 도광양회의 방침을 강조해 왔던 것이다.[43]

도광양회는 원래 중국의 고전에 등장하는 말이다. 노병렬과 천병돈은 "나관중의 소설 『三國志演義』에서 유비가 조조의 식객 노릇을 할 때 살아남기 위해 일부러 몸을 낮추고 어리석은 사람처럼 행동하여 조조의 경계심을 풀도록 만들었던 계책(韜晦之計)"이라고 주장한다.[44] 요컨대 "도광양회, 유소작위"란 "자신의 재능이나 명성을 드러내지 않고 참고 기다리다가 기회가 오면 자기의 역할을 하겠다."는 뜻으로, 덩샤오핑 시기 내부적으로 국력을 기르면서도 대외적으로는 불필요한 오해와 마찰을 줄이기 위해 개발도상국가로서의 정체성을 강조하던 중국 대외정책의 중요 기조였다.

『問題與硏究』(臺), 第43卷 第1期(2004), pp. 88-92.

42) Ross H. Munro, "Awakening Dragon: The Real Danger in Asia Is Coming from China," *Policy Review*, No. 62(Fall 1992), pp. 10-17.

43) 『鄧小平文選』 第三卷, p. 363.

44) 중국 고전에 등장하는 도광양회의 용례에 대해서는 노병렬·천병돈, "중국 외교정책의 사상적 근원-韜光養晦와 和平崛起를 중심으로", 『陽明學』, 제27호(2010), pp. 277-281 참조.

“도광양회, 유소작위”는 1989년 9월 덩샤오핑이 대내외적 상황을 주시하며 주요 간부들에게 “냉정히 관찰(冷靜觀察)”, “내부를 튼튼히(穩住陣腳)”, “침착하게 대응(沉著應付)”할 것을 강조하였으며, 12월에는 격변기의 국제정세 속에서 중국은 “절대로 앞서 나가지 말 것(決不當頭)”을 주문하였고, 1992년 4월에는 측근들에게 “힘을 숨기며 기다려야 한다(韜光養晦).”고 강조한데서 비롯되었다. 그리고 이러한 내용이 이후 첸치천 외교부장에 의해 “냉정히 관찰하고, 내부를 튼튼히 하며, 침착하게 대응하고, 힘을 숨기며 기다리고, 방어에 힘쓰고, 앞장서는 일을 피하면서, 때가 되면 할 일은 한다(冷靜觀察, 穩住陣腳, 沉著應付, 韜光養晦, 善於守拙, 決不當頭, 有所作爲).”라는 외교방침으로 표현되었다.[45]

덩샤오핑 시기에는 이와 같은 방어적이고 실리 중심의 대외정책을 추구하면서 동유럽 사회주의 정부 및 소련의 붕괴와 천안문 사건의 여파에도 불구하고 지속적인 개혁개방정책을 전개하며 경제의 고도성장을 달성했다. 또한 도광양회에 바탕을 두고 다른 국가들과의 관계 개선에 힘을 기울인 결과 1990년대 중국은 주변의 거의 모든 국가들과 우호적인 관계를 형성할 수 있었다. 특히 과거 적대적 갈등관계였던 인도, 베트남, 인도네시아, 그리고 한국 등과의 관계 개선에 성공한 것이 그 주요 사례이다.

도광양회는 덩샤오핑 이래 현재의 시진핑에 이르기까지 탈냉전기 중국의 역대 지도자들이 모두 강조하고 있는 대외전략방침이다. 그러나 경제적 성장과 군사력의 강화, 그리고 국제적 발언권의 확대를 바탕으로 명실상부한 강대국으로 인정받는 지금, 중국은 갈수록 ‘도광양회’는 빛이 바래고 강대국으로서의 ‘유소작위’를 추구

45) 가와시마 신·모리 가즈꼬(이용빈 역), 『중국외교 150년사』 (파주: 한울아카데미, 2012), p. 222.

하고 있지 않느냐는 의심을 받고 있기도 하다.

3. 장쩌민 시기

장쩌민은 천안문사건을 배경으로 덩샤오핑으로부터 권력을 부여받았다. 즉, 1989년 6월 중국 공산당 제13기 중앙위원회 제4차 전체회의(중공 제13기 4중전회)에서 천안문사건에 대해 미온적으로 대처했다는 비판을 받고 자오즈양(趙紫陽)이 당 총서기 및 중앙정치국 상무위원 등 일체의 정치적 직위에서 물러났다. 이와 동시에 장쩌민이 당 총서기로 선출되었다. 장쩌민은 1990년 3월 제7기 전국인민대표대회 제3차 회의에서 국가주석, 중앙군사위원회 주석으로 선출되며 덩샤오핑 생전에 중국의 최고지도자로 등장했다. 1997년 9월 중국 공산당 제15기 중앙위원회 제1차 전체회의(중공 제15기 1중전회)에서 장쩌민은 또 한번 당 총서기, 중앙정치국 상무위원으로 선출되고 1998년 3월 제9기 전국인민대표대회 제1차 회의에서 국가주석 및 중앙군사위원회 주석으로 선출되며 2002~2004년 후진타오에게 권력을 이양하기 전까지 10여 년간 중국의 최고지도자 역할을 했다.[46] 그러나 사실상의 최고지도자 덩샤오핑 생전에 국가원수가 되었다는 점, 또 전술한 바와 같이 1980년대 말 이래로 소련의 해체와 동유럽 사회주의권의 붕괴, 그리고 1989년의 천안문사건 및 이로 인한 서방 국가들의 대중국 제재조치라는 급박한 대내외적 환경 속에서 지속적인 경제 성장을 위한 국내외 정세

---

46) 장쩌민은 2002년 11월의 중공 제16차 전국대표대회에서 당 총서기직을, 이듬해 3월의 제10기 전국인민대표대회 제1차 회의에서 국가주석직을 후진타오에게 넘겨주었으나 중앙군사위원회 주석직은 2005년 3월에 가서야 넘겨주었다.

의 안정을 도모해야 했다는 점에서 장쩌민의 지도력은 출범 초기부터 시험대에 올라 있었다.

(1) 전방위(全方位) 외교

장쩌민은 기본적으로 덩샤오핑의 반패권주의, 독립자주외교, 실용주의적 균형외교노선을 계승했다. 1992년 10월 12일~18일 베이징에서 개최된 중국 공산당 제14차 전국대표대회(中共 14大)에서 장쩌민은 1990년대 국제질서에 대한 인식과 중국외교의 주요 목표를 밝혔다.[47] 이를 정리하면, 첫째, 중국의 경제 발전을 위한 외부조건으로서의 평화롭고 협력적인 국제환경의 조성이다. 경제 발전은 덩샤오핑 이래 지속적으로 유지되고 있는 국가목표로서, 국제환경에 중대한 변화가 발생하지 않는 한 외교정책 목표 가운데 최우선 순위를 점할 것이라는 것이다. 이는 냉전 종식 후의 국제질서가 전반적으로는 다극화의 방향으로 발전하고 있으나 여러 지역에서의 민족 갈등, 영토 분쟁, 종교 분쟁 등으로 여전히 세계는 불안정하다는 인식에서 비롯된 것이었다. 이에 따라 특히 중국은 지속적인 경제 성장의 전제가 되는 평화롭고 협력적인 국제환경 조성을 위해 주변 국가들과의 관계 개선을 적극 추진했다. 과거 국경 분쟁을 겪은 주변 국가들과의 갈등을 평화적으로 해결하기 위한 노력은 그 핵심이었다. 그 결과 인도를 제외하고는 대부분의 육상 접경국가와의 갈등을 해결하거나 개선했다. 1950년 이래 적대적 관계를 형성해왔던 한국과의 국교 정상화도 장쩌민 시기에 이루어졌다.

---

47) 江澤民, “加快改革開放和現代化建設步伐, 奪取有中國特色社會主義事業的更大勝利”, 在中國共產黨第十四次全國代表大會上的報告, 1992年 10月 12日.

<표 2> 장쩌민 시기 주변 국가와의 국경 분쟁 해결 및 관계 개선 사례[48)]

국명	일시	내용
러시아	1991년 5월 16일	동부국경협정 체결
	1994년 9월 3일	서부국경협정 체결
	1996년 4월 25일	전략적 협조동반자관계 체결
	2001년 7월 16일	중러선린우호협력조약 체결
	2004년 10월 14일	동부국경협정보충협정 체결
카자흐스탄	1994년 4월 26일	국경협정 체결
	1997년 9월 24일	보충협정 체결
	1998년 7월 4일	보충협정 체결
키르기스스탄	1996년 7월 4일	국경협정 체결
	1999년 8월 26일	보충협정 체결
타지키스탄	1999년 8월 13일	국경협정 체결
	2002년 5월 17일	보충협정 체결
	2011년 1월 12일	추가 영토협정 체결
베트남	1991년 11월 10일	관계 정상화(연합성명발표)
	1999년 12월 30일	내륙국경조약 체결
	2000년 12월 25일	뉴밀레니엄 전면협력에 관한 연합성명/북부만(통킹만)영해, 배타적 경제수역과 대륙붕 경계에 관한 협정/북부만(통킹만) 어업협력협정 체결
대한민국	1992년 8월 24일	수교협정 체결

48) 중앙아시아 국가들과의 국경문제는 원래 중국과 소련 간의 문제였으나 1991년 소련 해체 후 이들이 각 공화국으로 독립하면서 양자 또는 다자간 문제로 변화되었다. 윤종변, 『중국의 영토분쟁에 대한 연구: 중화인민공화국 수립 이후의 사례를 중심으로』, 충북대학교 박사학위논문(2015), pp. 75, 79, 86-88 참조.

둘째, 중국의 독립과 주권의 수호이다. 독립자주의 평화외교, 독립과 주권의 수호는 중국외교의 기본 목표이며, 중국의 국가이익과 주권의 문제에는 어떠한 외부의 압력과 위협에도 타협하거나 굴복하지 않는다는 것이다. 물론 이는 중화인민공화국 건국 이래로 변함없는 점이었다. 장쩌민 시기 중국의 독립과 주권 수호 의지는 특히 미국과의 관계에서 강하게 표출되었다. 전술했다시피 천안문사건을 계기로 미국은 중국 내 정치 상황과 인권 문제를 빌미로 중국을 압박했다. 정치범 석방과 정치적 민주화, 파룬궁(法輪功)을 비롯한 종교의 자유, 티베트와 달라이 라마의 문제 등은 장쩌민 집권기 내내 중미관계의 뜨거운 감자가 되었다. 중국은 미국이 중국의 내정 및 인권 문제와 대중국 최혜국 대우를 연관시키고 중국의 올림픽 유치와 WTO 가입마저 방해하고 있다고 비난했다. 그런데 장쩌민 시기 중미 갈등의 결정적인 요인은 사실 타이완 문제였다. 미국은 1995년 5월 22일 리덩후이(李登輝) 당시 타이완 총통이 개인 자격으로 모교인 미국 코넬대학(Cornell University)에 방문하는 것을 허락한다고 선언함으로써 중국을 자극했다. 리덩후이는 타이완의 독립을 추구하고 있었다. 따라서 독립을 추구하는 타이완 정치지도자의 미국 방문을 승인했다는 것은 중국의 '하나의 중국' 원칙(중미 간 수교 원칙이기도 했음)을 정면으로 부정하는 셈이었다. 중국은 다음 달로 예정된 츠하오티엔(遲浩田) 국방장관의 방미 등 이미 예정되었던 미국과의 고위급 회담과 교류를 전면 취소했다. 그리고 1996년 3월 동중국해와 남중국해에서 미사일 발사 훈련과 군사훈련을 실시하였다. 이에 대해 미국은 인디펜던스와 니미츠 항모전단을 타이완해협에 전개시킴으로써 중국과 첨예한 군사적 긴장 관계를 형성했다. 중국은 미국의 친 타이완 정책을 중국의 주권에 대한 침해와 도전이라고 간주했다.

셋째, 모든 패권주의(특히 미국의)에 반대하며 미국과 서방 국가 위주로 형성된 국제정치경제질서를 타파함으로써 중국과 같은 개발도상국가들의 정치적, 경제적 이익을 보장하는 공명정대한 국제신질서를 수립해야 한다는 것이다. 이 같은 국제신질서론은 1988년 9월 덩샤오핑에 의해 최초로 제기되었으며 1991년 3월 제7기 전국인민대표대회 제4차 회의 결의를 통해 중국외교의 새로운 목표로 제기되었다. 그 핵심은 탈냉전기 미국의 독주를 막기 위한 '다극화' 논리였다. 미국과 같은 특정 국가가 국제질서를 독점할 수 없도록 중국, 러시아 등이 견제의 역할을 할 필요가 있으며 동시에 유엔과 아세안(ASEAN) 같은 다자외교 기제를 적극 활용하고,[49] 제3세계와의 협력을 강조하자는 것이었다.

요컨대 장쩌민 시기의 중국 외교는 경제 발전과 현대화 실현에 필요한 평화적인 국제환경의 구축, 민족·독립·주권과 관련된 국가이익 수호와 함께 독립자주 외교노선을 견지하면서 모든 패권주의에 반대하며 국제질서의 다극화 체제와 신국제질서 수립을 촉진하고, 국제관계에 능동적으로 참여함으로써 중국의 국제적 지위와 영향력을 확대하겠다는 '전방위 외교(全方位外交)'였다.

(2) 전략적 동반자관계

탈냉전기 중국이 주요 외교 상대국과의 관계 설정에 있어 가장 빈번하게 사용해 온 용어가 '동반자관계(Partnership, 夥伴關係)'이다. 덩샤오핑 이래로 중국은 공식적으로 과거의 동맹 외교를 폐기했다. 즉 "어느 국가 또는 국가 집단과도 동맹을 맺지 않는다."는

49) 중국은 1996년 아세안의 대화파트너가 되기를 희망했고, 1997년 12월 장쩌민 주석이 중국지도자로서는 최초로 아세안 정상회담에 참석했다.

독립자주노선인 것이다. 대신에 주요 외교 상대국과의 '상호협력'을 강조하기 위해서 '동반자관계'의 개념을 등장시켰다. 동반자관계의 전제는 상호존중, 평등, 상호이익이다. 평화공존 5원칙이 지향하는 상대방 주권에 대한 존중, 상호불가침, 내정불간섭, 평등호혜, 평화공존이라는 기초 위에서 서로 존중하고 우호적으로 평화와 안정을 지향하며 공동의 이익을 추구하자는 것이다. 중국에서는 동반자관계에 대해 "서로 대항하지 않고 상호존중과 호혜평등의 원칙에 따라 이견의 해결은 나중으로 미루고 우선적으로 공동의 목표를 함께 추구해 나가는 관계"로 정의된다.[50)]

동반자관계 설정의 시작은 1993년 브라질과 수립한 전략적 동반자관계였다. 이후 중국은 러시아, 미국을 비롯한 주요 국가들 및 주변 국가들과 다양한 명칭의 동반자관계를 구축해 왔다. 물론 양적으로는 후진타오 및 시진핑 시기에 맺어진 것이 더 많지만 동반자관계를 중국이 주도하는 일종의 외교전략으로 정립한 것은 장쩌민 시기였다고 할 수 있다. 특히 장쩌민 시기의 중국은 러시아, 미국 등 주요 강대국들과 대등한 위치에서 동반자관계를 설정하며 주요 강대국 정상들과 국제질서를 주도하는 강대국 외교를 구현함으로써 과거의 중국외교에서 볼 수 없었던 주도적이고 자신감 넘치는 모습을 보이기 시작했다.

---

50) 郇慶治·王珂, "全面合作夥伴關係: 從比較的觀點看", 『現代國際關係』, 2002年 第5期, pp. 53-58 참조.

<표 3> 장쩌민 시기의 동반자관계 구축

상대국	체결연도	내용
브라질	1993년	장기 안정적 상호이익의 전략적 동반자관계 (長期穩定互利的戰略夥伴關係) *2014년 7월 17일 리오 데 자네이루에서 시진핑 주석과 미세우 테메르 대통령이 '전면 전략적 동반자관계(全面戰略夥伴關係)'로 변경
러시아	1996년	전략적 협조 동반자관계(戰略協作夥伴關係) *2014년 5월 20일 상하이에서 시진핑 주석과 푸틴 대통령이 '전면'을 추가한 '전면 전략적 협조 동반자관계(全面戰略協作夥伴關係)'로 변경
프랑스	1997년	전면적 동반자관계(全面夥伴關係) *2004년 1월 후진타오 주석 프랑스 방문시 '전면 전략적 동반자관계(全面戰略夥伴關係)'로 변경
미국	1997년	건설적 전략 동반자관계 (建設性戰略夥伴關係)
알제리	1999년	전략적 협력 동반자관계 (戰略合作夥伴關係)
베네주엘라	2001년	전략적 동반자관계 (戰略夥伴關係)

중국의 동반자관계는 대체로 중국의 전략적 고려와 양자 간의 특수성에 따라 다양한 형식으로 설정되고 있고, 또 그 앞에 '전면적', '건설적', '협력적', '협조적', '전략적' 등의 다양한 수식어가 붙어 있어 그 각각의 의미를 파악하기가 쉽지 않다.[51] 또한 동반

자관계는 협력동반자→건설적 협력동반자→전면적 협력동반자→전략적 동반자→전략적 협력동반자→전면적 전략동반자 등으로 등급이 상향되는 것처럼 보인다.[52] 그러나 앞에 붙어있는 수식어만을 기준으로 동반자관계의 실질적 높낮이를 파악하기란 쉽지 않다. 예를 들면, '전면적 전략동반자관계'가 가장 상위 수준으로 이해될 수도 있지만, 이 관계를 맺고 있는 중·이탈리아 관계나 중·포르투갈 관계 또는 중·그리스 관계가 '전략적 호혜관계'를 맺고 있는 중일관계, '건설적 전략동반자관계'를 맺은 중미관계, '전략적 협조동반자관계'를 맺은 중러관계, '전략적 협력동반자관계'를 맺고 있는 한중관계, 그리고 '평화와 번영을 위한 전략적 동반자관계'를 맺고 있는 중인관계 보다 중요하다고 볼 수는 없을 것이다. 또 동일한 수준의 '전면적 전략동반자관계' 내에서도 중·이탈리아 관계, 중·포르투갈 관계, 그리고 중·그리스 관계와 중·베트남 관계도 그 성격이 다를 것이다.[53] 다만 '전략'이라는 용어가 붙어 있다면 그것이 없는 동반자관계보다는 강화된 관계를 의미하는 것으로 볼 수 있으며, 최근에는 그 앞에 또 '전면'이라는 용어를 붙임으로 보다 심화된 관계를 의미하는 것으로 해석될 수는 있다.

(3) 대국굴기(大國崛起)

'대국굴기'는 중국 국영 CCTV가 3년 동안 세계적 석학 100여 명을 인터뷰하며 제작하고 2006년 11월 방영한 다큐멘터리의 제

51) 이장원, "한·중 수교 20주년의 단상: 전략적 협력동반자관계를 중심으로", 『중국학연구』, 제61집 (2012), p. 269.
52) *ibid.*, 재인용.
53) 이정남, "중국의 전략적 동반자외교에 대한 이해와 한중관계", 『평화연구』, 제17권 2호(2009), p. 10 참조.

목이다. 스페인, 포르투갈, 네덜란드, 영국, 프랑스, 러시아, 미국 등 역사상 등장했던 주요 강대국들의 흥망을 다루었고, 특히 그들이 어떻게 강대국으로 발전했는지가 주요 내용이었다. 이 프로그램은 중국뿐만 아니라 많은 국가에서 주목을 받았다. 그 이유는 바로 한창 경제적으로 급성장하고 있는 중국의 국영 TV 방송국이 제작, 방송하였다는 사실로 인해 강대국을 향한 중국 공산당 지도부의 의지가 반영된 것이 아니었느냐 하는 추측 때문이었다.

사실 중국외교에서 '대국'이라는 용어는 대단히 이중적인 의미를 담고 있다. 우선 '대국', 즉 강대국은 중국외교사에 있어서 대단히 부정적이고 적대적 내지는 갈등적인 의미로 사용되어 왔다. 그들은 중화인민공화국 수립 이전에는 중국을 직접 침략해 중국의 영토주권을 침해했던 소위 '열강'이었다. 따라서 중화인민공화국 정부 수립을 전후해서는 그들의 잔재를 처리하고 새롭게 관계를 형성하는 것이 중국외교의 큰 과제였다. 냉전 시기, 즉 중국이 미국·소련과 첨예하게 대립하고 갈등하던 시절에는 반패권주의와 반수정주의의 대상인 미소 양대 강대국을 의미하는 용어로서 늘 비판과 경계의 대상이었다. 그들의 안보위협으로부터 생존하는 것이 중국의 가장 큰 과제였다. 탈냉전기에 들어와서도 강대국에 대한 중국의 기본적인 시각은 바뀌지 않았다. 실용주의적 측면에서는 강대국들과의 관계를 개선함으로써 중국이 필요로 하는 우호적인 경제적, 외교안보적 환경을 구축할 필요가 있었지만, 본질적으로 제3세계의 일원인 개발도상국가로서 중국이 인식하는 강대국은 불공정하고 불평등한 기존 국제질서의 창출자, 기득권자에 해당했다.

반면, 앞서 제1장에서도 언급했듯이 지금의 중국은 사실상의 강대국이다. 이미 미국 다음의 경제대국이 된지 오래고, 세계금융질서의 주도권을 향해 세계은행과 아시아개발은행에 AIIB라는 도전장을 제기했다. 군사적으로도 미국 다음의 군사비를 지출하는 군사대국이다. 덩샤오핑의 개혁개방정책을 통해 중국은 강대국의 반열에 올랐고, 급속하게 국제사회에서의 발언권과 영향력을 확대해 왔다. 물론 "중국은 영원히 제3세계의 일원이며, 중국이 앞으로 부강해지더라도 절대 대국을 추구하지 않겠다."는 반둥정신은 여전히 강조되고 있다. 덩샤오핑의 뒤를 이어 최고지도자가 된 장쩌민도 마찬가지였다. 그러나 그 이면에는 강대국이 되고 싶어하는 또 하나의 중국이 자리하고 있다. 장쩌민 시기 중국의 강대국화 의지는 우선 다극화 전략으로 표현되었다. 즉, 탈냉전기 중국은 미국의 독주를 견제할 수 있는 하나의 '극'으로 성장해야 한다고 생각했고, 이 다극화 전략의 일환으로 중국은 먼저 지역 강대국으로서의 입지 확보를 추구했다. 환언하면 아시아·태평양 지역 강대국을 발판으로 세계적인 강대국이 되고자 했던 것이다. 따라서 중국이 1990년대 초부터 강조하기 시작했던, 중국의 부상이 국제사회에 위협이 아닌 평화와 발전에 기여한다는 '책임대국론'도 사실 아시아 지역에서는 지역 강대국으로서의 적극적인 역할을 할 것이라는 '유소작위'의 전략을 의미한다는 것이다.[54]

또 한편으로 중국의 강대국화 의지는 중화의식에 바탕을 둔 민족주의적 열망으로 표출되고 있다. 전통적으로 동아시아 지역질서와 문화의 종주국이었던 자존심을 회복할 수 있는 '실력'과 '시기'가 충분하지 않느냐는 생각인 것이다. 장쩌민 스스로도 민족주의 정서 고취를 통한 강대국화 의지를 표출했다. 바로 "중화민족의 위대한 부흥(中華民族偉大復興)"이라는 표현이었다. 1997년 중국 공산당 제15차 전국대표대회(中共 15大), 2002년 중국 공산당 제16차 전국대표대회(中共 16大), 1999년 10월 1일 국경절의 천안문

54) 김옥준(2011), p. 289.

연설, 2000년 1월 1일의 신년사 등에서 장쩌민은 모두 중화민족의 위대한 부흥을 역설했다. 그러므로 후진타오 집권기에 중국의 강대국화 의지가 더욱 확대되고 시진핑 집권기에 들어와서도 여전히 강조되고 있는 것은 자연스런 일이다. 특히 2014년 11월 28일~29일 베이징에서 열린 중앙외사공작회의에서 시진핑이 "반드시 중국특색의 대국외교(大國外交)가 필요하다."고 강조한 이래 이른바 강대국 외교가 공식화되고 있는 것도 바로 그러한 맥락에서 이해할 수 있다.

문제는 다양한 외교무대에서 중국의 배타적 민족주의에 기반한 강대국 의식이 자기중심적 행태를 나타내고, 이로 인해 오히려 다른 국가들로부터 경계의 대상이 되고 있다는 점이다. 특히 동남아시아 주변 국가들과 진행 중인 해상영토 분쟁, 2016년 여름부터 사드 배치 논쟁을 둘러싼 한국과의 갈등 등에서 중국이 표출하고 있는 공격적인 언행 등은 상대국들로부터 패권주의적인 태도로 인식되는 대표적인 사례이며, 결과적으로 중국위협론에 근거를 더해주고 있다.

4. 후진타오 시기

2002년 11월 8일~14일 베이징에서 개최된 中共 16大에서는 후진타오를 새로운 당 총서기로 선출했다. 이로써 장쩌민 중심의 제3세대 지도체제는 막을 내렸고, 후진타오-원자바오(溫家寶) 중심의 제4세대 지도체제로 세대교체를 이루었다.

한편 장쩌민 전 총서기는 중국 권력의 핵심인 당과 국가의 중앙군사위원회 주석직을 中共 16大 이후에도 약 2년여에 걸쳐 유지하면서 후진타오와 '불편한 동거'를 했다. 즉, 2002년의 中共 16大와 2003년 3월의 제10기 전국인민대표대회에서 후진타오가 당 총서기, 국가주석으로 선출되었음에도 불구하고 그의 권력 기반은 여전히 장쩌민 체제로부터 완전히 독립적이라고 볼 수 없었던 것이다. 그러다가 2004년 9월에 열린 중국 공산당 제16기 중앙위원회 제4차 전체회의(중공 제16기 4중전회)에서 장쩌민이 중앙군사위원회 주석직을 사임하고(이듬해인 2005년 전국인민대표대회에서 승인) 그 자리를 후진타오가 승계함으로써 후진타오와 장쩌민의 관계가 일단 정리되었다. 그러한 배경에서 후진타오 중심의 제4세대 지도부는 외교적인 측면에서 이전의 장쩌민을 중심으로 하는 제3세대와의 구분이 모호하다는 평가를 받기도 했다. 지도부 대부분이 기술관료(technocrats)로 구성되어 있다는 점, 세대교체에도 불구하고 제4세대 지도부 내에 여전히 장쩌민의 영향력이 지속되고 있다는 점, 그리고 제4세대 지도자들 대부분이 대외정책과 외교분야에서 상대적으로 경험이 많지 않다는 점 때문이었다.[55)]

그러나 또 한편으로, 후진타오는 장쩌민이 집권할 당시였던 1980년대 말~1990년대 초의 불안했던 대내외적 상황에 비하면 대단히 안정된 상태에서 집권을 했다는 유리한 점도 있었다. 주지하듯이 장쩌민은 천안문사건, 소련 및 동유럽 사회주의권의 붕괴, 미국의 대 중국 봉쇄조치 등의 대내외적 난관 속에서 집권해야 하는 어려움을 겪었다. 반면 후진타오는 1978년 개혁개방 이후 계속된 고도의 경제 성장과 국민 생활수준 향상으로 이전보다 훨씬 대내적으로, 그리고 대외적으로 안정되어 있던 시기에 집권했다. 참고로 세계은행 자료에 따르면 1990년 중국의 GDP 성장률은

---

55) 한석희, 『후진타오 시대의 중국 대외관계』 (서울: 폴리테이아, 2007), pp. 120-121.

3.9%, 2000년에는 8.5%, 2010년에는 10.6%였다. 또한 후진타오의 집권 직전인 2001년에는 중국의 오랜 숙원이었던 베이징 올림픽 유치 확정(7월 13일), WTO 가입의정서 체결(11월 11일) 등이 실현되었다. 이러한 조건들은 제4세대 지도부에게 과거 그 어느 지도부도 갖지 못했었던 강한 자신감을 부여했다.

(1) 화평굴기(和平崛起)와 화평발전(和平發展)

개혁개방 이후 계속된 경제 성장과 더불어 중국의 안보전략도 변화하기 시작했다. 개혁개방시기 중국의 안보전략은 경제 우선이었다. '선 경제 후 군사' 혹은 '경제 중심, 군사력 보조'의 개념이었다. 그러나 경제 성장에 따라 중국의 군사안보개념도 보다 적극적으로 변화하기 시작했다. 스톡홀름 국제평화연구소가 2006년 발표한 세계 군사비 지출 현황에 따르면 중국은 미국, 영국, 프랑스에 이어 495억 달러(추정치)로 세계 4위를 차지했다. 이는 일본보다 58억 달러 많은 수치로 아시아에서는 1위였다. 또한 1990년부터 2005년까지 연간 군사비 증가율은 평균 15.36%를 기록했다.[56] 이 같은 추세는 비단 후진타오 시기에 갑자기 출현한 것은 아니었고, 덩샤오핑-장쩌민 시기부터 계속된 4개 현대화 추진 계획을 통해 지속적으로 이루어져 온 것으로 이해해야 할 것이다. 이와 같은 중국의 경제적 성장에 따른 군사적 역량 강화는 국제사회에서의 중국의 위상을 제고시켰고, 반테러 이슈와 같은 세계적 차원의 문제에 대한 중국의 발언권을 확대시켰다.[57] 중국은 날로 강성해지는 국력에 어울리는 국제적 지위를 가지고 싶어했다. 그런데

---

56) SIPRI Military Expenditure Database (www.sipri.org) 참조.
57) 중국은 9.11 테러 사건 직후 이례적으로 미국의 대 테러 전쟁 수행을 지지한다는 입장을 표명했다.

1980년대 말~1990년대 초 중국을 둘러싼 국제환경은 중국이 인식하기에 대단히 위협적이었다. 천안문사건의 여파에 따른 미국의 대 중국 금수 조치, 1993년 미군의 중국 상선 은하호(銀河號)에 대한 강제수색,[58] 미국의 베이징올림픽 유치 신청 방해, 1995년 리덩후이 당시 타이완 총통의 미국 방문 허용과 1996년 타이완해협에서의 중미 간 군사 대립, 1996~1997년 미일안보조약 강화, 1999년 베오그라드 중국 대사관에 대한 NATO군 오폭 사건, 소련 해체에 따른 독립국가연합(CIS)의 서방 편입과 나토 확대, 전통적으로 갈등적인 인도와의 관계, 나아가 중국위협론의 확산 등 중국을 둘러싼 국제환경은 끊임없이 중국의 주권과 안보를 위협하고 있었다. 더군다나 장쩌민 시기 '위대한 중화민족의 부흥'을 향한 강대국화 전략, 즉 '대국굴기'는 '대국'과 '굴기'라는 두 용어가 주는 공세적이고 도전적인 이미지로 인해 자연스럽게 중국위협론을 확대하는 요인이 되었다.

이러한 배경에서 후진타오는 중국의 부상을 바라보는 외부 세계의 부정적 인식과 위협적인 국제환경에 대응할 필요가 있었다. 이에 따라 경제 성장이라는 지속적인 목표 아래 '책임대국론', 즉 "책임감 있고, 평화적이며, 위협적이지 않은 강대국으로의 국제적 위치를 갖겠다. 중국의 부상은 지역 및 세계의 평화와 발전에 기여할 것이다."라는 뜻을 표출하기 시작한 것이다. 이 같은 의지를 공개적으로 천명한 것이 '화평굴기론'이었다.

화평굴기론은 후진타오의 외교참모로 알려진 쩡비젠(鄭必堅) 개

58) 은하호(銀河號) 사건이란, 중국의 컨테이너 화물선 은하호가 화학무기 제조 원료를 싣고 이란으로 향하고 있다는 이유로 1993년 7월 미국이 인도양의 공해상에서 이 배의 정상운항을 방해하고 결국 중국, 사우디, 미국 공동 조사단이 승선 조사했던 사건으로, 의심되는 화학제품을 선적하지 않은 것으로 밝혀졌다. 新華網, http://news.xinhuanet.com/mil/2013-08/26/c_125245014.htm (검색일: 2016.03.05).

혁개방논단(改革開放論壇) 이사장에 의해 2003년 11월 3일 보아오포럼(博鰲亞洲論壇, Boao Forum for Asia)에서 처음 발표되었다.[59] 쩡비젠은 국무원정치연구실, 중공중앙서기처연구실, 국무원국제문제연구센터를 비롯해 중국사회과학원 부원장, 중공중앙선전부 부부장, 중앙당교 상무부교장, 중공중앙위원, 전국정협상무위원 등 당내 주요 이론, 실무직을 두루 거친 인물이다.

쩡비젠은 보아오포럼에서 "중국의 평화적 부상의 새로운 길과 아시아의 미래(中國和平崛起新道路和亞洲的未來)"라는 제목의 연설을 통해 화평굴기론의 기틀을 제시했다. 이에 따르면, 화평굴기론은 크게 두 가지를 강조하고 있다. 첫째, 중국의 부상은 신흥강대국이 부상하는 과정에서 야기했던 근대 국제질서의 격변과 전쟁 같은 역사적 전철을 밟지 않는 새로운 것이다. 중국은 자주독립적인 발전 방법을 통해 부상하고, 그 이후에도 평화를 수호하며 결코 대외확장정책이나 패권쟁탈에 나서지 않을 것이다. 둘째, 중국의 부상은 아시아 국가들의 발전과 번영, 안정에 긍정적으로 기여할 것이다.[60] 말하자면 중국 스스로 평화 애호 국가임을 강조하고 "중화민족의 위대한 부흥의 실현"을 주장한 내용이었다. 이 개념은 곧바로 후진타오 주석과 원자바오 총리가 공식석상에서 전폭적인 지지를 천명함으로써 중국 제4세대 지도부의 주요 외교전략으로 등장하게 되었다.[61] 즉, 2003년 12월 10일 원자바오 총리의 하버

---

59) 보아오포럼은 스위스의 다보스포럼(세계경제포럼)을 모델로 아시아 지역 26개국이 모여 2001년 2월 중국 하이난성(海南省) 보아오(博鰲)에서 창설된 아시아 지역 경제포럼으로서, 2002년 4월의 제1회 연차회의 이래 매년 4월 보아오에서 개최되고 있다. 사무국은 중국 베이징에 두고 있다.

60) 참조, 쩡비젠(이희옥 역), 『중국 평화부상의 새로운 길』 (오산: 한신대학교출판부, 2007); 鄭必堅, "中國和平崛起新道路和亞洲的未來", 新華網, http://news.sina.com.cn/c/2003-11-24/12541176473s.shtml (검색일: 2016.11.01).

61) 한석희(2007), p. 120.

드대학 강연에서, 그리고 12월 26일 마오쩌둥 탄생 110주년 기념 좌담회의 후진타오 주석 연설에서 "화평굴기를 견지해야 한다."라고 공식화 했던 것이다.[62)]

하지만 이로부터 1년도 지나지 않아 '화평굴기'라는 말은 '화평발전(和平發展)'으로 대체되었다. 2004년 4월의 보아오포럼 연설과 2004년 8월 덩샤오핑 탄생 100주년 기념대회에서 후진타오는 '화평굴기' 대신 '화평발전'을 중국의 대외전략으로 설명한 것이다.[63)] 사실상 같은 의미이긴 하지만 '화평굴기'라는 용어가 사라진 가장 큰 이유는 바로 중국의 부상에 대한 국제사회의 경계 때문이었다. 중국의 '굴기-일어선다/솟아오른다'라는 말 자체가 과연 평화의 뜻인지 혹은 군사력 강화와 팽창주의를 내포하고 있는 것인지 하는 등의 기존 강대국 및 주변 국가들의 의심과 우려의 목소리를 인식했기 때문에, 좀 더 완곡하게 중국의 평화적 이미지를 강조하기 위함이었다고 할 수 있다.

(2) 조화세계(和諧世界)[64)]

'조화세계'의 개념이 최초로 제기되었던 것은 2003년 원자바오 총리가 하버드대 연설에서 '화이부동(和而不同)'을 언급하면서였다.

---

62) "溫家寶總理哈佛演講：把目光投向中國", http://www.people.com.cn/GB/shehui/1061/2241298.html (검색일: 2016.11.04); "胡錦濤在紀念毛澤東誕辰110週年座談會的講話", 中央政府門戶網站, http://www.gov.cn/test/2009-11/27/content_1474642.htm (검색일: 2016.11.04).

63) "胡錦濤在博鰲亞洲論壇2004年年會開幕式上的重要演講", 人民網, http://www.people.com.cn/GB/shizheng/1024/2466418.html (검색일: 2016.11.04); "胡錦濤在鄧小平同志誕辰100週年紀念大會上的講話", 人民網, http://www.people.com.cn/GB/shizheng/1024/2729306.html (검색일: 2016.11.04).

64) '和諧'는 "화목하게 어울리다", "화합하다"의 의미인데, 국내에서는 '조화'로 번역하여 사용하고 있다.

"화이부동은 중국의 고대 사상가가 제시한 위대한 사상이다. 서로 화목하게 어울리지만 자기중심과 원칙을 잃지 않으며, 다르지만 또한 서로 충돌하지 않는다. 조화롭다는 것은 공존하며 함께 발전하는 것이다(和而不同, 是中國古代思想家提出的一個偉大思想。和諧而又不千篇一律 , 不同而又不彼此衝突 ; 和諧以共生共長)."[65]

<표 4> 조화세계론의 제기 과정

일시	주요내용
2003년 12월 10일	원자바오 총리의 하버드대 연설: 중국 전통사상 중의 '화이부동(和而不同)'을 통해 '조화(和諧)'의 개념 언급
2004년 10월 14일	중러 <동부국경협정보충협정> 체결 시 발표한 공동성명: "평화, 발전, 조화로운 세계의 수립과 공정하고 합리적인 국제정치경제 신질서 실현을 위해 부단히 노력하자."고 강조
2005년 4월 22일	아시아·아프리카 정상회의에서의 후진타오 연설: "상이한 문명의 우호적 공존과 평등한 대화, 발전과 번영을 추동하여 조화세계를 구축하자."
2005년 9월 15일	유엔 창설 60주년 정상회의의 후진타오 연설: "항구적 평화와 공동번영의 조화세계 건설을 위해 공동 노력하자."
2005년 12월 22일	<중국의 화평 발전(中國的和平發展) 백서>: 평화발전의 대외정책으로 조화세계의 건설 천명

65) "溫家寶總理哈佛演講：把目光投向中國."

2006년 6월 15일	상하이협력기구 정상회의에서의 후진타오 연설: "전면적 협력을 강화하고, 이 지역을 평화, 공동번영의 조화지역으로 건설해야 한다."
2006년 8월 21~23일	중공 중앙 외사공작회의에서의 후진타오 연설: 조화세계 건설 촉진을 위한 주요 방향 제시
2007년 10월 15일	중국 공산당 제17차 당대회의 후진타오 보고: 정치, 경제, 문화, 안보, 환경보호 등 5가지 방면의 구체적 함의 설명

출처: 이정남, "조화세계(和諧世界)론을 통해서 본 중국의 동아시아 질서구상: 중화질서(中華秩序)와의 비교를 중심으로", 『국제정치논총』, 제50집 1호(2010), pp. 45-48 재정리.

원자바오의 연설에서 언급된 '조화(和諧)'의 개념은 위의 〈표 4〉에서 보는 것처럼 후진타오 시기 중국의 주요 대외관계를 통해 지속적으로 강조되고 구체화 되었다. 특히 2005년 후진타오의 유엔연설에서는 항구적인 평화와 공동번영의 조화세계 건설을 위한 4가지 제안을 담고 있다. 첫째, 다자주의 견지와 공동안보의 실현이다. 유엔을 중심으로 하는 집단안전보장체제를 통해 충돌과 전쟁을 방지하고 세계평화를 수호할 수 있다. 유엔헌장의 취지와 원칙은 이미 공인된 국제관계의 기본 준칙이 되어 있고 반드시 준수되어야 한다. 둘째, 호혜협력의 견지와 공동번영의 실현이다. 보편적 발전과 공동번영 없이 평화도 없다. 특히 개발도상국가의 조속한 발전을 촉진해야 하며, 개방적이고 공평하며 차별 없는 다자무역 및 금융질서 수립을 촉진해야 한다. 중국은 공동의 발전을 위해 적극적인 기여를 할 것이다. 셋째, 포용정신의 견지와 조화세계의 공동건설이다. 역사적으로 인류의 문명은 각자의 방식으로 인류발전에 기여해 왔다. 따라서 공동의 발전을 위해서는 평등을 기초로 서로 다름을 인정하고 서로 다른 문명을 관용하며 받아들이는 조화로운 세계를 구축하는데 협력해야 한다. 넷째, 적극적이고 타당한 방침을 견지하여 유엔의 개혁을 추진한다. 개발도상국가의 안전보장이사회 진입 확대와 같은 개혁을 통해 유엔의 권위와 효율을 높이고 새로운 도전에 대응하는 유엔의 역할을 증대할 수 있다.[66]

이를 바탕으로 2006년 8월 21일~23일 베이징에서 개최된 중국 공산당 외사공작회의에서는 조화세계 건설을 위한 4가지 방향이 제시되었다. 첫째, 상호존중, 인식공유의 확대, 조화로운 공존, 각국의 자주적인 사회제도 및 발전 노선 선택권의 존중, 각국의 평등한 국제 참여, 국제관계의 민주화를 촉진한다. 둘째, 협력의 심화, 공동의 발전, 상호이익과 공영, 경제세계화와 과학기술진보 성과의 공동 향유, 세계의 보편적 번영을 촉진한다. 셋째, 다른 문명과의 교류 강화, 상호이해 증진과 발전, 다양성 제창, 인류문명의 발전과 진보를 촉진한다. 넷째, 각국 간의 상호신뢰 심화 및 대화 확대, 협력 증진, 글로벌 이슈에 대한 공동 대응, 국제 분쟁의 평화적 해결 촉진, 세계와 지역의 안보와 안정을 수호한다.[67]

2007년 10월의 중국 공산당 제17차 전국대표대회(中共 17大)에서 행한 후진타오의 정치보고는 5가지 측면에서 조화세계에 대해 보다 구체적인 함의를 설명했다고 평가된다. 첫째, 정치적으로 서로 존중하고 평등한 협상으로 국제관계의 민주화를 추진한다. 둘째, 경제적으로 상호협력하고 보완하며, 균형적이고 호혜적인 방향으로 경제세계화의 발전을 촉진한다. 셋째, 문화적으로 서로 배우

66) “努力建設持久和平、共同繁榮的和諧世界”, 胡錦濤在聯合國成立60週年首腦會議上的講話, 中央政府門戶網站, http://www.gov.cn/ldhd/2005-09/16/content_63871.htm (검색일: 2016.11.10).

67) 이정남(2010), pp. 47-48.

고, 차이점을 인정하고 공통점을 추구하며, 세계의 다양성을 존중하고, 인류문명의 번영과 진보를 공동 추진한다. 넷째, 안보 면에서 서로의 신뢰와 협력을 강화하며, 전쟁이 아닌 평화적 방식을 통한 국제 분쟁의 해결을 추구하고, 국제 평화와 안정을 수호한다. 다섯째, 환경보호를 위해 서로 협력하여 인류의 생존 공간인 지구를 보호한다.[68]

그렇다면 중국이 조화세계론을 통해 추구하는 바는 무엇인가? 다음과 같이 두 가지로 정리될 수 있다. 첫째, 강대국 이미지의 형성이다. 화평굴기론과 화평발전론을 통해서도 제거하지 못한 중국위협론에 더욱 능동적으로 대처하기 위해 중국 전통의 이념을 바탕으로 미래 국제사회의 보편적 가치와 비전을 제시할 수 있는 강대국이라는 이미지를 강조하고자 했다. 둘째, 중국이 주도적으로 새로운 국제사회의 발전 방향 혹은 청사진을 제시하려는 국제정치경제 신질서 수립의 의도였다. 곧 중국적 가치관과 비전을 바탕으로 세계체제와 질서의 보편적 이상과 비전을 제시하고 이를 통해 국제사회의 담론권 확대와 게임 규칙의 제정권 확보를 추구하고자 하는 의도라는 것이다.[69] 그러므로 조화세계론은 후진타오 지도부의 대외정책 기본방향인 동시에 동아시아 지역질서 및 국제질서에 대한 구상이라고 할 수 있을 것이다. 이정남은 조화세계론을 역사적으로 동아시아 질서를 둘러싼 중국의 두 번째 거대 담론으로 규정하고 있다. 첫 번째가 전통적인 동아시아 질서의 틀이었던 중화질서 혹은 화이질서(華夷秩序)였다면, 조화세계론은 중국의 재부상에 따라 두 번째로 제기된 동아시아 질서 구상의 거대 담론이라는 것이다.[70]

---

68) *ibid.*, p. 48.
69) *ibid.*, p. 47.
70) *ibid.*, p. 39.

5. 시진핑 시기

시진핑은 2012년 11월 8일~14일에 열린 중국 공산당 제18차 전국대표대회(中共 18大)를 통해 당 총서기에 선출되었고, 이듬해인 2013년 3월 5일~17일에 열린 제12기 전국인민대표대회에서 국가주석, 중앙군사위원회 주석으로 선출되며 제5세대 최고지도자가 되었다.

시진핑 시기의 중국외교는 그 어느 때보다 강하고 적극적으로 국제질서를 주도해 나가는 모습을 보여줄 것으로 예측되었고, 또 실제로 그러한 양상을 보이고 있다. 시진핑은 이미 총서기로 선출되기 이전인 2012년 2월 국가부주석의 자격으로 미국을 방문, '신형대국관계'를 언급하며 중국의 강대국 외교정책을 예고했었다. 신형대국관계는 2012년 5월에 개최된 제4차 중미전략경제대화, 7월의 세계평화포럼 등을 통해 계속해서 천명되었고, 국가주석이 된 시진핑의 미국 방문(2013년 6월 7일~8일)에서 중미 양국 관계를 위한 미래 청사진으로 공식 제시되었다.[71] 신형대국관계의 표면적 의미는 양국이 다양한 분야에서 교류와 협력 및 신뢰를 증진하고 국제적인 책임을 분담하며 핵심이익을 상호 존중하고 협력해 나가자는 개념이다. 그러나 이는 사실상, 부강해진 중국이 이제는 미국과 어깨를 나란히 하고 당당하게 국제질서를 주도해 나가겠다는 '강대국' 외교 노선의 선언이었다.

동시에 시진핑은 주변 국가들과의 관계, 즉 주변외교의 중요성

---

71) 2013년 6월 8일 오바마와의 회담에서 시진핑은 "충돌하지 않고 적대시하지 않으며, 상호 존중하고, 공동의 승리를 위한 협력(不衝突、不對抗, 相互尊重, 合作共贏)"이라는 말로 신형대국관계의 핵심을 제시했다. "習近平三句話概括中美新型大國關係", 『新京報』, 2013年 6月 10日, A04版.

을 강조하며 협력관계를 강화하고 있다. 인도, 몽골, 한국, 베트남, 말레이시아, 라오스, 필리핀 등 주변 국가들 가운데 중국과 영토 관할권 및 안보상의 이유로 오랫동안 갈등관계를 형성해 온 나라들이 상당수 있다. 따라서 지속적인 경제 성장을 위한 평화롭고 안정적인 주변 국제환경을 원하는 중국으로서는 이들과의 관계 개선이 대단히 중요하다.

주변외교 강화는 또한 시진핑의 중국이 새롭게 제시하고 있는 발전 전략인 '21세기의 신(新)실크로드' 구상, 즉 '일대일로(一帶一路)'의 실현에 있어 대단히 중요한 의미를 가진다. 동북아시아에서 출발해 동남아시아와 중앙아시아를 포괄하고 유라시아를 횡단, 유럽으로 향하는 경제 성장 벨트를 구축한다는 일대일로 구상은 2013년 11월 12일 중국 공산당 제18기 중앙위원회 제3차 전체회의(중공 제18기 3중전회)에서 공식적인 국가전략으로 확정되었고,[72] 2016년 3월 전국인민대표대회에서 통과된 '중국경제사회발전 13.5 규획강요'의 중요 과제로 편입되었다.[73] 2016년 12월 기준으로 중국은 이미 40개 국가 및 국제기구와 일대일로 협력을 위한 협정을 체결했다. 또 이 구상의 추진을 위해 중국은 2014년 500억 달러 규모의 AIIB 설립을 주도, 2016년 1월 창립총회를 갖고 공식 출범했다. 현재 아시아, 유럽, 남미, 아프리카 등 총 56개국이 회원국으로 참여 중이다.[74] AIIB는 아시아 지역 신흥국가들의 부족한

72) "中共中央關於全面深化改革若幹重大問題的決定", 中國共産黨新聞網, http://cpc.people.com.cn/n/2013/1115/c64094-23559163.html (검색일: 2017.04.15).

73) "中華人民共和國國民經濟和社會發展第十三個五年規劃綱要", 中國網, http://www.china.com.cn/lianghui/news/2016-03/17/content_38053101_14.htm (검색일: 2017.04.15).

74) AIIB 홈페이지 참조, https://www.aiib.org/en/about-aiib/governance/members-of-bank/index.html (검색일: 2017.06.30).

인프라 구축을 지원하기 위해 설립이 제안되었으나, 궁극적으로는 중국의 국제적 위상과 영향력 확대에 기여할 가능성이 커 보인다.

이렇게 정치, 경제적으로 이전 시기에 비해 더욱 전방위적이고 적극적인 모습을 보이고 있는 시진핑 시기 중국의 대외 행보는 궁극적으로 '중국의 꿈(中國夢)' 실현을 위한 것이라 할 수 있을 것이다. '중국의 꿈'은 시진핑이 2012년 11월 29일 국가박물관의 '부흥의 길(復興之路)' 전시실을 찾은 자리에서 "중화민족의 위대한 부흥 실현은 근대 이래 중화민족의 가장 위대한 꿈이다(實現中華民族偉大復興, 就是中華民族近代以來最偉大的夢想)."라고 언급하면서 최초로 제기되었다.[75] 그리고 이는 2013년 3월 17일 제12기 전국인민대표대회 제1차 회의 폐막식에서 시진핑 지도부의 통치 비전으로 공식화되었다.[76] 그리고 시진핑의 집권 1기(2012~2017년)가 마무리 되고 있는 현 시점에서도 여전히 진행형이다.

(1) 중국의 꿈

2013년 3월 17일, 제12기 전국인민대표대회 제1차 회의 폐막일에 시진핑 국가 주석의 취임 연설이 거행되었다. 이날 연설을 통해 시진핑은 도광양회의 소극적인 자세에서 벗어나 적극적이고 강한 중국이 될 것을 천명함으로써 국내외적인 주목을 받았다. 연설의 핵심어는 바로 "위대한 중화민족의 부흥과 중국의 꿈 실현"이었다.

75) "習近平總書記深情闡述中國夢", 新華網, http://news.xinhuanet.com/politics/2012-11/30/c_124026690.htm (검색일: 2017.05.15).

76) "習近平在第十二屆全國人民代表大會第一次會議上的講話", 中國共産黨新聞, http://cpc.people.com.cn/n/2013/0318/c64094-20819130.html (검색일: 2017.05.15).

> "전면적 소강사회의 건설, 부강·민주·문명의 조화로운 사회주의 현대화 국가 수립의 목표 실현; 중화민족의 위대한 부흥이라는 중국의 꿈 실현은 부강한 국가, 민족중흥, 인민의 행복을 실현하는 것; 이는 현대 중국인들의 이상 구현이자 부단한 진보 추구라는 조상들의 빛나는 전통을 반영하는 것이다."[77]

시진핑의 집권을 전후한 2012~2013년, 국내의 중국전문가들은 시진핑의 외교정책을 전망하는데 많은 노력을 쏟았다. 그들의 의견을 정리해 보면 대략 네 가지 방향으로 귀결되었다. 첫째, 시진핑은 과거의 지도자들과 달리 자신감 넘치는 강대국화를 지향하며 매우 주도적이고 공세적인 외교적 행보를 나타낼 것이라는 주장이다.[78] 둘째, 시진핑은 미국 중심의 기존 국제질서에 대한 현상 유지와 현상 변경이라는 양면 정책을 동시에 추구할 것이지만, 미국과의 직접적인 대결은 회피할 가능성이 크다는 주장이다.[79] 셋째, 시간이 지나면 시진핑이 자신의 차별화된 외교노선을 강조할 수도 있지만, 집권 초반에는 기존의 화평발전론과 조화세계론을 유지하

---

77) *ibid.* 원문은 다음과 같다. "…實現全面建成小康社會、建成富強民主文明和諧的社會主義現代化國家的奮鬥目標, 實現中華民族偉大復興的中國夢, 就是要實現國家富強、民族振興、人民幸福, 既深深體現了今天中國人的理想, 也深深反映了我們先人們不懈追求進步的光榮傳統。"

78) 이상국, "공세화하는 중국의 안보국방정책에 관한 연구", 『동북아연구』, 제27권 1호(2012), pp. 195-220; 전병곤·이기현, "시진핑 체제의 출범과 대내외정책 방향: 12기 전국인민대표대회 제1차 회의 결과분석", 『통일정세분석』, 2013.03, pp. 12-15 참조.

79) 이동률 "시진핑 체제 외교정책의 변화와 지속성: 제18차 전국대표대회 보고를 중심으로", 『중소연구』, 제36권 4호(2013), pp. 17-55; 이동률, "시진핑 시대, 선린외교보다 대국외교로 무게중심 옮겨가", 『통일한국』, 통권 제348호(2012.12), pp.18-19; 이동률, "미·중 신형대국관계, 현실화할 수 있는가?", 『통일한국』, 통권355호(2013.07), pp. 18-19; 하도형, "시진핑(習近平) 시대의 중국 대외정책 전망", 『국제관계연구』, 제17권 1호(2012), pp. 119-145 참조.

는 가운데, 증대된 국력에 걸맞는 발언권과 영향력을 강화하는 책임대국론을 추구할 것이라는 주장이다.[80] 넷째, 앞의 세 번째 주장처럼 기본적으로 연속성의 유지라는 입장에서 출발하지만, 보다 적극적이고 주동적인 변화, 특히 핵심이익에 대한 타협 불가와 같은 원칙적 자세를 강조하는 주장이다.[81]

시간이 지날수록 분명해지는 것은 강대국화를 향한 시진핑의 의지가 두드러지게 표현되고 있다는 점이다. 물론 이는 장쩌민 시기부터 이미 나타나고 있는 현상이었다. 전술한 바와 같이 장쩌민은 '대국'과 '다극화'를 핵심으로 덩샤오핑에 비해 적극적인 대외정책을 전개했었다. 이에 수반한 중국위협론에 대응하기 위해 후진타오는 '화평발전'을 내세웠지만, 또 한편으로 집권 2기(2007~20012년)부터는 핵심이익에 대한 강조와 급속한 군사력 증강으로 공세적인 경향을 나타내기도 했다.

"중화민족의 위대한 부흥"이란 슬로건은 1894년 11월 쑨원이 흥중회(興中會)를 창설하며 제기한 "진흥중화(振興中華)"에서 비롯되었고, 현대에 들어와서는 1997년 中共 15大에서의 장쩌민의 연설, 1999년 10월 1일 국경절 장쩌민의 천안문 연설, 2000년 1월 1일 장쩌민의 신년사, 2002년 中共 16大 장쩌민의 정치보고, 2011년 10월 10일 후진타오의 신해혁명 100주년 기념사에서 계속 거론되었다. 2012년 11월 15일 中共 18大 폐막식 직후의 기자회견에서 시진핑 신임 총서기는 "우리의 책임은 중화민족의 위대한 부흥을 위해 노력하는 것"이라고 천명했다.[82] 그리고 나서 2주 뒤인 11월

---

80) 조영남, "시진핑 시대의 중국 외교 전망: 중국 공산당 제18차 당대회의 정치보고를 중심으로", 『한국과 국제정치』, 제29권 2호(2013), pp. 203-231; 이영학, "중국 시진핑 체제의 출범과 대외정책 전망", 『아태연구』, 제20권 1호(2013), pp. 34-35 참조.

81) 박병광, "시진핑 지도부의 등장과 중국의 대외정책: '지속'과 '변화'의 측면을 중심으로", 『전략연구』, 통권 제60호(2013.11), pp. 152-153, 161-164.

29일 시진핑은 국가박물관에서 '중국의 꿈'을 제시했고, 2013년 3월 17일 제12기 전국인민대표대회 제1차 회의 폐막식에서 새 지도부의 국정 비전으로 공식화 한 것이었다.[83] 이러한 비전이 목표로 하는 "중화민족의 부흥"은 민족주의적 요소가 내포되어 있다는 점에서 우려된다. 그 민족주의가 과도한 중화주의적 자신감으로 표출되거나, 혹은 공산당과 정부의 특정 의도에 따라 표출될 때, 심지어 통제 불능의 상태가 될 때에는 중국이 그동안 대외적으로 강조해 왔던 화평발전과 조화세계의 건설 같은 자유주의적 구상이 근간부터 흔들릴 우려가 있다.[84]

왕이(王毅) 중국 외교부장이 2014년 3월 제12기 전국인민대표대회 제2차 회의에서 행한 기자회견에서 등장한 '주동적 전진', '적극작위', '중국특색의 대국외교', '민족의 자존심' 등의 표현들은 바로 그러한 점에서 주목되는 것이다.

> "지난 2013년 중국외교의 가장 선명한 특징은 주동적 전진이다.…2013년의 중국외교는 그 시야를 더욱 넓혔고 더욱 적극적이었다.…오늘날 우리는 중국특색의 대국외교를 추진한다. 우리는 기개가 있어야 한다. 기개는 민족의 자존심으로부터 나온다."[85]

---

82) "習近平等十八屆中共中央政治局常委同中外記者見面", 中國共産黨新聞網, http://cpc.people.com.cn/18/n/2012/1115/c350821-19591246.html (검색일: 2015.05.05).

83) 중화민족의 부흥과 중국의 꿈 제기 과정은 다음을 참조하라. 이장원, "시진핑 시대 중국의 대외정책: 일대일로(一帶一路) 전략과 유럽", 『한국동북아논총』, 제76호(2015), pp. 55-56.

84) *ibid.*, pp. 56-57.

85) 원문은 다음과 같다. "去年中國外交最鮮明的特點就是主動進取。…2013年的中國外交展示出更寬闊視野、更積極作爲。…今天我們推進中國特色大國外交。…我們還要有骨氣。骨氣來自於民族的自豪…。" "外交部部長談中國的外交政策和對外關係", 人民網, http://live.people.com.cn/note.php?id=7140306111840_ctdzb_033 (검색일: 2015.06.30).

요컨대 시진핑 시대의 중국 외교는 도광양회보다는 국가이익, 국제적 발언권과 영향력을 적극적으로 추구하겠다는 기조가 분명해 보인다. 2014년 11월 28일~29일 있었던 중앙외사공작회의에서의 "중국특색의 대국외교가 필요하다."는 시진핑의 발언은 이제 중국의 국가적 정체성이 개발도상국가로부터 강대국으로 옮겨가고 있다는 전망에 무게를 더해주고 있다.86)

(2) 신형대국관계와 아시아 신안보관(亞洲新安全觀), 그리고 중국특색의 대국외교

신형대국관계는 바로 시진핑이 추구하는 강대국 외교의 전형이라 할 수 있을 것이다. 그러면 신형대국관계란 무엇인가? 본서의 제1장에서 이미 설명한대로 중미관계의 새로운 틀을 제시한 것이다. 평등과 호혜의 원칙에 따라 중국의 핵심이익을 존중하고, 중국을 강대국으로 인정하며, 강대국의 지위에 걸맞게 미국과 대등하게 대우해 달라는 요구인 것이다. 미국이 그렇게 한다면 중국도 미국에 군사적으로 도전하지 않으며 평화로운 경쟁과 공존을 모색할 수 있다는 것이다.

이러한 제안은 주변 지역질서에 대한 중국의 전통 관념에 뿌리를 두고 있는 것으로 보인다. 윤종변의 설명을 빌자면, '타자(他者)'와의 정치적 관계를 일종의 문화적인 관념으로 인식하는 중국 중심의 천하관(天下觀)은 전통 시기 내내 주변 국가들과의 관계에 적용되었다. 그리고 그 관계는 중앙정치권력인 중국의 국력 변화와 그로 인한 주변부와의 역학 관계 변화에 따라 유동적이었다.

---

86) "習近平出席中央外事工作會議並發表重要講話", http://news.xinhuanet.com/politics/2014-11/29/c_1113457723.htm (검색일: 2017.05.10).

중국의 국력이 강할수록 그 정치적 권위는 확대되었고 주변부와의 관계도 주도적이었으며 지정학적 강역(疆域)의 범위도 그에 비례했었다.[87)]

그러므로 근대 시기 주변 동아시아 지역에 대한 이러한 정치적 권위와 역할, 영향력의 상실을 경험한 중국이 덩샤오핑-장쩌민-후진타오-시진핑 지도체제를 거치며 이룩한 비약적인 국력 증가에 비례해 1990년대 이래로 중국 주도의 주변 지역질서 구축을 시도하고 있는 것은 자연스런 현상일 것이다. 부강해지는 만큼 “다시 동아시아를 자국의 핵심적인 지역으로 간주하고 동아시아의 핵심국가로 부상하고자” 하고 있는 것이다.[88)]

이러한 측면에서 오바마 행정부 출범 초기 미국이 천명했던 아시아 재균형 전략은 중국의 전통적인 지정학적 관념과 이해에 대한 도발로 작용했다고 볼 수 있다. 2010년 1월 미국은 타이완에 대한 무기 판매를 결정했고, 2월에는 백악관에서 오바마 대통령이 달라이 라마를 접견했다. 3월에 발생한 천안함 사건 직후 미국은 한반도와 동아시아에 대해 군사력을 포함한 모든 수단을 동원한 적극적 개입 의지를 강조했다. 5월, 미국의 힐러리 국무장관은 중국의 다이빙궈 외교 담당 국무위원에게 ‘항행의 자유’를 이유로 남중국해 분쟁에 대해 적극적인 개입 의사를 표현했고, 7월 베트남 하노이에서 개최된 아세안지역안보포럼(ARF: ASEAN Regional Forum)에서 이 같은 태도를 공식화했다. 또 동년 9월 댜오위다오(釣魚島)에서 발생한 중국 어선과 일본 해상보안청 함정 간 충돌 사건에서 미국은 일본을 지지했으며, 2011년 11월 오바마 대통령은 동아시아정상회의(EAS: East Asia Summit)에 참석해 호주 다

87) 윤종변(2015), pp. 33-34 참조.
88) 이정남(2010), p. 38.

윈(Darwin) 기지의 미군 주둔 결정을 발표하고 미국의 환태평양경제동반자협정(TPP: Trans-Pacific Partnership)의 적극 추진 의사를 표명했다.

이러한 일련의 대 중국 견제 행동에 대한 중국의 대응이 2012년 2월 시진핑이 부주석 신분으로 미국을 방문해 제기한 '신형대국관계'였다. 이어 5월, 후진타오 당시 중국 국가주석이 제4차 중미전략경제대화 개막식에서 "상호존중과 상호이익 및 공동의 승리를 위한 신형대국관계"를 수립하자고 제안하고 이를 위한 다섯 가지 요소, "혁신적 사고, 상호신뢰, 평등한 상호이해, 적극적 행동, 우의"를 제창했다. 이는 6월 서울 G20 정상회담 시 개최된 중미정상회담에서 후진타오 주석에 의해서 재차 강조되었다. 이는 또 2012년 11월 中共 18大 보고에서도 강조되었고, 마침내 2013년 6월 중국 최고지도자 신분으로 미국을 국빈 방문한 시진핑과 오바마의 정상회담에서 미국을 향해 정식으로 제안된 것이다.

> "넓은 태평양 양안은 중미 양 대국을 품을 만한 충분한 공간이 있다. 중국은 미국이 역내 평화와 안정, 번영을 위해 건설적인 역할을 발휘하는 것을 환영한다. 동시에 미국이 아시아·태평양 각국의 중대한 이익과 합리적인 관심을 충분히 존중하고 배려해 주길 바란다."[89]

이는 2012년 2월 12일, 미국 방문 전날 워싱턴포스트의 요청으로 서면인터뷰에 응한 시진핑 당시 국가부주석의 발언이다. 이에 대해 이지용은 "아시아 지역을 중국의 영향력으로 하고, 서태평양

89) "習近平：寬廣的太平洋足夠容納中美兩國", 鳳凰網, http://news.ifeng.com/mainland/special/xijinpingfangmei/content-3/detail_2012_02/13/12479336_0.shtml (검색일: 2017.03.01).

이동(以東) 지역을 미국의 영향력으로 나눈다는 뉘앙스를 내포하고 있었던 측면이 있다."고 해석하고 있다.90)

만약 그렇다면 신형대국관계의 근원에는 중국이 인식하는 주변 동아시아 지역에 대한 전통적 천하관념이 자리하고 있는 것이 아닐까? 다시 말하자면 신형대국관계의 개념은 '협력적 공존' 보다는 강대국으로서의 지위 인정과 아시아 지역에서 중국의 영향력 내지는 주도권을 인정받는데 방점이 찍혀 있었을 가능성이 크다는 것이다.

이와 관련해 주목되는 것이 2014년 5월 20일~21일 상하이에서 열린 '아시아 교류 및 신뢰구축회의(CICA: Conference on Interaction and Confidence-Building Measures in Asia)'이다. CICA는 카자흐스탄의 나자르바예프 대통령이 1992년 7월 유럽안보협력회의(CSCE: Conference on Security and Cooperation in Europe) 정상회의와 1992년 10월 제47차 유엔총회에서 아시아 지역의 상호 신뢰 구축과 분쟁 예방을 위해 CSCE와 유사한 지역안보협의체 설립을 제의한 데서 비롯되었다. 2002년 6월 제1차 CICA 정상회의가 카자흐스탄 알마티에서 개최되었다. 상하이 제4차 CICA 정상회의가 주목되는 이유는 5월 21일 행한 시진핑의 기조연설 때문이다. 시진핑은 "아시아 안보관을 적극 수립하고 안보협력의 새로운 국면을 함께 개척하자."는 제목의 연설을 통해 '아시아 신안보관' 개념을 주창했다. 그 주요 내용을 보자.91)

---

90) 이지용, "'신형대국관계론'과 '아시아 신안보 개념': 미국의 인식과 동아시아 국제정치에 대한 함의를 중심으로", 국립외교원 외교안보연구소 정책연구과제(2015), p. 3.

91) "積極樹立亞洲安全觀, 共創安全合作新局面", 習近平在亞洲相互協作與信任措施會議第四次峰會上的講話, 人民網, http://news.xinhuanet.com/world/2014-05/21/c_126528981.htm (검색일: 2017.03.01).

'공동, 종합, 협력, 지속가능'한 아시아 안보관을 적극 창도하여 새로운 안보이념을 창출하고 지역 안보와 협력의 새로운 틀을 구축하여 아시아 안보의 길을 함께 건설하고 함께 누리며 상생하도록 노력하자.

공동안보는 모든 국가의 안보에 대한 존중과 보장이다. 안보는 보편적이고 평등하며 포용적이어야 한다. 어느 한 나라의 안보를 위하여 다른 나라의 안보가 희생되어서는 안 된다. 각국은 평등하게 지역의 안보문제에 참여할 권리가 있지만 동시에 지역안보를 수호할 책임도 있다. 어떠한 나라도 지역안보를 독점하여 타국의 정당한 권익을 침해하면 안 된다. 각국은 주권, 독립, 영토 완정의 존중과 내정불간섭 등 국제관계 기본 원칙을 준수하고, 각국이 선택한 사회제도와 발전모델을 존중해야 한다.

종합안보는 전통적인 안보와 비전통적인 안보를 총괄하는 것이다. 아시아의 안보는 지극히 복잡하고 민감하며 민족과 종교적 갈등, 테러리즘, 국제범죄, 환경안보, 사이버안보, 에너지자원안보, 자연재난 등의 도전에 직면해 있다. 현재 드러난 안보문제를 적극 해결하고 잠재적 안보위협에 대해서도 대비해야 한다.

협력안보는 대화와 협력을 통해 각국과 이 지역의 안보를 촉진하는 것이다. 소통을 통해 서로의 신뢰를 증진하고 화목하게 지내고 협력으로 평화와 안보를 도모한다. 아시아의 문제는 결국 아시아인들이 처리해야 하고 아시아의 안보는 아시아인이 수호해야 한다.

지속가능한 안보는 안보와 발전이 지속적으로 유지되어야 한

> 다는 의미다. 발전은 안보의 기초이고, 안보는 발전의 조건이다. 대다수 아시아 국가들에게는 발전이 최대한의 안보이며 지역안보문제를 해결하는 최대의 관건이다. 지속가능한 발전으로 지속가능한 안보를 촉진한다.

결국 아시아 신안보관의 요지는 "아시아의 안보는 아시아 국가들의 몫이며, 이를 위해 아시아 국가들이 일치단결하여 주도적으로 지역안보협력을 위한 새로운 틀을 구축해야 한다. CICA가 그러한 역할을 할 수 있으며, 중국이 여기에 적극 기여하겠다."는 것이다. 이를 조금 확대 해석하면, 아시아 국가가 아닌 역외 세력의 아시아 안보문제 개입에 대한 간접적 비판의 메시지도 내포하고 있다고 하겠다.[92] 예컨대 아시아 재균형 전략을 추구하며 아시아 안보에 개입하려는 미국을 향해서라고 볼 수 있다.

이러한 면에서 볼 때 시진핑의 아시아 신안보관은 신형대국관계의 유라시아 확장판이라 할 수 있을 것이다. 국력 증대를 바탕으로 대외적으로 '자국의 몫'을 추구하며 미국 중심의 국제질서 현상변경을 원하고 있는 중국이 유라시아에서의 주도권과 영향력을 다지기 위한 장기적 포석인 것이다. 미국과 어깨를 나란히 하기 위해서는 지정학적으로 중국을 둘러싸고 있는 주변 지역에 대한 영향력과 주도권을 확보할 수 있는 여건 마련이 필수적이기 때문이다. 이렇게 중국이 적극적인 대외정책을 강조하며 게임 체인저(game changer)를 추구하다보면 주변 국가들, 그리고 특히 현존 국제질서의 주도자인 미국과의 갈등과 충돌 가능성도 높아질 것이다. 하지만 중국이 괄목할만한 성장을 했다고는 하지만 중국과 미국의 국력은 아직 상당한 간극이 있다. 그러한 이유에서 중국은

92) 이지용(2015), p. 4

동시에 미국과의 갈등을 줄이고 충돌을 피하면서 가능한 영역의 협력을 강조하는 모습도 보여주고 있다.

시진핑의 아시아 신안보관은 본질적으로 다자간 안보협력체제에 대한 수용과 적극적 협력 강화라는 측면에서 1990년대 장쩌민 시기에 등장한 신안보관을 계승한 것으로 보인다. 다만 안보의 개념과 수준이 더욱 확대되고 지속적으로 보완되며 중국의 적극적 역할을 강조하고 있다는 점이 두드러진다.[93]

한편, 집권 이후 시진핑은 모든 국제문제에 대해 적극적인 행보를 보이고 있지만 그 중에서도 특히 중러관계 및 중미관계 등 주요 강대국 관계에 집중하는 경향을 나타내고 있다. 중국측 보도에 따르면 2016년 말까지 시진핑은 모두 167일을 해외순방으로 보냈고, 국내에서 외국 정상과 회담한 것은 210여 차례이다. 그중에서 가장 빈번히 만난 사람이 푸틴 러시아 대통령이다. 모두 20번을 만났다. 평균 2달 반에 한번 꼴이었다. 푸틴은 시진핑이 가장 먼저 만난 외국 정상이기도 했다. 시진핑은 취임 후 4년 동안 러시아에만 5번을 방문했다. 푸틴 다음으로 많이 만난 정상이 오바마 대통령이다. 같은 기간 동안 시진핑과 오바마는 9번을 만났고, 시진핑은 2번의 미국 방문을 했다. 물론 프랑스, 독일, 영국 등 유럽 국가들과의 관계 강화도 적극 추진되었다. 올랑드 프랑스 대통령, 메르켈 독일 총리와는 6번씩 만났다.[94] 이러한 외교적 행보는 시진핑의 '중국특색의 대국외교'로 압축될 수 있다. 2014년 11월 28일~29일, 중앙외사공작회의에서 시진핑은 "중국특색의 대국외교가

---

93) 장쩌민-후진타오 시기의 신안보관과 관련된 논의는 한석희(2007), pp. 97-114를 참조하라.

94) "'十八大以來這四年'之四：習近平的外交新局-解決世界問題，中國不能缺席", 南方週末網, http://www.infzm.com/content/121679 (검색일: 2017.04.01).

필요하다."고 언급함으로써 중국특색의 강대국 외교가 시진핑 시대 중국이 표방하는 외교적 지향점임을 선언했던 것이다. 그 핵심 요지는 "강대국에 대한 외교가 아닌 강대국으로서" 중국이 국제관계를 주도하겠다는 것이다.

2014년의 중앙외사공작회의를 전후해 발표된 중국 내 주요 싱크탱크들의 연구물들을 보면 '중국특색의 대국외교'가 시진핑의 외교전략사상으로 자리매김하고 있는 것을 알 수 있다. 대표적인 것이 양지에멘(楊潔勉), 양황(楊煌), 쑤거(蘇格), 추이리루(崔立如), 류젠페이(劉建飛) 같은 이들의 글이다. 양지에멘은 상하이 시정부 소속의 싱크탱크인 상하이국제문제연구원(上海國際問題研究院) 학술위원회 주임이다. 양황은 중국 공산당 중앙위원회에서 발간하는 공산당 이론지 『구시(求是)』의 논평부 소속이고, 쑤거는 외교부 직속 싱크탱크인 중국국제문제연구원(中國國際問題研究院) 원장이다. 추이리루는 국가안전부 소속의 싱크탱크 중국현대국제관계연구원(中國現代國際關係研究院)의 고급고문이며, 류젠페이는 중공중앙당교 국제전략연구원(中共中央黨校國際戰略研究院) 부원장이다.

이들이 글을 발표한 학술지들은 중국현대국제관계연구원이 발간하는 『현대국제관계(現代國際關係)』, 중공중앙편역국의 세계사회주의연구소가 발간하는 『당대세계와 사회주의(當代世界與社會主義)』, 중국국제문제연구원이 발간하는 『국제문제연구(國際問題研究)』, 상하이사회과학원 국제관계연구소가 발간하는 『국제관계연구(國際關係研究)』 등이다.95)

95) 楊潔勉, "中國特色大國外交理論的構建方向", 『現代國際關係』, 2017年 第3期, pp. 1-8; 楊煌, "超越'國強必霸'的老路: 中國特色大國外交的創新及其意義", 『當代世界與社會主義』, 2015年 第2期, pp. 129-133; 蘇格, "習近平外交戰略思想全面領航", 『國際問題研究』, 2016年 第5期, pp. 1-17;

이러한 정황으로 미루어 중국의 당정기관과 관련 있는 최고 수준의 싱크탱크 소속 이론가들과 저명학술지들을 통해 '중국 특색의 대국외교론'이 시진핑 시대의 외교전략사상으로 이론화되고 있는 것으로 짐작된다.

(3) 친성혜용(親誠惠容)의 주변외교와 '일대일로'

2013년 10월 24일 중국 공산당 정치국 상무위원회의 주변외교 공작좌담회에서 시진핑은 '친성혜용'이라는 네 글자로 중국 주변외교의 기본 방침을 제시했다. '친성혜용'은 새로운 국제정세 하에서 중국이 계속 화평발전의 길을 견지한다는 선언이며, 중국의 주변외교정책의 통찰력 있는 포괄적 개념화로서 중국 제5세대 지도체제 외교이념의 창조적 발전이라는 것이다.[96]

시진핑은 주변외교가 중화민족의 위대한 부흥이라는 중국의 꿈을 실현하기 위한 필요에서 대단히 중요하다며 "이웃과 잘 지내고 이웃을 동반자로 삼고, 선린(善隣), 안린(安隣), 부린(富隣)을 고수하는 것"이라고 설명하며 '친, 성, 혜, 용'의 이념을 강조했다.[97]

> 친(親): 주변국과의 우호관계 증진을 의미한다. 즉 선린우호와 상부상조를 견지하며 평등을 기초로 교류를 확대함으로써 주변국가들로부터 우호적이고 친근한 공감대와 지지를 확보하고 친화력과 영향력을 증가시켜야 한다.

崔立如, "國際格局轉變與中國外交轉型", 『國際關係研究』, 2014年 第4期, pp. 3-11.; 劉建飛, "中國特色大國外交的時代特色", 『國際問題研究』, 2017年 第2期, pp. 29-41.

96) "堅持親、誠、惠、容的周邊外交理念", http://cpc.people.com.cn/xuexi/n/2015/0721/c397563-27338114.html (검색일: 2015.01.20).

97) 선린은 우호협력관계, 안린은 안전보장, 부린은 공동번영을 의미한다.

성(誠): 성심과 성의를 다해 주변국을 대함으로써 더욱 많은 우방을 확보해야 한다.

혜(惠): 호혜호리(互惠互利), 즉 상호이익의 원칙에 입각해 주변 국가들과의 협력을 전개하고, 더욱 긴밀한 공동이익의 네트워크를 구축하여 중국의 발전과 함께 주변 국가들과 그 기회와 혜택을 나누자.

용(容): 주변국을 더욱 포용하자는 사상이다. 아시아 대륙은 모두의 공동발전을 수용할 수 있을 만큼 넓다. 공동의 발전을 위해 더욱 개방적이고 적극적인 태도로 지역협력을 촉진해야 한다.

중국은 전체 무역액 가운데 주변 국가들과의 교역 비중이 50% 이상 차지한다. 또한 안보적으로도 미국의 아시아 재균형 전략에 효과적으로 대응하기 위해서는 댜오위다오 분쟁과 남중국해 분쟁을 비롯한 주변국과의 영토적, 안보적 마찰에 따른 이미지를 회복하고 관계 개선을 통해 우방을 확보하고 주변 안보환경의 안정을 모색해야 하는 상황이다. 아세안을 비롯한 주변국에 대한 접근을 강화해 왔던 것도 그러한 배경에서였다. 물론 앞서 설명한 '핵심이익'에 대한 중국의 강경한 태도와 중국이 추구하는 주변국 외교의 강화가 과연 어떻게 조화를 이루며 실현될 수 있을지는 미지수다. 만일 중국이 핵심이익으로 간주하고 있는 영토, 주권문제에 있어서 주변국들과 대립 또는 마찰이 지속될 경우 중국이 외교적인 딜레마에 부딪칠 가능성이 크기 때문이다.

한편, 신형대국관계가 현존 국제질서의 지배자 미국과의 새로운 관계 정립을 통한 중국의 강대국 자리매김 시도라 본다면, 신형대국관계에서 중국이 주장하고 있는 태평양 서쪽의 주변 영역 관리를 공고히 하기 위한 외교안보적 접근은 '아시아 신안보관'을 통해서, 그리고 경제적인 접근은 '일대일로' 구상으로 나타났다고 할 수 있다.

'일대일로' 구상은 '육상실크로드 경제벨트(the Silk Road Economic Belt)'와 '21세기 해상실크로드(the 21st Century Maritime Silk Road)'의 두 축으로 구성되어 있어 신(新)실크로드 전략으로도 불린다. 육상실크로드 구상은 2013년 9월 7일 시진핑의 카자흐스탄 방문 시에 최초로 제기되었으며, 해상실크로드 구상은 2013년 10월 3일 시진핑의 인도네시아 방문에서 제기되었다. 그리고 아래와 같이 2014년 3월 리커창(李克强) 총리의 전국인민대표대회 정부공작보고를 통해 국가중점프로젝트로 공식 발표되었다.

> "전방위의 주동적 개방을 확대하고...실크로드 경제벨트와 21세기 해상실크로드의 건설을 서두르며 방글라데시-중국-인도-미얀마, 중국-파키스탄 경제회랑 건설을 추진하고 주요 프로젝트를 창출하여 기초인프라의 상호연결과 소통을 재촉하며, 국제경제기술협력의 새로운 공간을 확장한다."[98]

이후 '일대일로' 구상은 2014년 11월의 APEC 정상회의에서의 400억 달러 규모의 실크로드기금 설립 선언,[99] 2014년 9월 16일

---

98) "擴大全方位主動開放....抓緊規劃建設絲綢之路經濟帶、21世紀海上絲綢之路，推進孟中印緬、中巴經濟走廊建設，推出一批重大支撑項目，加快基礎設施互聯互通，拓展國際經濟技術合作新空間。" 李克強, "在第十二屆全國人民代表大會第二次會議上的政府工作報告", 2014年 3月 5日, 新華網, http://news.xinhuanet.com/2014-03/14/c_119779247_3.htm (검색일: 2015.05.01).

99) "習近平：中國將率先出資400億美元成立絲路基金", 環球網, 2014.11.08,

시진핑의 스리랑카 방문 시 중-스리랑카 FTA 협상 개시 선언, 동년 12월 16일 '21세기 해상실크로드 건설을 위한 중국-몰디브 경제무역위원회 공동추진 양해각서' 체결, 2014년 11월 13일의 중국-아세안 정상회의(미얀마 네피도)에서 리커창 총리의 해상실크로드 공동 추진을 위한 차관 제공 약속 등으로 확대되었다.[100)]

'일대일로' 구상의 추진을 위한 주요 실행 기구는 실크로드기금, AIIB 등으로 구성되어 있다.

실크로드기금은 2014년 12월 29일 베이징에서 '실크로드기금유한공사'라는 이름으로 등기되어 2015년 1월 6일부로 정식 운영되고 있다. 중국은 100억 달러를 자본금으로 투입했고, 이는 중국의 외환보유고에서 65억 달러, 중국수출입은행(The Export-Import Bank of China)과 중국투자유한책임공사(China Investment Corporation)가 각기 15억 달러씩, 국가개발은행(China Development Bank)이 5억 달러를 분담했다.[101)]

시진핑이 2013년 10월 동남아시아 순방 중 설립을 제안함으로써 시작된 AIIB의 설립은 '일대일로' 추진 전략의 핵심이다. AIIB는 아시아 지역 개발도상국들의 사회기반시설 자금을 지원하자는 목적에서 설립된 국제금융기구이다. 2015년 6월 29일 베이징에서 50개 창설회원국 대표들이 참석하여 AIIB 운영의 기본 원칙을 담은 협정문에 서명함으로써 12월 25일 정식 설립되었고, 2016년 1월 16일~18일 베이징에서 개소식과 이사회가 열렸다. 현재 AIIB의 홈페이지에는 역내 회원국 37개국과 역외 회원국 19개국이 소

---

http://world.huanqiu.com/exclusive/2014-11/5195972.html (검색일: 2015.05.01).

100) KIEP 북경사무소, "중국의 21세기 해상실크로드 구상 추진동향과 전망", 『KIEP 북경사무소 브리핑』, Vol. 18, No. 4(2015.02.27), pp. 7-8 참조.

101) "絲路基金起航", 新華網, http://news.xinhuanet.com/local/2015-02/17/c_127504099.htm (검색일: 2015.06.01).

개되어 있다. 총 자본금 929억9,320만 달러 가운데 역내 회원국들이 736억1,400만 달러를 투자해 전체 지분의 약 79.2%를 차지하고 있고, 역외 회원국들은 193억7,920만 달러를 투자해 약 20.8%의 지분을 차지하고 있는 것으로 나타나 있다.102)

AIIB는 세계은행 및 아시아개발은행으로 대표되는 미국 주도의 국제금융질서에 대한 중국의 도전으로 평가된다. 중국이 AIIB의 설립과 운영을 주도함으로써 국제사회의 주도적인 공공재 공급자가 되어 국제경제금융질서를 장악하겠다는 '적극작위(積極作爲, 적극적으로 자기의 할일을 한다)'의 의도로 보이기 때문이다. 실제로 AIIB 창설에 아시아를 넘어 심지어 유럽 국가들까지 참여하면서 미국은 중국을 도전자로 인식하고 있다.103)

'일대일로' 구상의 궁극적 목표는 결국 지전략(geo-strategy)적인 안전보장과 발전이다. 해상실크로드는 중국 남부 연해 지역으로부터 아세안, 스리랑카, 인도, 파키스탄의 인도양, 소말리아, 잠비아, 이집트, 터키, 그리스 등 지중해 연안까지 이르는 지역을 대상으로 하고 있다. 그 내부 목표는 중국 남서부 지역의 개발을 촉진하며 해양산업을 새로운 미래의 성장 동력으로 삼겠다는 것이다. 대외적인 목표는 중국 중심의 아시아 지역경제질서 구축을 바탕으로 아세안-남아시아-페르시아만-아프리카-유럽에 이르는 해운·무역·투자·에너지 중심의 경제네트워크의 구축이다. 경제적인 의미에 더해 해양세력으로의 발전을 위한 영토와 무역통상로의 안전보장이라는 의미도 가진다.104)

---

102) AIIB 홈페이지, https://www.aiib.org/en/about-aiib/governance/members-of-bank/index.html (검색일: 2017.05.30).

103) "U.S. calls for explanation on China-led regional bank," *The Korea Herald*, July 10, 2014.

104) 이장원(2015), pp. 60-61.

육상실크로드는 중국 내륙에서부터 우루무치를 거쳐 중앙아시아-터키-러시아-유럽, 그리고 중앙아시아-페르시아만-지중해로 연결되는 루트이다. 육상실크로드는 지전략적 측면에서 중국에게 특히 중요한 의미가 있다. 이들 지역은 경제적 차원에서 중국의 경제통상이익 확대를 위해 중요한 유라시아의 요충지이다. 또 신장자치구의 국경 지대 안보와 비전통적 안보 차원에서 테러집단, 분리독립주의, 극단주의에 대응하기 위해서도 중요하다. 이러한 육상실크로드 구상은 사실상 중국이 1996년 러시아, 카자흐스탄, 키르기스스탄, 타지키스탄, 우즈베키스탄과 함께 출범시킨 상하이협력기구(SCO: Shanghai Cooperation Organization)로부터 기본적인 구상이 태동한 것으로 볼 수 있다.[105]

105) 상하이협력기구는 정치, 국방, 경제무역, 과학기술, 문화, 교육, 에너지, 교통, 환경 등 거의 모든 분야에 걸친 우호협력관계를 추구한다. 유라시아 대륙 면적의 3/5, 15억 인구를 포함하며 중국-중앙아시아-러시아 벨트의 지역안전보장을 강조하는 중국 지전략의 핵심부분이다.

제5장 한중관계*

2017년 8월 24일로 한중관계는 수교 25주년을 맞이했다. 냉전 시기의 충돌과 갈등을 뒤로하고 역사적인 국교 정상화를 실현했던 양국 관계는 정말로 많은 부분에서 눈부신 발전을 이룩해 왔다고 평가되고 있다. 비록 중국이 오랫동안 북한과 특수한 관계를 형성해 왔지만, 그럼에도 불구하고 한중 양국은 끊임없는 노력으로 전략적 협력동반자관계를 구축하며 외교안보, 경제, 사회, 문화 등 제 분야의 관계 증진과 상호 신뢰의 확대를 이루어 왔다. 그러나 일부 안보 이슈에서만큼은 여전히 냉전의 울타리에서 벗어나고 있지 못한 것이 또한 안타까운 현실이다. 특히 최근 들어 북핵 및 미사일 위기, 그리고 사드 배치를 둘러싼 한중 양국의 시각과 해법이 심각한 간극을 형성하며 갈등하고 있는 상황은 수교 25주년을 맞이한 양국 관계에 심각한 과제를 제기하고 있다.

1. 새로운 한중관계의 시작: 수교

1980년대 말~1990년대 초는 소련 및 동유럽 사회주의권의 붕괴, 그리고 이들 사회주의 국가들과 한국의 수교를 배경으로 한중 양국의 국교 정상화도 임박한 것으로 예견되던 시기였다. 소련이 88서울올림픽에 788명의 대규모 선수단을 참가시키며 한국과 관계 개선의 계기를 마련했던 것처럼 중국은 86서울아시안게임과 88

---

* 본 장의 2~5절은 저자의 논문 "한·중 수교 20주년의 단상: 전략적 협력동반자관계를 중심으로", 『중국학연구』, 제61집(2012), pp. 263-284의 일부를 발췌하여 수정, 보완한 것이다.

서울올림픽에 대규모 선수단을 파견했고, 한국 역시 1990년 9월의 베이징아시안게임에 대규모 선수단을 파견하며 상호 교류를 확대했다. 또 1989년 4월 3일 소련상공회의소 서울사무소 개설, 7월 대한무역투자진흥공사(이하 KOTRA) 모스크바사무소 개설, 11월 17일 한소 양국의 영사처 설치 합의가 진행되었던 것처럼 한국과 중국도 유사한 수순으로 정부 차원의 교류가 확대되었다. 즉 1990년 10월 20일 KOTRA와 중국국제상회(中國國際商會)는 양측 대표부 개설에 관한 협의서에 서명했다. 이에 따라 동년 11월 30일에는 한국대표부 창설팀이 베이징에 도착했고, 이듬해인 1991년 1월 30일에 베이징시 차오양(朝陽)구에 위치한 국제무역센터(國際貿易中心)에 주(駐)베이징 한국무역대표부를 공식 개설했다. 중국 측은 1991년 3월 28일 중국국제상회의 쉬따요우(徐大有) 대표가 서울에 부임했고, 4월 9일 서울 중구 무교동의 현대증권빌딩에서 주(駐)서울 중국무역대표부 현판식을 갖고 공식 업무를 시작했다.

양측의 무역대표부는 명목상으로는 양국의 민간경제무역교류를 확대하기 위한 민간 차원의 지원 기구였다. 그럼에도 불구하고 무역대표부에는 비자 발급 같은 일부 영사 업무를 포함함으로써 준(準)공식적 교류 창구로서의 역할이 부여되었다. 사실상 수교를 위한 준비 기구였지만 한국과 중국 정부는 각기 타이완, 북한과의 관계를 고려해 국교 정상화와 같은 정치적인 의미 부여 가능성을 차단하고 애써 '민간' 성격임을 강조했다. 당시 서울에 막 부임한 중국무역대표부 쉬따요우 대표의 국내 언론 인터뷰를 보자.[1)]

> "무역대표부 교환설치가 한중 수교 등 외교관계에 어떤 영향을 끼치리라고 봅니까?: 나는 중국국제상회의 위임을 받아서

1) 『동아일보』, 1991년 3월 29일, 6면.

서울에 왔으며 부여된 임무는 양국 간에 이미 합의된 경제협력 증진과 무역 촉진입니다. 앞으로 민간 차원의 경제, 과학, 기술 협력과 교류에 최선을 다할 생각입니다. 양국간 '민간' 대표부 설치는 민간경제협력과 발전의 새로운 출발점입니다."

"그러나 비자 발급도 할 수 있게 되어 있어 단순히 민간기구라고 보기는 어렵지 않습니까?: 중국국제상회 서울대표부는 명칭으로 따져보아도 민간적인 기관이고 따라서 영사 업무는 할 수 없게 되어 있습니다. 그러나 경제무역계 인사들의 상호 왕래 편의를 위해 비자 발급 업무를 대행하는 것입니다."

또한 1991년 10월 4일(현지시간) 뉴욕의 유엔총회에 참석 중이었던 이상옥 외무장관 역시 수행기자단과의 간담회에서 한중 조기 수교 가능성을 다음과 같이 완곡한 표현으로 회피했다.[2)]

"중국과의 수교에 있어 일정한 시간을 정해놓고 너무 서둘러 추진할 필요가 없다는 게 정부의 기본 방침이며, 현 단계에서 한중수교가 단시일 내에 되리라고 보기 어려우며 다소 시간이 걸릴 것으로 판단된다."

그러나 실제로 한국과 중국의 수교 협상은 상당히 빨리 진전되었다. 1991년 11월 12일, 제3차 아시아·태평양경제협력체(APEC) 각료회의 참석차 한국을 방문한 첸치천 중국 외교부장은 청와대에서 노태우 대통령을 단독 면담했다. 이 자리에서 노태우 대통령은 한중관계가 정상화돼야 한다는 점을 지적하고 조속한 시일 내에 한중수교를 실현할 것을 촉구했다.[3)]

---

2) 『매일경제신문』, 1991년 10월 5일, 1면.

이듬해인 1992년 4월에는 베이징에서 열린 유엔 아시아·태평양 경제사회이사회(ESCAP) 제48차 연례회의 참석차 이상옥 외무장관이 방중하여 첸치천 중국 외교부장과 회담을 가졌다. 이때부터 사실상의 수교협상이 시작되었고, 공식적으로는 1992년 5월 14일~15일 베이징에서 한중수교 제1차 예비회담이 개최된 것을 시작으로 6월 2일~3일 한중수교 제2차 예비회담(베이징), 6월 20일~21일 한중수교 제3차 예비회담(서울), 7월 29일 한중수교 본회담(베이징)을 거치며 양국의 수교는 기정사실화되었다. 즉, 무역대표부가 상호 개설된 1991년부터 1992년 수교 성명 발표 직전까지, 양국 정부가 상호 관계에 대해 민간교류의 성격임을 강조하며 신중한 자세를 유지하려 했음에도 불구하고 사실은 실질적인 수교 준비가 본격적으로 진행되고 있었던 것이다. 특히, 상술한 1991년 11월의 제3차 APEC 각료회의는 양국 관계 정상화를 위한 분수령이었다. APEC 각료회의는 관례상 외교와 경제통상 두 부처의 수장이 대표단을 이끌고 참여하도록 되어 있었다. 따라서 당시 막 회원국으로 가입하게 된 중국의 '외교부장'이 대표단을 이끌고 처음으로 APEC 회의에 참석하게 되었다는 점은 여러 가지 측면에

3) 한편, 2003년 가을 첸치천의 회고록이 중국에서 출판된 후 한국 언론에서는 "1992년 한중 수교는 중국이 먼저 제의해 이루어진 것이라고 첸치천 중국 전 국무원 부총리가 회고록에서 밝혔다."고 보도되었다. 『조선일보』, 2003년 11월 6일, A21면에 따르면, 1991년 11월 당시 제3차 APEC 외교장관 회의에 참석하려 방한한 첸치천이 노태우 대통령을 만나 수교를 제의했다는 것이다. 그러나 이는 사실과 다르다. 서진영 고려대 명예교수의 저서 등 국내 연구서에도 "중국은 한국이 먼저 수교 협상을 제안할 때를 기다려 수교 협상을 본격화하는 외교적 수순을 밟았다.…노태우 대통령이 첸치천 부장을 청와대로 초청하여 접견한 자리에서 먼저 한중 수교를 제의했다는 것이다."라고 설명하고 있고, 무엇보다 첸치천 본인이 저서에서 노태우 대통령이 먼저 제의한 것으로 기록하고 있다. 서진영, 『21세기 중국외교정책』 (서울: 폴리테이아, 2006), p. 380; 錢其琛, 『外交十記』(北京: 世界知識出版社, 2003), pp. 144-149.

서 중대한 의미를 지녔다.

우선 1991년 APEC에 새로 가입하게 된 구성원은 비단 중국만이 아니었다. 타이완과 홍콩이 포함되었고, 이에 중국은 가입 시의 국가 명칭과 지위에 대한 문제를 제기했다. 특히 문제가 된 것은 타이완이었다. 중화인민공화국 수립 이후 중국은 국제사회에서 일관적으로 '하나의 중국' 원칙을 내세워 왔다. 즉 중국대륙과 타이완 모두 '하나의 중국'이며 이 '하나의 중국'을 대표하는 유일한 합법정부가 중화인민공화국 정부이고, 타이완은 그 일부인 지방정부라는 것이다. 중국은 유엔을 비롯한 각종 국제기구의 의석과 대표권 문제, 그리고 각국과의 외교관계 수립에 있어 이 원칙을 가장 우선시했고, APEC에 대해서도 마찬가지였다. 중국은 '하나의 중국'을 전제로 '중화인민공화국'이 주권국가의 지위로 가입하고, 홍콩과 타이완은 '지역경제체'로 가입해야 하며 타이완은 '중국 타이완(Taiwan, China)'을 회원 명칭으로 사용해야 한다고 요구했다. 타이완은 이에 반발했다. 중국, 홍콩, 타이완의 가입 협상이 난항에 부딪치자 결국 주최국인 한국이 나섰다. 1991년 10월 2일 APEC 사무총장 이시영(한국 외무부 차관보)과 중국 외교부 국제사장(外交部國際司長) 친화쑨(秦華孫)은 뉴욕에서 중국, 홍콩, 타이완의 APEC 동시 가입 양해각서를 체결했으며, 여기에는 타이완이 '중국 타이베이(Chinese Taipei)'의 명칭을 사용해야 하며 외교부장관 또는 차관은 참석하지 못하고 경제부처장관만 회의에 참석할 수 있다는 조항이 포함되었다.[4] 타이완도 동의하지 않을 수 없었고, APEC 제3차 각료회의에 참석하는 15개국 정부 대표단은 1991년 11월 11일 오후 3시 서울 신라호텔에서 고위급 실무회의를 갖고, 12일 개막될 본회의에서 다룰 의제 및 서울선언의 문안

---

4) 錢其琛(2003), pp. 142-143.

내용 등에 관해 협의했다. 이날 실무회담은 중국, 타이완, 홍콩 등의 정회원 가입을 만장일치로 의결했다.

그리고 이러한 과정에 한중수교를 염두에 둔 한국의 적극적인 노력이 투영되었다는 점이다. APEC 제3차 각료회의에 참석하는 각국 정부 대표단이 신라호텔에서 고위급 실무회의를 갖기 직전인 11월 11일 오전 이시영은 친화쑨을 만나 APEC이 한중 간 경제협력 및 수교 등 양국 관계 정상화에 디딤돌이 되길 희망한다는 한국 정부의 의사를 전달했다.[5] 한국은 중국의 APEC 가입을 계기로 중국과의 수교를 공식화하기 시작한 것이다. 중국 외교부장의 공식 방한도 사상 처음이었을 뿐더러 중국 외교부장의 한국 대통령 단독 면담은 더욱 파격이었다. 첸치천의 회고에 따르면, 당시 한국은 사실상 중국의 요구를 적극 수용하며 타이완을 설득하고 압박했다. 타이완이 중국의 APEC 가입 선결 조건이었던 국가 명칭 사용안을 받아들이지 않자 한국은 그럼 중국과 홍콩을 먼저 가입시키겠다고 타이완 측에 최후통첩조로 통보했었고, 심지어 한국은 주한 타이완대사가 어떤 형태로든 제3차 APEC 각료회의에 참석하지 못하도록 한다는데 중국과 사전 합의하고 그 약속을 지켰다는 것이다. 타이완은 결국 APEC에서 '중국 타이베이'라는 명칭을 쓰게 되었다.[6] 한국은 APEC의 이름을 빌려 '중화인민공화국'을 중국 대표로 공식 인정한 셈이 되었고, 이후 한국과 중국의 수교협상은 상술한 바와 같이 순식간에 진행되었다.

타이완 측은 당연히 APEC 제3차 각료회의를 계기로 표출된 한국의 태도에서 한국과 중국의 급속한 접근을 눈치 채지 않을 수 없었다. 그럼에도 한국은 타이완에 한중수교 계획을 마지막 순간까지

---

5) 『조선일보』, 1991년 11월 12일, 1면
6) 錢其琛(2003), pp. 143-144.

비밀로 했고, 한중수교가 목전에 다가왔음을 예견한 타이완은 한중수교 이틀 전인 1992년 8월 22일 먼저 한국에 단교를 선언했다.

중국은 한중수교 발표 직전인 7월 중순 첸치천 외교부장을 평양에 파견해 한중수교 준비 사실을 알리고 김일성의 양해를 구했다. 첸치천은 회고록에서 자신과 김일성의 만남이 역대 중국대표단과 김일성이 만난 가운데 최단시간이었을 것이라고 기록했다.[7)]

마침내 1992년 8월 24일 오전 9시(현지시간) 베이징의 댜오위타이(釣魚臺) 국빈관에서 〈수교의정서〉가 체결되었다. 이로써 6·25 전쟁 이래로 줄곧 적대적이고 불편했던 양국 관계는 새롭게 출발했다.

2. 한중수교의 배경

한반도와 중국대륙은 역사적으로 밀접한 유대관계를 유지해 왔다. 그러나 1949년 중화인민공화국의 수립과 국민당 장제스 정부의 타이완으로의 패퇴, 그리고 뒤이은 중국인민해방군의 6·25전쟁 개입에 따라 한국은 중국대륙과 냉전 시기 40여 년 동안 철저히 단절되었다. 냉전 시기의 한국에게 '중국'은 오로지 타이완의 국민당 정부, 즉 중화민국을 의미했다. 그런데 1978년 중국이 개혁개방을 선언하고, 동년 12월 미국과 수교하면서 한국을 둘러싼 동아시아 지역질서의 일대 변화가 시작되었다. 이를 배경으로 한중관계도 변화하기 시작했다.

한중관계의 변화는 1970년대 말 경제 분야에서부터 간접교역의 형식으로 시작되었고, 1980년대 들어 중국의 개혁개방 바람을 타

7) *ibid.*, pp. 157-160.

고 양국 간 경제교류는 더욱 활성화 되었다. 그럼에도 불구하고 정치적으로 한국과 중국은 여전히 적대적인 관계였다. 양국 간 관계 변화의 전환점은 1983년 5월 5일 발생한 중국민항기 불시착 사건이었다. 중국 선양(瀋陽)에서 출발한 중국민항 여객기가 중국 국적의 납치범들에 의해 피랍되어 외교관계가 없었던 한국의 춘천 미군기지(Camp Page)에 불시착했던 것이다. 이 문제의 해결을 위해서 중국 정부 대표단이 한국을 방문하여 승객·승무원 및 범인과 비행기의 인도 문제를 협상함으로써 쌍방의 공식 접촉이 이루어지게 되었다.[8)]

1985년 3월에는 중국해군 소속의 어뢰정에서 선상 반란이 일어나 주동자들이 어뢰정을 납치, 한국 영해를 침범하는 사건이 발생했다. 한국 정부가 신속하게 선원과 사상자 및 범인 등을 중국 정부에 인도함으로써 사건이 마무리되었다. 또 1985년 9월에는 한국은행이 최초로 중국에 대한 투자를 공식 허가하였다. 1986년 서울아시안게임과 1988년 서울올림픽, 1990년의 베이징아시안게임에 양국은 각기 대규모 선수단을 파견하여 체육교류를 통한 민간교류의 활성화가 시작되었고, 1988년 8월에는 중국민항기가 한국의 비행정보구역을 통과할 수 있도록 합의가 이루어졌다. 이러한 과정을 거치며 1980년대 중국은 북한과의 외교적 관계를 고려하여 철저한 정경분리(政經分離)의 원칙을 고수하면서도 민간교류의 확대를 허용해 1984년 3월에는 중국 거주 동포(조선족)의 모국 방문과

8) 중국은 한국과의 협상을 위해 중국민용항공총국(中國民用航空總局) 총국장 션투(沈圖, Shen Tu) 일행을 한국에 파견하였고, 한국은 외무부 제1차관보 공로명을 수석대표로 임명해 중국 대표단과 회담을 진행했다. 이것이 1949년 중화인민공화국 수립 이래 양국 간에 이루어진 최초의 정부 간 공식 접촉이었다. 이를 통해 양국은 사상 처음으로 '대한민국'과 '중화인민공화국'이라는 공식 국호를 명기한 외교합의문서를 교환하였다. 『동아일보』, 1983년 5월 10일, 1-3면 참조.

한국인의 중국 친지 방문이 가능해졌다.

1990년대 들어 한국 노태우 정부의 북방외교정책과 맞물려 양국 관계는 급속하게 발전하게 되었다. 앞서 언급했듯이 1990년 말과 1991년 초에 서울과 베이징에 각기 무역대표사무소가 개설되었고, 1991년 1·2차 한중 외교장관 회담에 이어 1992년에는 양국 무역협정이 체결되었으며, 결국 1992년 8월 24일 정식으로 대사급 외교관계를 수립하게 되었다. 이로써 오랜 단절의 시기를 경험했던 한중관계는 공식적으로 복원되었으며, 이후 지금까지 25년에 걸친 양국 관계는 역사상 가장 빠른 진전을 이룬 상호 관계의 사례로 평가되고 있다.

3. 한중관계의 발전 현황

양국 관계 가운데 가장 괄목할만한 발전 추세를 보여 온 분야는 단연 경제통상이다. 수교 이전에도 민간 간접교역의 형식으로 한중관계의 발전을 선도했던 경제통상 분야는 수교 이후에도 계속해서 양국 관계 발전의 원동력이 되어 왔다.

한국무역협회 자료에 따르면, 1992년 수교 당시 63.7억 달러에 불과했던 양국 간 교역액이 2010년에는 1,884억 달러로 무려 약 30여 배에 달하는 성장치를 나타냈다. KOTRA가 집계한 2014년의 양국 간 총 교역액은 2,353.7억 달러(수출 1,452.9억 달러/수입 900.8억 달러)였다.[9] 2003년 이후 중국은 미국을 제치고 현재 한

9) 2015~2016년에는 감소세가 이어지고 있는데 특히 2016년에는 1,528.8억 달러(수출 896.7억 달러/수입 632.1억 달러)로 대폭 감소했다. KOTRA, http://news.kotra.or.kr/user/nationInfo/kotranews/14/userNationBasicView.do?nationIdx=53 (검색일: 2017.05.01).

국의 최대 수출대상국이 되었으며 2004년 이후부터는 최대의 교역 대상국이 되었다.

양국 간의 인적교류 역시 수교 당시의 13만 명에서 2015년 1,059만 명으로 약 80배 증가했다. 그 가운데 한국 내 중국 유학생이 2014년 기준으로 약 5만 명, 중국 내 한국 유학생이 6만 3천여 명으로 양국의 외국인 유학생 중 가장 큰 비중을 차지했다.[10)]

양국의 교류 가운데 특히 주목할 만한 것은 정치 및 국방안보관계의 진전이다. 경제통상 및 인적 교류 등의 발전에도 불구하고 북중관계 및 한미관계의 특수성을 배경으로 하는 한중 간의 정치 및 국방안보관계는 수교 이래 줄곧 약세로 지적되어 왔다. 하지만 이 분야에서도 양적인 측면에서는 상당한 수준의 관계 진전이 이루어졌다고 볼 수 있다. 수교 이후 2015년 11월까지 39차례에 걸친 양국 정상회담이 진행되었고, 총리급(준정상급) 회동은 같은 기간 동안 36차례가 이루어졌다. 더욱이 그동안 관계의 진전이 가장 더딘 것으로 평가받아 왔던 국방안보분야의 교류도 변화를 나타냈다. 국방장관의 상호 방문 등 국방 분야의 고위급 방문 및 상호 연락체계가 강화된 것은 그동안 중국이 친북 일변도의 군사외교를 전개해 왔던 점에 비추어 보면 상당히 고무적인 현상이 아닐 수 없었다. 1993년 12월 30일 주중 한국대사관에 무관부가 설치되고 1994년 4월 1일 주한 중국대사관 무관부가 설치된 이래 국방장관의 상호 방문 등 고위급 군사교류 뿐만 아니라 한국해군함정의 상하이 기항(2001년 10월)과 중국해군함정의 인천 기항(2002년 5월) 등 양국 군함의 상호 방문도 이루어졌다. 2012년 7월 31일에는

---

10) 주중 대한민국대사관, http://chn.mofa.go.kr/korean/as/chn/policy/relation/index.jsp (검색일: 2017.05.01).

양국 국방부가 중국 베이징에서 '한중 국방전략대화'를 개최해 국방 핫라인을 구축하는 데 합의하고 군 유학생을 상호 파견하기로 합의했다. 2016년 6월까지 모두 53차례에 걸친 양국군 고위급 지휘부의 상호 방문, 민간국방교류(한국군 퇴역장성 모임인 성우회와 중국국제전략학회 간), 함정·공군기의 상호 방문 등 군사교류가 진행되었다.[11] 한국과 중국이 6·25전쟁 당시의 교전당사자였고, 또 서로가 북중관계와 한미관계를 의식하지 않을 수 없는 입장임을 고려해 보면 이러한 국방안보분야의 교류는 양국 관계의 진전을 상징하는 매우 중요한 사례라고 할 수 있다.

또한 2008년 양국 정상의 상호 방문을 통해 합의한 '전략적 협력동반자관계'의 수립은 양국 간 정치적 관계 강화의 상징이라고 볼 수 있다. 이를 계기로 양국 관계는 양적인 측면뿐만 아니라 질적인 측면에서도 꾸준한 발전을 추구해 왔다. 이후 2013년 6월 박근혜 대통령의 방중을 계기로 양국은 '한중 미래비전 공동성명'을 채택했다. 정치·안보 분야에서 포괄적·다층적 전략 소통 체제 구축, 경제협력 기반 제도화 및 협력 범위의 확대, 인적 교류 및 인문유대 강화의 적극 추진 등 전략적 협력동반자관계의 내실화를 추진하기로 한 것이다. 이어 2014년 7월에는 시진핑 주석의 방한을 계기로 '한중 공동성명'을 채택하여 양국 간 협력 성과를 평가하고 양국 관계를 내실화하기 위한 보다 구체적인 방안을 마련해 나가기로 합의했다. 이러한 과정을 통해 수교 이후 계속 지적되어 오던 경제분야와 정치 및 국방안보분야 교류의 비대칭 현상도 어느 정도 균형점을 찾고 양국 간 정치 및 국방안보분야의 협력도 전향적으로 발전해 나가는 것으로 보였다.

11) 『통일신문』, 2012년 8월 6일, 3면; 주중 대한민국 대사관, http://chn.mofa.go.kr/korean/as/chn/policy/relation/poli/index.jsp (검색일: 2017.05.20).

4. 한중 전략적 동반자관계 구축의 함의

한중관계는 1992년 수교 당시의 '선린우호협력관계'로 출발하여 2008년의 '전략적 협력동반자관계' 수립에 이르기까지 단순한 우호협력관계에서 동반자관계로, 비전략적 동반자관계에서 전략적인 동반자관계로 변화해 왔다고 볼 수 있다.

1992년 8월 24일 양국은 수교협정에 사인하며 '선린우호협력관계'의 수립에 합의했다. 그러나 전술한대로 수교 초기 양국은 대체로 경제 분야에서의 상호이익을 위한 기반 조성에는 순조로운 진전을 보여주었으나 정치 및 국방안보분야에서는 이데올로기의 차이가 분명했고, 대북 정책에 대해서 이해가 엇갈렸다.

1998년 11월 11일, 장쩌민 당시 중국 국가주석의 초청으로 김대중 대통령이 중국을 국빈 방문하였고, 이튿날 양국 정상은 '21세기를 향한 협력동반자관계'를 구축하자는데 합의함으로써 양국 관계의 동반자 시대가 시작되었다.

2000년 10월 중국 주룽지(朱鎔基) 총리의 방한 시 양국은 '전면적 협력의 新단계 구축'에 합의했다. 여기에는 국방안보분야의 협력 사항들이 포함되었고, 2001년 10월과 2002년 5월 양국의 상호 군사교류 행사로 한국 군함의 상하이 기항과 중국 군함의 인천 기항이 이루어진 것도 그 결과였다. 그러나 2000년대는 또한 양국 경제교류 확대의 부작용이라 할 수 있는 무역적자 및 마늘파동 같은 통상 갈등이 표면화되기 시작했다. 2002년 초부터 국제화되기 시작한 중국의 북한 편향적인 탈북자 처리 문제, 2004년 불거진 중국의 고대사 왜곡 문제 등도 양국 관계에 부정적인 영향을 미쳤다.

후진타오 주석의 초청으로 노무현 대통령은 2003년 7월 7일부터 10일까지 중국을 국빈 방문했고, 이를 계기로 양국은 '전면적 협력동반자관계'의 구축을 선언했다. 한국은 당시 '전면적 협력동반자관계'란 '공동이익' 창출을 통한 호혜적 협력관계의 확대를 의미하며, 정책 협력의 강화를 비롯해 양국 간 협력의 범위를 동북아 지역 및 국제무대로 확대한다는 것으로서 정치·경제·사회·문화 등 각 분야에서의 포괄적 협력관계 진입은 물론이고 동북아 정세 및 각종 주요 국제문제 등에서 긴밀히 협의하고 협조하겠다는 함의를 지닌 것으로 해석했다.[12)]

2008년 5월 이명박 대통령의 방중을 계기로 양국 정상은 양국관계를 '전략적 협력동반자관계'로 설정하자는데 합의했다. 이어 2008년 8월 후진타오 중국 국가주석의 방한 시 양국 정상은 '전략적 협력동반자관계'를 구체화하는 내용의 공동성명을 발표했다. 이 같은 '전략적 협력동반자관계'는 경제·통상·정치·안보 등에 밀접한 영향을 주고받는 '전면적 협력동반자관계'에 비해 더욱 밀접하고 고도화된 관계의 격상으로 평가되었다. 하지만 본서의 제4장에서도 지적했듯이 이러한 수식어의 변화에 큰 의미를 부여하지 않는 경우도 있다.

다만 중국이 외국과의 관계를 설정하는데 있어 '비전략적 관계'와 '전략적 관계'를 비교적 명확하게 구분한다는 점에 비추어 보면, 전략적 관계의 설정을 통해 한중 양국은 정치·외교·안보·경제·문화 등 다양한 영역에서 고위급·실무급 대화와 교류를 진행하고, 이를 통해 양자 간의 현안을 넘어서 지역과 글로벌 차원의 이슈들에 대해서까지 다자적이고 중장기적으로 논의하고 협력하는 상대로 서로를 인정하기 시작했던 것으로 볼 수 있다.[13)]

---

12) 외교통상부, 『노무현 대통령 중국 국빈방문 결과』(2003), pp. 9-14 참조.
13) 이태환, "한중 전략적 협력 동반자관계," 『세종정책연구』, 제6권 2호 (2010), p. 128 참조.

5. 수교 25년, 한중관계 발전의 도전과 과제

이렇듯 수교 이래의 양국 관계는 경제적인 영역에서 정치 및 국방안보의 영역에 이르기까지 비약적으로 발전해 왔다. 양국이 합의한 전략적 협력동반자관계의 발전은 양국 간 협력의 범위가 양자 문제에서 지역적·글로벌 차원으로 확대되고, 경제·사회·문화·정치·안보 등 전 분야에 걸쳐 협력이 강화된다는 의미를 갖고 있다. 그런데 여기서 중요하게 생각해 볼만한 문제가 있다. 양국 간 협력관계가 확대되고 강화될수록 그에 비례해 상호의존성도 심화되고, 더군다나 양국의 상호의존관계는 상당히 비대칭적이라는 점이다.

상호의존적인 국가 간 관계에서는 상호 관계가 단절될 경우 양국 모두 비용(대가)을 지불해야 하는 경우가 많다. 하지만 그 비용이 양국에게 모두 동일한 것은 아니다. 대안의 유무와 효과에 따라 어느 한편이 상대적으로 우월한 위치를 점할 수 있으며, 이는 주로 상대국에 대한 의존성의 정도에 따라 결정된다. 우선, 이 같은 상황은 한중 양국의 경제무역관계에서 두드러진다. 전술한 것처럼 중국은 이미 한국의 제1위 교역대상국, 무역흑자국이다. 이에 못지않게 한국도 중국의 중요 교역상대국이다. 최근 몇 년 사이 한국의 대 중국 무역수지 흑자폭은 감소하는 추세지만 그래도 1993년 이래 한국은 대 중국 무역흑자를 지속하고 있다.[14] 그런데 문제는 한국경제의 수출의존도가 절대적이며, 그 가운데 특히 한국의 대 중국 교역의존도가 중국의 대 한국 교역의존도에 비해 크다는 점이다. 2016년 한국의 전체 대외 교역에서 차지하는 대 중

14) KOTRA 홈페이지.

국 수출의 비중은 25.1%(124,433백만 달러)로 1위였다. 2위인 대미수출의 2배가량 되는 수치였다. 대 중국 수입의존도는 이에 조금 못 미치지만 21.4%(86,980백만 달러)로 역시 1위였다. 대중 교역 흑자도 1위였다.[15] 반면 중국의 대외 교역에서 한국이 차지하는 비중은 현저하게 적다. 2016년 중국 교역의 대 한국 수출 비중은 95,747백만 달러로 4.5%(4위)였고, 대 한국 수입은 158,762백만 달러로 10.4%(1위)였다. 그러나 순위와는 별개로 이는 중국 전체 대외교역액의 7%(4위)를 차지하는 적은 비중이다.[16]

이렇게 간단한 통계만 가지고 보더라도 한국이 중국경제에 영향력을 미칠 가능성은 크게 기대할 수 없지만, 그 반대의 경우는 대단히 우려스러운 결과가 예측된다. 특히 최근처럼 사드 배치 문제로 인한 중국의 불만이 경제통상분야로 표출되어 한국경제가 휘청거리는 상황을 보면 한국의 대 중국 경제의존이 매력적인 것만은 아니라 하겠다. 양국 간의 경제적 상호의존관계가 한국이 크게 불리한 비대칭 구조이기 때문이다.

한편, 정치 및 국방안보분야는 경제에 비해 관계의 진전이 더딘 분야로 평가되어 왔지만, 표면적으로는 그만큼 경제통상분야에 비해 한국에 덜 불리한 상호의존관계로 볼 수도 있다. 북한이라고 하는 위협 요인이 상존하고 있고, 그러한 북한과 중국의 밀접하고 특수한 관계가 있긴 해도 그러한 요인이 한중관계에 불리하게 작용할 가능성은 한중 정치안보관계의 진전에 따라 희석되어 왔기 때문이다. 더구나 한국으로서는 한미동맹이라는 대안을 가지고 있다. 하지만, 정상외교의 활성화와 군사교류협력의 확대 등 양국 관

---

15) 한국무역협회 통계자료 참조, http://stat.kita.net/stat/world/major/KoreaStats06.screen (검색일: 2017.05.30).
16) 한국무역협회 통계자료 참조, http://stat.kita.net/stat/world/major/KoreaStats14.screen (검색일: 2017.05.30).

계의 가시적 발전에도 불구하고 양국 사이의 정치 및 국방안보관계에는 분명한 평행선이 존재하는 것을 부인하기 어렵다. 지난 2010년 발생한 천안함 사건 이후 중국이 보여준 태도는 이를 뒷받침해 준다.

천안함 사건 발생 이후 미국은 적극적인 한미 공조를 강조하며 한국에 대한 즉각적인 지원 의지를 표명했으나 중국은 한미 양국의 대응, 특히 미국의 강력한 지원 의지에 대해 대단히 민감한 반응을 나타냈다. 중국이 처음부터 민감한 태도를 나타낸 것은 아니었으나 미국이 공개적이고 적극적인 지지 표명으로 북한을 압박하면서부터 중국은 돌변하기 시작했다. 결정적으로 2010년 6월 초 한미합동군사훈련을 위해 미국의 항모가 서해상에 진입한다는 계획을 발표하자마자 민감하고 비판적인 태도를 나타내기 시작했다.

중국은 천안함 사건에 대한 한미 양국의 대응이 단순한 대북 견제 차원이 아니라 '서해'라는 중국의 핵심이익지대에 대한 미국의 군사적 도발로 인식하는 듯 했다. 2009~2010년 사이 중국을 향해 도발적으로 제기되던 아시아 재균형 정책의 지전략적 차원에서 천안함 사건을 기회로 미국이 대 중국 견제를 확대하려는 의도로 인식했기 때문일 것이다.

중국의 입장에서 볼 때 한반도는 중국의 과거, 현재, 그리고 미래에 중요한 의미를 갖고 있는데, 특히 지정학적 요인 및 역사적 고려에서 그러하다. 지리적으로 한반도는 중국의 수도 베이징에 근접해 있고, 동북 3성과 접경해 있으며, 해양세력(미국)과 대륙세력(중국)의 국익이 상충되는 중간에 위치한 전략적 요충지이다. 따라서 중국은 전통적으로 중화세계의 일부분이었던 한반도를 자신의 세력권으로 간주, 자국의 영향력 유지 내지는 최소한 한반도에서 다른 강대국의 독점적 지위를 억제하기 위해 노력하고 있다.[17]

이러한 점에서 천안함 사건을 둘러싸고 나타난 중국의 대응자세는 동북아시아에서의 중미 간 전략적 갈등이 첨예하게 표출되었던 중요한 사례로서 한중관계에 대해 시사하는 바가 크다.[18] 천안함 사건은 한중관계에 대해 북한 변수와 미국 변수가 공히 부정적인 영향을 미칠 수 있음을 보여주었던 사례인 것이다. 중국이 인식하는 한미동맹의 강화는 한국이 미국의 글로벌 전략, 즉 오바마 행정부의 아시아 재균형 전략 같은 동아시아 지역에서의 대 중국 견제 네트워크에 더욱 밀착된다는 의미다. 중국은 무엇보다도 한미동맹이 강화됨으로써 지역 안보질서에서 중국의 역할이 제약받는

17) 김태호, "한·중관계 20년의 회고와 향후 발전을 위한 제언: 求同存異에서 異中求同으로", 한국정치학회 한·중수교 20주년 기념 국제학술회의 발표논문집(베이징, 2012. 7. 26), pp. 14-15.

18) 천안함 사건의 처리과정에서, 한국에 대한 미국의 적극적인 지지는 아시아에서의 미국의 리더십을 확보하겠다는 오바마 정부의 전략 목표를 배경으로 했다. 그 주요 방법은 미국의 전통적인 동맹국 및 우방국들과의 군사안보관계 강화였으며, 한미동맹은 바로 미국의 아시아 전략의 중축(axis)으로서, 동맹국 한국에 대한 강력한 안전보장 지원 의지의 표현은 미국의 또 다른 아시아 동맹국들과 우방국들에 대한 리더십 확보 차원의 선언적 의미였다고 할 수 있다. 이에 대해 중국으로서는 천안함 사건을 기회로 동아시아에서 미국이 동맹 및 우방국들과의 군사협력관계 강화를 통해 중국을 견제하려 한다고 간주했던 것이다. 2010년 6월 6일 중국외교부 대변인 친깡(秦剛)이 "현재 상황에서는 각 측이 냉정을 유지하고 지역내 긴장을 확대하지 말아야 한다…. 최근 중국인민해방군 부총참모장 마샤오티엔(馬曉天)이 서해상에서의 한미합동군사훈련에 반대한다고 발언한 것에 주목하고 있다."고 밝혔던 것이나 중국의 주요 언론매체들이 한미 연합훈련을 특집으로 다루며 한국과 미국의 행동이 동북아 지역의 긴장을 가중시키고 나아가 북한을 넘어 중국을 겨냥하고 있다고 주장했던 것도 그러한 인식에서였다. 중국이 볼 때 미국과 기본적인 전략적 이익과 가치를 공유하고 있는 한국은 불편한 상대이며, 중국으로서는 중국과 미국, 그리고 미국의 동맹국들 사이에서 완충 역할을 하는 북한이 붕괴되는 것보다는 차라리 핵을 가진 북한이 더 나은 선택일 수 있다. 이러한 측면에서 볼 때 현 북핵문제의 해결과 한반도 평화체제의 구축이 어려운 것이 현실이며, 한중관계의 미래 역시 상당한 기간 동안 갈등적 요소를 끌어안고 갈 가능성이 크다. 이와 관련해서는 제6장에서 다시 다루겠다.

것을 원하지 않고 있다.[19]

천안함 사건 때보다 더욱 심각한 것은 바로 2016년 7월 한국의 사드 배치 선언 이후 나타난 한중 갈등이다.

북한은 2016년 1월 6일 4차 핵실험을 실시했고, 이어 2월 7일 광명성 4호를 발사했다. 9월 9일에는 5차 핵실험을 실시했다. 계속되는 북한의 핵실험과 미사일 발사 도발에 대응하기 위해 2016년 7월 8일 한국과 미국은 그동안 논란에만 머물러 왔던 사드 포대의 한반도 배치를 공식 발표했다. 이에 2016년 초부터 사드 배치 가능성에 우려를 표명하며 반대해 왔던 중국은 외교적, 군사적 대응 공언에 이어 공공연하게 중국 진출 한국기업이나 한국산 상품 수입/통관 제재, 관광객 송출 제한 등의 경제적 방법으로(중국 정부는 부인하지만) 한국을 압박하기 시작했다. 이로 인한 양국 간의 갈등은 정부 차원뿐만 아니라 민간 차원의 정서적 갈등 경향마저 나타내는 심각성을 띠고 있다. 무엇보다 주목할 만한 것은 중국이 한국에게 한미동맹과 한중 동반자관계 중 하나를 선택하라는 듯한 의도를 드러내고 있다는 점이다.

<표 5> 사드 관련 중국의 주요 압박 표현

일시	내용
2015년 5월 31일	쑨젠궈(孫建國) 중국군 부총참모장 "사드 배치 우려"
2016년 2월 11일	왕이 외교부장 독일 뮌헨 안보회의에서 윤병세 외교장관에게 사드 배치 논의 불만 표출
2016년 2월 15일	중국 외교부 "사드 배치 결연한 반대"

19) 이태환(2010), pp. 139-140 참조.

2016년 2월 23일	추궈홍(邱國洪) 주한 중국대사 "사드 배치 한중관계 파괴"
2016년 3월 2일	류제이(劉結一) 주유엔 중국대사 "사드 한반도 배치 반대"
2016년 3월 31일	시진핑 주석 "사드 배치 단호히 반대"
2016년 12월 16일	항모 랴오닝호 포함 중국해군 서해 실탄 훈련
2017년 1월 4일	중국 외교부 "소국의 대국 대항 불가" 발언
2017년 3월 2일	뤄위안 군사과학원 국가고급학술위원회 위원의 환구시보(環球時報) 기고문 "외과수술식 사드 포대 타격"

천안함 사건과 사드 배치 문제에서 빚어진 한중 간의 갈등은 한국이 안보에 필수적인 한미동맹을 유지하면서 동시에 중국과의 전략적 협력동반자관계를 어떻게 발전시켜 나갈 것인지 하는 과제를 제기하고 있다.

한국으로서는 한국의 경제와 안보에 큰 영향력을 행사할 수 있는 중국에 대한 의존성을 어떻게 관리해 나아가야 할 것인지를 심각하게 연구해야 한다. 그리고 전략적 협력동반자관계의 발전 방향도 그 틀 안에서 고민해야 한다. 수교 이후 급속히 발전해 온 한중관계는 전략적 동반자관계의 발전으로 상징될 수 있다. 하지만 이것이 곧 양국이 전략적 인식과 목표를 공유하게 되었다는 것을 의미하지는 않는다. 양국 관계의 발전은 한반도를 둘러싼 국제 정세의 변화와 양국의 실리적 국가이익 고려의 결과였다. 국제사회에서의 중국의 정치적·경제적 부상, 그리고 북핵 위기로 대변되는 지금의 한반도 안보환경은 양국의 실리적이고 전략적인 협력을 더욱 필요로 하고 있다.

전략적 협력의 내용은 국제환경 및 국가이익에 대한 양국의 평가와 인식, 그리고 이를 바탕으로 수립된 국가전략이 어떻게 상호작용하느냐에 따라 질적으로 큰 차이를 보일 수 있다는 점이 한중관계의 갈등에서 드러났다. 비록 양국이 전략적 협력동반자관계를 수립하고는 있으나 그 '전략적'이란 의미는 양국에게 서로 다른 비중으로 작용하고 있으며, 이는 앞으로도 한국의 딜레마로 작용할 가능성이 크다.

한국의 관점에서 볼 때 중국은 북한을 제어할 수 있는 사실상의 유일한 국가이다. 물론 중국은 타국의 주권불가침과 내정불간섭 등의 외교적 원칙을 이유로, 또 북한이 이제는 중국의 말도 잘 듣지 않는다며 부인하지만, 북한이 대외무역과 원유수급을 중국에 절대적으로 의존하는 한 중국의 대북 영향력은 여전히 유효해 보인다. 그런 면에서 북핵 및 미사일 문제의 해결을 위한 자구책이 여의치 않은 한국이 한미동맹을 제외하고 기대할 수 있는 것이 중국을 통한 대북 압박이라는 점은 분명하다.

이는 미국도 마찬가지라고 생각된다. 유엔을 통한 대북제재도 별 효과를 발휘하지 못하고 있는 상황에서 미국도 북한에 대한 전략이 궁색하기는 마찬가지인 듯하다. 트럼프(Donald Trump) 대통령이 취임 이후 계속 중국에게 대북 제재 동참과 압박의 수위를 높여줄 것을 요구하고 있는 것도 어떻게 보면 미국의 딜레마를 나타내고 있는 것이라 할 수 있지 않을까? 그러나 중국은 한국과 미국이 기대하는 대로 움직여주지 않고 있다. 중국은 북한의 핵과 미사일 개발 문제에는 미온적이지만 사드에 대한 입장은 "중국의 안보이익을 심각하게 위협한다."며 한국에 대한 압박을 고수하고 있다.

한국의 입장에서 가장 어려운 것은 한반도의 현재와 미래를 둘러싼 중국과의 관계에 있어 한국이 주도적으로 꺼내 놓을 만한 카드가 별로 없다는 점이다. 경제적으로도, 안보적으로도 많은 부분을 중국에게 의지할 수밖에 없는 현실은 보다 심각한 북한발 위기가 예견되는 한국의 미래에 더욱 큰 도전을 제기할 것이다.

수교 25주년을 맞이한 현 시점에서 뒤돌아 본 양국 간 상호 교류와 협력의 확대는 역설적이게도 한국의 대 중국 의존도 증가를 의미한다. 현재 한국 경제와 안보의 심각한 중국 의존도는 양국 관계 전반에 걸쳐 중국에 대한 한국의 발언권을 약화시키는 중요한 요인이 되고 있다. 그러므로 이제는 양국 간의 경제적 교류와 협력이 확대되고, 한국의 대 중국 수출과 투자가 증가하고 있다고 막연히 기뻐할 상황이 아니라 앞으로 대 중국 의존도 문제를 어떻게 해소할 것인가에 대한 장기적인 고민이 필요한 시점이다.

동시에 정치·안보적인 차원에서, 중국은 한반도의 안정을 통한 동북아의 평화 유지를 강조하고 있으나 또 한편으로 한반도에 대한 자국의 영향력 유지를 원하고 있다는 점도 직시해야 한다. 이를 위한 가장 일차적인 요소가 북한인 것이며, 따라서 중국이 지금까지 견지해 온 한반도 정책은 앞으로도 크게 변하지 않을 것으로 보인다. 물론 중국도 한반도의 미래가 북한의 주도적 역할로 인해 변화할 것이라고 생각하지는 않는 것 같다. 하지만 중국이 볼 때 한반도 정세 변화에 있어 가장 우려되는 사안은 미국의 영향력 확대 가능성이다. 북한의 계속되는 핵과 미사일 실험으로 인해 6자회담의 틀 속에서 한반도 비핵화를 목표로 하던 중국의 정책은 교착상태에 빠지고 말았다. 그런 가운데 북한은 한반도의 안보상황을 더욱 악화시켜 왔고, 이에 대해 미국은 한미 군사동맹의 강화를 표방하며 한반도에 대한 영향력을 확대하려는 경향을 보이고 있다.

이 같은 상황은 동북아의 세력균형 유지를 원하는 중국의 입장에서 볼 때 절대 받아들이기 어려울 것이다. 중국은 한반도의 안정과 핵확산 방지를 원하고 있지만 동시에 동북아의 세력균형이 미국에게 유리한 방향으로 전개될 가능성을 가장 경계하고 있기 때문이다.

한반도 위기의 해결과 평화 정착 과정에서 한국은 한미관계와 한중관계의 강화라는 이중적인 과제를 안고 갈 수밖에 없는 형편이다. 그러나 중국이 비판하고 압박한다고 해서 한미동맹을 포기할 수는 없으며, 그렇다고 해서 중국과의 관계를 갈등적 또는 적대적으로 가져갈 수도 없다. 북한 요인이 존재하는 한 한반도 위기의 해결과 평화 정착을 위한 중국의 역할은 앞으로도 계속해서 요구될 것이다.

따라서 한반도 문제 해결을 위한 중국의 건설적인 역할을 이끌어내기 위해서는 중국의 대 한반도 전략의 속내와 방향을 미리 예측하고 이에 대한 대응책을 마련하는 것이 무엇보다 중요하다. 분명한 것은 북한으로부터의 안보적 위협이 여전하고 중국의 북한 포기가 불투명한 현실에서 한국은 중국의 대북정책이 쉽게 변화하지 않을 것이라는 전제 하에서 중국에 접근해야 하며, 동시에 한국의 핵심적 안보이익을 위한 한미동맹의 정당성과 필요성에 대해서도 분명한 원칙과 입장을 제시하고 견지해야 할 것이다.

제6장 중미관계*

21세기의 중국과 미국은 동아시아 지역 패권의 주도권을 추구하며 끊임없이 협력과 경쟁, 갈등을 반복하고 있다. 물론 지금까지 양국은 극단적인 충돌을 서로 회피하려 노력하고 있어 가까운 장래에 전면 충돌할 가능성은 크지 않아 보이지만, 그럼에도 불구하고 상호간 전략적 이해관계의 차이는 매우 뚜렷해 보인다.[1] 오바마 정부 이래로 미국은 아시아로의 회귀를 선언하고 아시아의 동맹국 및 우방국들과의 관계를 강화하며 중국을 견제하려 들었고, 후진타오와 시진핑 집권기의 중국은 주변 지역에서의 '핵심이익'을 강조하며 강대국으로서의 이익과 역할 보장을 원하고 있다. 이러한 양상은 양국 관계를 세력전이론(Power Transition Theory)적 시각에서 바라보게 하는 충분한 정황을 제공한다.

중국이 내세우는 '핵심이익'은 "공산당을 중심으로 하는 사회주의 정치체제의 안정, 영토·주권안보와 통일, 그리고 지속가능한 경제 발전에 대한 보장"이다. 이 가운데 중국은 최근 영토주권과 관련된 국방안보이익을 강조하는 경향이 두드러지고 있다. 또한 주

---

* 본 장은 저자의 논문 "동아시아의 미·중갈등과 한·중관계 : 세력전이론적 시각에서", 『중소연구』, 제35권 2호(2011), pp. 43-76의 일부분을 발췌해 수정, 보완한 것이다.

1) 일부 학자들은 최근의 중미관계를 안정적으로 평가하고 있기도 하지만 중국의 국력 팽창에 따른 국익개념의 확장과 미국의 패권적 지위 사이에 잠재적 충돌의 긴장 요소가 존재하는 것은 분명하다. 이와 관련해서는 이삼성, "21세기 동아시아의 지정학: 미국의 동아태지역 해양 패권과 중미관계", 『국가전략』, 제13권 1호(2007), pp. 5-28을 참조하라. 반면 중미 간의 협력적인 전망을 강조하고 있는 연구로는 김태운, "미·중 간 세력전이 가능성과 동북아 안보협력질서", 『아시아연구』, 제12권 1호(2009), pp. 33-53; 김흥규, "전략적 경쟁에서 전략적 협력으로: 미·중관계 변화와 한국에의 함의", 『중소연구』, 제33권 3호(2009), pp. 15-38을 보라.

변 지역을 미국과 일본으로 대표되는 해양세력에 대항하는 반패권(反霸權)의 지리적 공간으로 간주하여 국방력 강화에 많은 노력을 기울이고 있다. 동시에 외교적으로도 강대국의 지위에 합당한 목소리를 내야한다는 주장을 공공연하게 표출하고 있다.[2)]

1. 중미관계 개관

현대 중미관계는 사실상 제2차 세계대전 종전 이전부터 시작되었다. 물론 공식적인 시작은 1949년 중국 공산당의 대륙 장악과 장제스의 패전을 바탕으로 한 적대적 대항관계였다. 본서의 제2장에서 설명한 바와 같이 국공내전 당시 미국은 한때 공산당에 대한 지원도 고려했었다. 그러나 미국은 결국 장제스의 국민당 정부를 선택했다. 이로부터 '중국'의 대표권 문제와 타이완의 국제적 지위를 둘러싸고 중국과 미국은 이십여 년이 넘는 긴 세월 동안 적대적이고 갈등적인 관계를 계속했다. 타이완 요인은 1971년 타이완이 유엔에서 축출되고 1972년 닉슨 미 대통령의 방중으로 데탕트가 시작된 이후에도, 1978년 12월 양국이 국교를 수립한 이후에도, 심지어는 탈냉전기에도 계속해서 중미 간 갈등의 중요 원인이 되었다.

1950년대 후반기의 중소관계 악화와 1969년 중소 국경 충돌로 중국은 소련, 미국과의 관계를 재설정하기 시작했고, 결국은 소련이 더 위험한 상대라는 인식에 미국과 공감대를 형성하며 1972년

2) 앞에서도 설명했듯이, 조화세계와 화평발전론이 제기된 후진타오 시기에도 중국의 국력증강에 어울리는 중국 중심의 국제질서를 추구하자는 옌쉐퉁과 양이 등 중국의 네오콘(신보수주의자)들에 의해 대국굴기론이 강하게 주장되었다.

2월 닉슨의 방중을 전환점으로 관계 개선을 이루었다. 하지만 문화대혁명이 한창이던 1970년대 초반의 중국 정치 상황, 특히 마오쩌둥과 린뱌오, 사인방 등 보수주의자들의 대미관계 개선에 대한 비판적 태도, 중국과 미국의 상대방에 대한 이해의 차이, 그리고 기존의 타이완 정책을 여전히 유지하려던 미국의 입장 등의 요인으로 국교 정상화는 1978년에 가서야 실현되었다.

1978년 12월 수교성명을 통해 미국은 중국이 요구해 온 외교원칙, 즉 중화인민공화국 정부를 유일한 중국의 합법정부로 승인하고, 타이완과 단교하며 타이완에서 철군한다는 것을 약속했다. 하지만 곧이어 1979년 미국 의회가 제정, 발표한 〈타이완관계법〉으로 중국과 미국은 또 다시 갈등하게 되었다. 중국의 거센 항의 끝에 1982년 미국은 〈8·17 공동성명〉을 발표하며 중화인민공화국 정부의 '중국 대표권'과 타이완의 지위에 대한 중국의 원칙을 재확인함으로써 갈등은 일단 봉합되었다. 그럼에도 타이완과의 관계 지속과 외교안보적 지원을 통해 중국을 견제하려는 미국의 대 중국 정책은 1990년대 내내 중국과 미국의 갈등거리가 되었다.

장쩌민-클린턴(Bill Clinton)/부시(George W. Bush) 시기 중미관계의 특징은 '갈등과 경쟁'이었다. 특히 1989년의 천안문사건은 중미 갈등에 새로운 요소를 더해주었다. 미국은 천안문사건을 중국의 정치적 민주화 운동으로 간주하려 했고, 이에 따라 천안문 시위대를 강제 진압한 중국 정부를 민주주의 및 인권 파괴자로 규정하고 중국에 대한 국제적인 규탄과 봉쇄를 주도하며 개입정책을 시도했다. 반면, 중국은 미국의 이러한 행동을 내정 간섭과 주권 침해로 인식하고 반발했다. 이로부터 중국의 정치개혁과 민주화, 인권의 문제가 중국과 미국 사이의 주요 갈등 요인이 되었다. 사실 탈냉전으로 동서대결과 소련으로부터의 직접적 위협이 소멸된 미국에게 중국의 전략적 가치는 감소되었다. 소련의 위협에 대한 공동대응이라는 협력의 기초가 약화되면서 양국 간의 갈등과 모순 돌출의 가능성은 높아졌다. 이데올로기의 대립은 감소되었지만, 중국과 미국 사이엔 새로운 가치관의 대립이 형성되기 시작했다. 미국은 자유, 인권, 민주 등 서구적 가치의 확산을 강조하고 이를 통해 중국을 변화시키려 시도했다. 반면 중국은 미국의 그러한 시도를 중국의 사회주의 체제에 대한 위협으로 간주했다. 중국은 미국이 주도하는 탈냉전기의 국제질서를 타파하고 새로운 국제질서를 구축해야 한다고 주장했다. 동시에 아시아·태평양 지역에서의 경제적 이해관계를 둘러싸고 미국은 중국을 점점 경쟁자, 도전자로 인식하기 시작했다. 1997년 11월 장쩌민의 방미, 1998년 6월 클린턴의 방중을 계기로 양국은 전략적 동반자관계를 구축했음에도 불구하고 계속 갈등했다. 탈냉전은 국제질서의 유일한 주재자 미국과 떠오르는 도전자 중국 간의 구조적인 갈등과 경쟁을 야기했다. 그래도 1990년대에는 경제논리를 중심으로 하는 협력의 요소가 작동했다. 하지만 클린턴의 뒤를 이은 부시 행정부 시기에 들어와 미일동맹과 한미동맹을 축으로 동아시아 안보구도를 구축하고 타이완의 독립 추구를 암묵적으로 지지하며 중국의 부상을 견제하고자 했던 미국의 동아시아 정책과 자국의 주권과 독립 수호 의지를 강하게 내세우며 강대국으로 굴기하겠다는 중국의 목표는 충돌했다. 본질적으로 다른 세계관과 이해관계를 가진 두 나라의 전략적 경쟁은 확대될 수밖에 없었다. 그럼에도 불구하고 경제적 상호의존성의 증대와 각종 전통적, 비전통적 안보이슈에서의 양국 이익의 확대는 서로의 협력을 유지할 수 있는 이유와 명분을 제공했다.

후진타오/시진핑과 오바마 행정부의 중미관계는 양국 관계의 새로운 장을 열었다. 미국은 아시아 재균형 전략을 통해 아시아·태평양 지역으로 세계전략의 중심축을 이동하려 했다. 오바마 1기 행정부 출범 직후인 2009~2010년 사이 힐러리 클린턴(Hillary R. Clinton) 국무장관과 오바마 대통령은 '아시아로의 회귀(Return to Asia)'를 강조하며 미국의 아시아·태평양 지역 전략 강화 방침을 강조하기 시작했다. 힐러리는 2009년 2월 뉴욕 아시아 소사이어티에서의 연설을 통해 미국의 이익에 있어 아시아가 대단히 중요한 지역이고, 미국은 대서양 국가인 동시에 태평양 국가라고 표현하며 미국의 전통적인 대 아시아 동맹관계 강화 방침을 천명했다.[3] 이어 오바마는 2009년 11월 14일 아시아 순방 첫 방문지인 일본 도쿄에서 '신아시아 정책 구상'을 발표했다. 그 요지는 첫째, 태평양 국가로서 미국의 새로운 지도력 정립; 둘째, 상호이익과 상호존중을 바탕으로 전통적 동맹국과의 유대 강화 및 새로운 동반자 관계 구축; 셋째, 중국과의 실용적 협력이 중요하지만 이것이 미국과 동맹국들 간 양자 동맹의 약화를 의미하지는 않으며 미국이 소중하게 여기는 근본 가치는 분명히 표현할 것; 넷째, 태평양 국가로서 미국은 이 지역의 미래를 위한 논의에 적극 참여할 것 등이었다.[4] 2010년 7월 베트남의 하노이에서 열린 제17차 아세안 외교장관 회의에 참석한 힐러리는 재차 미국이 태평양 국가임을 천명하며 아세안 국가들과의 파트너십을 강조함으로써 아시아에서의 영향력을 확대하겠다는 오바마 정부의 의지를 분명히 표현하였다.[5] 그리고 다음날 남중국해에서의 자유항행권은 미국의 국가이

3) Hillary Rodham Clinton, "U.S.-Asia Relations: Indispensable to Our Future," Asia Society, New York, February 13, 2009.

4) Barack Obama, Remarks at Suntory Hall, Tokyo, Japan, November 14, 2009.

5) Hillary Rodham Clinton, Remarks at the ASEAN-U.S. Ministerial Meeting, National Convention Center, Hanoi, Vietnam, July 22, 2010.

익이고 남중국해의 도서영유권 분쟁과 관련해 무력사용 또는 무력을 동원한 위협에 반대한다는 요지의 발언을 했다.[6] 전술했듯이 이에 대한 중국의 대응이 시진핑의 신형대국관계로 출현했다.

2. 동아시아 지역질서에 대한 중국의 태도: 세력전이론적 이해

탈냉전기 동아시아 지역질서의 변화는 세력전이론의 지역적 유용성을 확인시켜 준다. 즉, 중국의 급속한 성장으로 인한 지역질서의 재편 가능성이 끊임없이 대두되고 있다는 점이다.

전통적인 세력전이론은 오간스키(A. F. K. Organski)에 의해 제시되었다. 이는 국가 간 상대적 국력(relative power)과 국제질서(international order) 또는 현상유지(status quo)에 대한 도전국가의 만족도(degree of satisfaction)를 기준으로 강대국 간의 전쟁 발발 가능성을 설명한다. 다시 말해 강대국간 전쟁의 발발은 기존의 질서에 만족하지 않는 도전국가의 국력이 패권국가의 국력과 균등해졌을 때 도전국가에 의해 야기된다는 것이다.[7] 초창기 세력전이론은 국제체제의 수준에서 설명되어졌으나 나중에는 지역체제 수준에서 이를 적용하려는 시도도 계속해서 이어졌다. 렘케(Dou-glas Lemke)는 국제체제 속에 지리적으로 근접한 국가들 간에 형성되는 여러 개의 지역적 위계질서 또는 다각적인 위계질서가

6) Hillary Rodham Clinton, Remarks at Press Availability, National Convention Center, Hanoi, Vietnam, July 23, 2010.

7) A. F. K. Organski, *World Politics* (New York: Alfred A. Knopf, 1958); A. F. K. Organski and J. Kugler, *The War Ledger* (Chicago, IL: University of Chicago Press, 1980) 참조.

존재한다고 보고, 그 질서 내부의 지역적 패권국가와 도전국가 간의 전쟁 가능성을 설명하였다.[8)]

세력전이론의 시각에 따르면 현재 미국 중심의 국제질서를 위협할만한 가장 유력한 도전자는 중국이다.[9)] 렘케는 미국에 의해 유지되고 있는 현존 국제질서가 향후 중국의 성장으로 인하여 위협을 받게 될 가능성이 있다고 주장하며, 그 근거로 탈냉전 이후 유일하게 중국만이 미국 주도의 국제질서에 대항하는 공격적인 대외 행위 패턴을 보여 왔다는 점을 제시하고 있다.[10)] 김우상도 미국 중심으로 형성된 동아시아 안보질서에 대한 중국의 불만족도가 국력 증대와 결합된다면 미국 및 미국의 동맹국에 대한 도전으로 나타날 가능성이 크다고 보았다.[11)]

반면에, 중국이 아무리 미국 중심의 기존 국제질서에 대해 불만을 가지고 있다 하더라도 곧바로 미국에 대해 직접적인 도전을 제

---

8) Douglas Lemke, "Small State and War: An Expansion of Power Transition Theory," in Jacek Kugler and Douglas Lemke (eds.), *Parity and War: Evaluations and Extensions of the War Ledger* (Ann Arbor: University of Michigan Press, 1996); Douglas Lemke, "Peace and War in the far East: An Application of the Multiple Hierarchy Model," presented at the 1997 International Studies Association(ISA) Annual Meeting, Toronto, Canada (March 1997).

9) Jacek Kugler, "The Asian Ascent: Opportunity for Peace or Precondition for War?," *International Studies Perspectives*, Vol. 7, No. 1 (February 2006), pp. 36-42.

10) Douglas Lemke, "Great Powers in the Post-Cold War World: A Power Transition Perspective," in T. V. Paul, James J. Wirtz, and Michel Fortmann (eds.), *Balance of Power: Theory and Practice in the 21st Century* (Stanford: Stanford University Press, 2004), pp. 59-64.

11) 김우상, "세력전이와 동아시아 안보질서에 관한 경험적 연구", 『한국정치학회보』, 제35집 4호(2002), pp. 383-390; Woosang Kim, "Power parity, alliance, dissatisfaction, and wars in East Asia, 1860-1993," *The Journal of Conflict Resolution*, Vol. 46, No. 5 (October, 2002), pp. 654-671 참조.

기하기는 쉽지 않을 것이라는 의견도 있다. 1990년대 중반부터 중국은 동맹 및 지역안보체제, 신뢰구축, 핵확산 방지, 군비통제, 주권문제와 같은 민감한 영역에서 과거의 의심 많고 도전적인 태도로부터 보다 규범적이고 유연한 태도로 변화해 옴으로써 미국 중심의 국제질서에 보다 순응하는 태도를 보여준다는 것이다.[12] 그러나 중국이 미국 중심의 국제질서에 본질적으로 순응한다기보다는, 미국에 의해서 유지되는 질서에 도전할 수 있는 충분한 힘(power)이 아직은 부족하고, 또 기존 질서에 대한 도전의 결과로 기대되는 이익보다는 치러야 할 비용이 크기 때문이라고 할 수도 있다. 덩샤오핑 이후의 중국 지도자들이 협력적 세계관을 강조하며 경쟁과 협력이 공존하는 새로운 강대국 관계가 가능하다는 주장을 제기해 온 것도 결국에는 패권국가인 미국과의 정면 대결로 발생할 수 있는 비용에 대한 우려의 결과라고 볼 수 있을 것이다.[13] 김재철은 중국의 이 같은 태도를 "현재의 패권국인 미국이 중국의 현대화 과정을 촉진시키거나 좌절시킬 능력을 보유했고, 중국의 발전이 미국 주도의 질서 속에서 이루어질 수밖에 없는 상황에서 미국과의 정면 대결을 추구하는 것은 생산적이지 못하다는 전략적 판단의 결과"로 분석한다.[14]

그런데 만약 중국의 유연한 태도가 그러한 전략적 판단의 결과라면, 중국의 전략적 이익이 무엇이냐에 따라 중국의 행동이 변화될 가능성이 있다는 가정도 성립된다. 중국위협론의 공세 속에 방

---

12) Bates Gill, *Rising Star: China's New Security Diplomacy* (Washington, D.C.: Brookings Institution Press, 2007), pp. 10-13.

13) 이 같은 중국 지도자들의 세계관은 江澤民, "共同創造一個和平繁榮的新世紀", 『人民日報』, 2002年 4月 11日, 第1版; 錢其琛, "美國國家安全戰略調整與新世紀初的國際關係", 『人民日報』, 2004年 1月 19日, 第3版 참조.

14) 김재철, 『중국의 외교전략과 국제질서』 (서울: 폴리테이아, 2007), pp. 33-35.

법론을 화평발전론으로 대체하긴 했지만 중국이 지향하는 전략적 목표의 종착지가 중국의 강대국화라는 점은 변함이 없고, 화평발전론에 가려져 상대적으로 주목을 적게 받고 있지만 덩샤오핑 시기 이래로 중국의 대외전략이었던 '도광양회'도 여전히 유효하다.

중국에서는 '도광양회'를 '유소작위'와 함께 '평화, 발전 및 협력'의 외교방침이라고 주장한다. 하지만 이는 도광양회의 본질을 외면한 인식적 모순이다. 도광양회에는 "와신상담(臥薪嘗膽) 끝에 권토중래(捲土重來)하겠다."는 의미가 내재되어 있음을 간과할 수 없을 것이다.[15] 아편전쟁 이래 전대미문의 치욕의 역사를 경험한 중국이 다시 힘을 길러 강대국이 되겠다는 의지가 담겨 있는 '도광양회'와 '평화, 발전, 협력'의 길은 본질적인 차이가 있어 보인다. 도광양회는 결국 잠시 동안의 전략적 조정에 불과한 것이다. 도광양회로부터 벗어나는 것이 아직 이르다면, 때를 기다려서 힘이 커진 다음에는 어떻게 될 것인가? 물론 중국이 절대로 패권을 추구하지 않을 것이라고 수 없이 천명해 온 것처럼 평화적인 부상(和平崛起)이 이루어질 수도 있겠지만, 그동안 중국이 보여준 행태는 그러한 수사적 선언으로 불안감을 상쇄하기에 많이 부족해 보인다.

동아시아 지역의 현존 국제질서는 아직 미국에 의해 유지되고 있지만 신흥 부상세력인 중국의 국력은 이미 G2로 상징되고 있고, 군사비 지출도 급속히 증가해 왔다.[16] 미국과의 갈등도 타이완 문제, 인권문제, 티베트 문제, 무역불균형과 같은 양자 간 문제에서부터 북핵문제, 남중국해 및 동중국해 해상영토 분쟁 등의 다자간 문제로까지 확산되고 있다. 그 가운데 중국이 그동안 많은 노력을 쏟아 부었던 주변 국가들과의 관계가 심각한 갈등을 나타내고 있

15) 권영애, "도광양회와 화평굴기", 『대전일보』, 2010년 12월 29일, 22면.
16) 최근의 중국 군사비 지출 규모 및 증가 추세에 대해서는 제1장 및 제4장 참조.

음에 주목할 필요가 있다. 중국과 주변 국가들과의 관계는 아래의 표와 같이 특히 남중국해와 동중국해에서의 해양관할권 문제를 둘러싸고 군사안보적 쟁점으로 두드러지고 있다.

<표 6> 중국 주변 해역에서의 주변국과의 영토 분쟁 현황

해역	분쟁 당사국	주요 분쟁 내용	현재 실질적 점유국
남중국해	중국, 베트남	서사군도 영유권 주장	중국
	중국, 타이완, 베트남, 말레이시아, 필리핀, 브루나이	남사군도 영유권 주장	중국(10개 도서) 타이완(1개 도서) 베트남(24개 도서) 말레이시아(6개 도서) 필리핀(7개 도서)
동중국해	중국, 타이완, 일본	댜오위다오(센카쿠열도) 영유권 주장	일본

이들 문제에 대해서 중국은 그동안 대외관계의 처리 원칙으로 늘 주장해 오던 무력사용 또는 무력을 이용한 위협의 배제, 대화를 통한 평화적 해결과는 거리가 있는 강경한 모습을 보여주고 있다. 동시에 군사력 증강을 통한 강대국화 의지를 끊임없이 표출하고 있음으로 해서 미국은 물론이고 주변 국가들의 불안을 야기하고 있고, 결과적으로는 오히려 중국과 미국+동아시아 국가들 간의 세력 경쟁을 야기하고 있다.

제2차 세계대전 종전 이후 영유권에 대한 명확한 정리가 부재했던 이유에서 비롯된 남중국해 도서 영유권 분쟁은 지난 2002년 11월 4일 분쟁 당사국인 중국과 필리핀, 베트남, 말레이시아 등 아세안 국가들이 '남중국해 당사국 행동선언(Declaration on the Conduct of Parties in South China Sea)'을 채택하며 영유권 분쟁의 평화적 해결을 위한 중요한 진전을 이루어 냈다. 중국은 남중국해와 그 부속도서에 대한 영유권 문제는 기본적으로 해양주권에 관한 것으로 타협의 대상이 될 수 없다는 기존의 입장을 바꾸며 이 선언에 참여했다. 그럼에도 불구하고 남중국해 영유권 문제를 둘러싼 중국과 관련 아세안 국가들 간의 갈등은 해결되지 않고 있다. 2007년 4월 베트남이 남사군도에 선거구를 신설하고 영국 석유기업 BP와 함께 천연가스 및 유전을 개발하겠다는 계획을 밝히자 중국도 이에 대응해 동년 11월 하이난다오(海南島)에 행정구역을 설정하면서 서사군도 판사처(사무소)를 승격시키고 서사군도, 남사군도, 중사군도를 관할하는 싼샤(三沙)시를 신설하였고, 다시 베트남 외교부가 이에 항의하는 등 양국 관계가 긴장에 빠진 일이 있었다.[17)]

2008년 9월에는 중국이 이미 신병훈련소를 설치한 서사군도의 용싱다오(永興島)에 젠(殲)-10 전투기 배치를 위한 비행장 보강공사를 진행했다. 2009~2010년에는 중국이 서사군도에서 조업하던 베트남 어선들을 불법조업 명목으로 억류하고, 남중국해 도서들을 대상으로 환경보호법을 통과시킴과 동시에 하이난다오 및 인근 서사군도에 대한 국제적인 관광지 육성 계획을 발표했다. 이에 대해 베트남이 바로 주권 침해라고 반발하며 이미 결정된 6척의 킬로급 잠수함 도입 외에 추가로 12대의 전폭기를 도입하는 등 해·공군력을 강화하며 남중국해 영유권 수호 의지를 표현하고 나섬으로써 양국 관계는 급속히 냉랭해졌다.[18)]

---

17) 연합뉴스, 2007년 12월 17일.

한편, 동중국해의 댜오위다오는 1895년 일본 오키나와에 편입되었다가 2차 대전 이후 잠시 미국이 관할했었고, 1972년 5월 미국이 오키나와를 일본에 반환하면서부터 일본이 실효적 지배를 해왔다. 이후 중국은 지속적으로 일본에 반환 요구를 제기했지만 일본은 실효적 지배를 이유로 중국의 요구를 무시해 왔다. 그런데 지난 2010년 9월 7일 댜오위다오 주변 해역에서 발생한 중국 어선과 일본 해상보안청 순시선과의 충돌사건으로 댜오위다오 문제를 둘러싼 양국 관계는 중대한 기로에 직면하게 되었다.

충돌사건 발생 직후 일본 나하(那覇)지방검찰이 공무집행방해 혐의로 중국 어선을 나포해 선원들을 체포·구금함으로써 양국이 첨예하게 대립하게 되었다. 사건 초기 일본은 국내법에 따른 엄정 대처 방침을 고집했으나, 중국이 동중국해 공동개발 교섭 중단, 양국 간 민간교류 및 관광 중단, 정부 간 교류 중단, 희토류 등 전략자원의 대 일본 수출 규제 등의 강경책을 잇달아 내놓자 결국 선장을 포함한 선원 전원을 석방하기에 이르렀다.[19] 이 사건은 2010년 5월 동중국해 중·일 중간선의 일본측 해역에서 중국 감시선이 일본 해상보안청 측량선에 활동 중지를 요구하며 헬기를 해상자위대 호위함에 접근시켰던 사건에 뒤이어 일어났다.

이러한 영유권 분쟁 과정에서 중국이 보여준 강경한 외교적·군사적 대응은 일본과 동남아 주변 국가들로 하여금 강대하고 위협적인 중국의 존재감을 느끼게 하기에 충분했으며, 1990년대 말 이래로 중국이 주변 국가들에 대해 노력해 온 매력공세를 무색하게 만들었다. 또한 중국은 지난 2010년 천안함 사건에서부터 연평도

18) 연합뉴스, 2010년 1월 5일.

19) 사건 경과와 양국의 대응에 대해서는 조양현, “일·중 센카쿠/댜오위다오 분쟁과 동아시아 지역질서”, 『주요국제문제분석』, No. 2010-38(외교안보연구원, 2010. 12. 31), pp. 1-18 참조.

포격 사건에 이르기까지 한반도의 군사적 긴장상황에 대해 일방적으로 북한의 입장을 지지함으로써 그동안 6자회담을 통해 보여준 한반도 문제의 해결을 위한 긍정적 역할마저도 희석시키는 우를 범했다.

지난 中共 15大 정치보고에서 장쩌민은 서구 열강의 침탈에 시달렸던 중국의 과거사를 거론하며 21세기 중국의 전략 목표로서 "현대화의 기본적인 실현과 부강한 민주적 문명 수준의 사회주의 국가 건설"을 제시한 바 있다.[20] 이른바 중화민족의 부흥을 위한 이 목표는 '중화', '진흥', '부흥', '부국', '강군', '부강' 등의 키워드를 통해 中共 16大, 中共 17大에 이르기까지 계속해서 강조되어 왔다. 이런 가운데 주변 국가들이 중국의 평화적 부상론에 대해 끊임없는 의문을 제기하는 것은 지극히 당연한 일일 것이다. 동남아에서 동북아에 이르기까지, 상술한 중국의 태도는 결국 동아시아 지역 수준에서 강한 영향력을 확보함으로써 이 지역의 질서를 자기중심적으로 조정하겠다는 의도라고 밖에 해석될 수 없기 때문이다.

이러한 차원에서 중국이 경제력을 이용하여 주변 지역에 정치, 경제, 문화, 교육 및 군사 등 제 방면의 레짐을 구축하고자 시도하는 점에 주목할 필요가 있다. 본서의 제4장에서도 설명했지만, '아시아 신안보관', '친성혜용'의 주변외교 강화, '일대일로'가 대표적이다. 주변 국가들과의 관계 강화를 통해 중국의 부상에 대한 우려를 해소하려 노력해 온 중국은 또 한편으로 중국과의 갈등 이슈에 대해 반발하는 일부 주변국들의 도전에 직면하고 있다. 그들은 중국을 견제하기 위해 미국을 끌어들이려 하고 있다. 상기한 광범

20) "江澤民在中國共產黨第十五次全國代表大會上的報告", 1997年 9月 12日.

위한 다자제도 기반 구축 시도는 주변국의 반발과 도전에 대응하고 영향력을 확보하기 위한 중국의 노력인 것이다.

이는 결국 중국이 주변 국가들과의 관계를 미국과의 지전략적인 세력 경쟁 구도로 접근하는 데에서 비롯된 것이라 볼 수 있다. 지난 2010년 말, 힐러리 미 국무장관이 댜오위다오 문제의 평화적 해결을 위해 미·중·일 3국 외교장관 회담을 제안한 데 대해 중국 정부가 미국의 개입 반대 입장을 강경하게 천명한 것도 주변 지역에 대한 미국의 영향력 확대를 차단하겠다는 표현이었다.

그러나 중국이 동아시아 지역 국가들에 대한 영향력 확대를 중국의 부상, 그리고 이에 대한 미국의 견제에 대응하기 위한 선결과제로 인식하는 한, 주변 국가들과의 관계는 중국의 의도대로 전개되지 않을 가능성도 무시할 수 없다. 이미 주변 국가들과의 영유권 갈등 과정에서 발휘된 '중국의 힘'은 중국 주도의 다자레짐을 구축하는데 있어 본질적인 한계를 드러냈기 때문이다. 남사군도에서 2011년 3월 2일 발생한 중국 해군의 필리핀 석유탐사선 위협 사건 직전 양제츠(楊潔篪) 당시 중국 외교부장이 발언한 "중국은 대국이고 다른 아세안 국가들은 소국이며, 그것이 현실이다."라는 말이 바로 중국의 동아시아 인식을 대변하고 있다.[21] 이러한 중국의 대국-소국 구분의식은 최근의 사드 배치를 둘러싼 한중 간 갈등에서도 재현되고 있다.

지금까지 중국은 스스로를 동아시아의 일원으로 규정하고 동아시아 지역과의 정치·경제적 연계를 강화하며 동아시아 국가로서의 정체성 확립을 위해 노력해 왔다. 또 한편으로 그 과정에서 중국은 동아시아의 주도적 국가로서의 위상을 확고히 하기 위한 동아

21) Al Labita, "Philippines embraces US, repels China," Asia Times online, March 23, 2011, http://atimes.com/atimes/Southeast_Asia/MC23Ae01.html (검색일: 2017.04.05).

시아 전략을 추진해 왔다. 물론 지금까지 중국 정부가 직접 동아시아 전략을 대외적으로 공표한 적은 없음에도 불구하고 동아시아 지역에 대한 중국의 전략적 목표는 중국의 성장과정 및 역내 국가들과의 관계를 통해 자연스럽게 나타난다. 요컨대 중국의 동아시아 전략은 궁극적으로 세계강국이라는 목표를 지향하고 있고, 그리고 이를 위해서는 주변 지역에서부터 자신의 주도적 지위와 영향력을 확보해야 한다는 것이다. 동아시아는 중국이 세계강국으로 도약하기 위한 발판이다.[22)]

중국의 이 같은 목표는 필연적으로 이 지역에서의 지배적 영향력을 유지하고자 하는 미국과 맞부딪친다. 세력전이론이 상정하는 국제체제의 위계적 구조에서 힘이 열세인 상태의 불만족 국가들은 어쩔 수 없이 지배국 중심의 질서를 수용하지만, 현 상태를 바꿀 수 있는 기회가 주어진다면 언제든지 그 질서를 바꾸기를 원한다. 그 기회는 바로 경제 성장을 통해 국력의 급속한 증대가 이루어질 때 찾아오게 된다.

탈냉전기 급속하게 국력을 증강한 중국이 강조하고 있는 '부강'의 키워드들과 주변 지역에서 표출하고 있는 강경한 태도는 '반패권주의' 및 '다극화 질서의 창출'과 함께 미국 중심의 기존 동아시아 국제질서에 대해 자신의 강대해진 힘에 상응하는 이익과 영향력 확대를 원하는 도전적 의지로 볼 수 있다. 즉, 동아시아 지역 안보구도의 현상을 유지하기 위한 미국의 다양한 노력, 예를 들면 미·일 신안보지침 등 군사동맹의 강화와 MD체제 구축, 타이완에 대한 군사적 지원, 해양영토 분쟁에 대한 미국의 개입 시도 등에 대한 불만의 연장선상에서 설명될 수 있을 것이다.

---

22) 박병광, "중국의 동아시아 전략: 인식, 내용, 전망을 중심으로", 『국가전략』, 제16권 2호(2010), pp. 38-52 참조.

3. 동아시아 지역의 핵심이익과 중미 패권 경쟁

탈냉전기의 중국 외교는 대부분 미국, 특히 동아시아 지역에서의 미국의 영향력을 의식하고 전개되어 왔다고 할 정도로 미국과의 관계가 절대적인 비중을 차지한다. 과거 주로 소련에 대항하던 방편으로서의 반패권주의는 탈냉전기 미국을 대상으로 새롭게 정비되었다.

냉전 시기의 중미관계가 주로 소련에 대한 대응과 타이완 문제를 둘러싸고 전개되었다면 탈냉전기의 중미관계는 천안문사건 이래 미국으로 대표되는 서방 세계의 국제적 압력에 대응해 중국의 주권과 독자성을 확보하기 위한 반패권·다극화 외교와 중국의 지속적인 경제 성장 달성을 위한 협력의 유지라는 이중성으로 대변된다.

이 같은 이중성은 바로 중국의 이중적인 대외 인식에서 비롯된다고 할 수 있다. 표면적으로 중국은 탈냉전 시대의 국제정세를 전반적으로 평화와 발전, 그리고 다극화 추세가 지배적이라고 진단하고 있다. 그러나 실질적으로는 여전히 패권주의와 강권정치가 국제사회의 평화와 안정을 위협하고 있으며, 불공정하고 불합리한 낡은 국제경제질서가 개발도상국들의 발전을 저해하고 있다고 인식한다.[23] 다시 말해 전자는 중국이 원하는 국제질서인 것이고 후자는 중국이 극복해야 하는 현존 국제질서인 것이다. 그리고 중국이 극복해야 할 현존 국제질서는 다름 아닌 미국이 주도하고 있는 일극 질서이다.

부강한 중국을 21세기 전반기의 국가 목표로 상정하고 있는 중

23) 서진영, "부강한 중국의 등장과 중국위협론, 그리고 한반도", 『한국과 국제정치』, 제18권 2호(2002), p. 13.

국이 세계 최강국의 지위에 오르기 위해서는 우선 중국에게 유리한 국제질서를 구축해야 하고, 이를 위해서는 미국이 지배하는 현존 국제질서와 어떤 형태로든 경쟁할 수밖에 없다. 그런데 문제는 중국과 미국의 세력균형이 아직은 미국이 주도권을 가지고 있는 형세라는 것이다. 물론 지금 중국의 국제적 지위는 지난 1990년대 미국으로부터 최혜국 대우와 WTO 가입 등을 볼모로 인권과 민주주의 등 서구적 규범의 준수를 강요받던 시기와는 판이하게 다르다. 중국은 이미 경제적으로는 세계 제2의 대국으로 자리매김하였고, 더군다나 지난 2008년 미국발 세계금융위기를 계기로 미국의 국력과 국제적 지배력이 상대적으로 약화되며 중국과 미국이 공동으로(G2) 국제사회를 이끌어갈 것이라고 평가되고 있을 정도로 그 국제적 영향력이 확대되고 있다. 그럼에도 불구하고 미국의 지배적 위치는 변함없고, 중국도 여전히 다양한 영역에서 미국과의 협력을 필요로 하고 있기 때문에 미국 중심의 현존 국제질서에 대한 지나친 도전을 자제하는 것으로 보인다. 후진타오 시기의 중국이 지속적으로 "화평발전 노선 견지"를 강조하고 나섰던 것도 이러한 현실 인식 때문일 것이다. 지난 2010년 12월 6일 중국 외교부 홈페이지에는 외교 담당 국무위원 다이빙궈의 "화평발전 노선을 견지하자"는 제목의 글이 게재되었다. 다이빙궈는 중국의 헌법과 중국 공산당 당장(黨章)에 반패권주의를 명시하고 있고, 역사적으로도 패권주의 문화와 전통이 없으며 오히려 '인(仁)'과 '화(和)'를 핵심으로 하는 정치문화를 가지고 있다며 중국은 패권주의를 추구하지 않을 것이라고 강조하였다. 중국이 미국을 능가해 패권국가가 되는 것은 신화라는 것이다.[24] 이는 그 이전 몇 년간 중국이

24) 이 글은 현재 중국 외교부 홈페이지에서는 검색되지 않으며 人民網에서 검색 가능하다. 戴秉國, "堅持走和平發展道路", http://politics.people.com.cn/BIG5/1026/13417143.html (검색일: 2017.04.05).

주변 국가 및 미국에 대해 취해 왔던 공세적 외교 행태에 대한 내부 정비, 즉 예를 들면 네오콘을 비롯한 군부 강경파들의 주장을 제어하는 차원의 의도였던 것으로 보인다.

그러나 부강한 중국의 향방에 있어 다이빙궈의 이 같은 공개적 입장 보다는 사실상 옌쉐통을 비롯한 강경파들의 대국굴기론이 더욱 돌출되어 보였고, 그에 따라 미국 및 중국 주변 국가들의 불안심리도 확대되어 온 것은 부인할 수 없다. 더군다나 그들 중 일부는 현실에 대한 인식적 오류를 범하고 있는 듯하다. 예를 들면 2010년 12월 중국 신화통신의 매체 국제선구도보(國際先驅導報)가 게재한 옌쉐통의 주장이 대표적이다. 옌쉐통의 표현을 빌자면, "중국의 미소외교(微笑外交)는 변하지 않았는데 중국의 국력 증대에 따라 중국에 대해 주변 국가들이 느끼는 감이 달라졌고, 강대해진 중국이 계속해서 미소외교를 전개한다면 그 이면에 다른 의미가 있다고 의심할 것이며, 따라서 주변 국가들은 중국을 견제하기 위해 미국을 동아시아에 끌어들이고 있다."는 것이다.[25)]

남중국해와 동중국해 갈등에서 표출된 중국의 주변 정책을 과연 미소외교라고 볼 수 있을까? 더군다나 "미국을 통해 중국을 경계하려는 주변 국가들의 동기를 감소시키기 위해서 중국이 주변 국가에게 안전보장을 제공해야 할 것이고 이를 위해 중국은 충분한 군사력을 증대하는데 집중해야 한다."는 주장을 주변 국가들이 어떻게 받아들일 것인가 반문하지 않을 수 없다. 도광양회의 폐기와 민족부흥, 군사력 증강을 강조하는 대국굴기론이야말로 바로 주변 국가들이 중국을 경계하고 미국을 의지하려는 가장 근본적인 이유이다. 주변 국가들이 중국을 견제하기 위해 미국을 동아시아 지역에 끌어들였다기보다는 중국의 공격적 대외 인식 및 행태 자체가

25) "中國外交應與'世界第二'地位相稱", 『國際先驅導報』, 2010年 12月 6日.

미국을 이 지역에 개입시키는 일차적인 요소라고 할 수 있을 것이다.

동아시아 국제질서를 기본적으로 미국과의 세력경쟁이라고 파악하고 있는 중국의 전략적 입장은 이른바 '핵심이익'으로 그 본질이 설명된다. 그런데, 앞서 다이빙궈가 언급한 핵심이익(제1장 참조)의 거의 모든 영역에서 중국은 미국과 마찰을 빚어왔다. 사회주의와 공산당 일당 지배체제를 근간으로 하는 국가 정체성은 '항미원조전쟁' 이래로 미국 및 그 동맹국들의 민주주의 체제와 이념적 대립구도를 형성했다. 또 탈냉전기 들어 자유, 민주, 인권 등 미국이 강조하는 보편적 서구 가치는 국제사회에서 중국을 압박하는 주요 수단이 되어 왔다. 중국은 이를 내정 간섭 내지는 정권 전복을 위한 음모, 중국의 정치·사회적 안정 및 체제 유지에 대한 도발로 간주하며 강하게 반발했고, 때마다 양국 간의 정치·외교적 갈등이 고조되곤 했다.[26] 지속가능한 경제 발전 역시 사회주의 현대화를 궁극적 목표로 부강한 중국을 추구하는 이상 미국과의 경쟁적 갈등은 불가피하다는 것이 지금까지의 대미 경제무역관계에서 나타난 마찰이 입증하고 있다. 그리고 주권안보, 영토보존, 국가통일의 확보는 중국이 양보나 타협할 가능성이 절대로 없는 영역으로서 중미 간의 그 어떤 이슈보다도 첨예한 갈등을 보여주고 있는 요소이다. 특히 전술한 바와 같이 최근 들어 중국이 동중국해 및 남중국해 등 주변 해역에 대한 공세적 주권 행사를 강화하고 있음

26) 예를 들어 천안문사건 이후 미국의 대 중국 제재 주도로 인한 관계 악화, 중국의 WTO 가입 이전 미국이 중국의 인권 문제와 최혜국 대우 문제를 연계시킴으로써 야기된 갈등, 유엔에서 매년 중국 인권 상황 개선을 위한 결의안을 둘러싸고 전개되는 중미 간의 외교전, 또 2010년 중국 반체제 인사 故 류샤오보(劉曉波)의 노벨 평화상 수상과 관련해 미국의 오바마 대통령과 힐러리 국무장관까지 나서서 중국의 정치 자유와 인권 상황 개선을 촉구했던 사례와 중국의 반발 등이 대표적이다.

으로 해서 중국의 핵심적 국가이익이 확대되는 경향이 나타나고 있고, 이에 대해 미국 역시 동아시아 지역에서의 미국의 국가이익을 주장하며 중국에 대한 견제 의지를 표현하면서 중미 간의 경쟁적 갈등과 중국위협론이 더욱 고조되고 있다.

이와 관련해 이삼성은 동아시아 지역질서를 둘러싸고 중미 간에 근본적인 갈등 요인들이 잠재하고 있고, 동시에 그 갈등이 미국의 동아시아 지역 동맹체제와 연계되어 있다고 설명한다. 그 핵심은 지역 해양 패권 장악이라는 미국의 기득권과 중국의 국력 팽창 사이의 갈등이다. 여기서 미국 해양 패권의 실체는 중국 본토 이외의 동아시아·태평양 지역 전반에 대한 중국의 권력 투사 능력을 제한하고 봉쇄할 수 있는 군사·정치적 능력이며, 이 해양 패권의 확고한 유지라는 미국의 목표와 국익개념이 중국의 자기정체성과 국익개념의 확장 가능성과 상충된다는 것이다. 또 미국의 해양 패권은 냉전 시대부터 유지되어 온 동아시아 국가들과의 동맹체제와 우세한 첨단 군사력으로 구성되어 있다는 것이다. 보다 구체적으로 이삼성은 타이완해협, 남중국해, 오키나와, 한반도의 서해 등 네 지역에서 미국의 패권적 지위가 중국의 자기정체성 의식 및 국익개념과 충돌하고 있으며, 이로 인해 한국을 포함한 다른 동아시아 국가들을 위협하는 긴장의 구조가 발전될 가능성을 지적하고 있다.[27] 따라서 오바마 정부 출범 직후 순조로운 출발이 기대되었던 중미관계가 외교안보영역에서 갈등이 증폭되었던 이유도 역시 이러한 맥락에서 이해된다. 오바마 정부 시절 미국과 중국 사이에 전개된 외교 및 군사안보적 상황들을 살펴보면 결국 서로를 여전히 경쟁자와 도전자로 간주했던 데에서 상호 갈등의 원인을 찾아볼 수 있는 것이다.

---

27) 이삼성(2007), pp. 10-21.

전술한대로 오바마 정부 출범 직후 최초 2년 간 양국 사이의 외교적 갈등은 미국의 아시아 회귀 선언을 그 시작으로 했다. 힐러리 국무장관의 2009년 2월 뉴욕 아시아 소사이어티 연설, 오바마 대통령의 2009년 11월 도쿄 '신아시아 정책 구상' 발표, 2010년 7월 힐러리의 하노이 아세안 연설 등을 근거로 당시 중국 내에서는 오바마 행정부가 부시 행정부보다 아시아에 더 많은 전략적, 외교적 흥미를 내보이고 있다고 평가했다.[28)]

따라서 이 같은 미국의 아시아 회귀 선언은 이 지역에서의 자국의 전략적 이익을 확보하려는 중국을 크게 자극하게 되었다. 2010년 힐러리의 하노이 발언 직후 당시 회의에 참석했던 양제츠 중국 외교부장은 남중국해 문제를 일부러 국제화시키려는 의도라고 비난했고,[29)] 7월 25일자로 중국 외교부 홈페이지에 "남중국해 문제는 중국과 아세안 일부 국가들과의 영토 분쟁, 해양권익 분쟁이며, 남중국해 문제를 국제화 및 다자화하지 않을 것이고, 중국은 비관련국이 남중국해에서 위협을 거론하는 것에 오히려 반감을 느끼고 있다."는 요지의 반박문을 게재했다.[30)]

남중국해 및 남사군도 문제가 중국의 핵심적 국가이익이란 점에 비추어 볼 때, 중국은 이 지역에 대한 미국의 접근과 영향력 확대를 중국의 주권 및 중국-아세안 관계에 대한 도전이라고 인식하고 있으며, 궁극적으로 미국의 동아시아 패권에 도전할 가능성이 있

28) "美國隱現新亞洲政策", 『南方週末』, 2010年 11月 4日, B11版.

29) "美國務卿希拉里鼓譟南海問題國際化", 『福州晚報』, 2010年 7月 26日, A19版; Mark Landler, "Offering to Aid Talks, U.S. Challenges China on Disputed Islands," *The New York Times*, July 23, 2010.

30) "楊潔篪外長駁斥南海問題上的歪論," 2010年 7月 25日. 현재 이 글은 중국 외교부 홈페이지에선 검색되지 않으며 新浪網, 鳳凰網 등 포탈사이트와 뉴욕 주재 중국 총영사관 홈페이지에서 검색된다. http://www.fmprc.gov.cn/ce/cgny/chn/xw/t719675.htm (검색일: 2017.07.18).

는 중국을 사전에 견제하려는 전략으로 간주하고 있다.

한편, 이처럼 불편한 중미관계는 군사적인 차원에서 보다 직접적인 마찰로 나타났다. 상술한 바와 같이 동아시아에 대한 미국의 개입의사가 분명해지는 가운데 2009년 3월에는 하이난다오 부근 중국의 배타적 경제수역에서 정보수집활동을 하던 미군함정 임페커블(Impeccable)호를 5척의 중국해군함정이 저지하는 사건이 발생해 양국 관계를 긴장에 빠트렸다.[31]

또 2009년 말부터는 타이완에 대한 오바마 정부의 무기 판매 계획 발표와 이에 대한 중국의 강경 대응으로 양국 관계는 더욱 경색되었다. 2009년 12월 9일 오바마 행정부가 미국 의회에 타이완에 대한 무기 판매 계획을 통보할 것이라고 알려진 직후 중국 외교부는 타이완에 대한 무기 판매를 단호히 반대한다고 강조했다. 이어 11억 달러 규모의 타이완 패트리엇 미사일 시스템 업그레이드 계획이 미 의회의 승인을 받았다고 알려진 이후인 2010년 2월 2일 중국 외교부는 중국의 핵심이익을 손상시켰다며 처음으로 미국 방산업체에 대한 제재 방침을 언급하였다.

사실상 이미 2009년 초 힐러리 클린턴 미 국무장관의 방중 때나 7월 중미전략경제대화 등에서도 중국은 여러 차례 타이완에 대한 무기 판매를 자제해 줄 것을 미국에 요청했었으나 미국은 이를 무시했고, 결국 2010년 10월 14일 하와이 호놀룰루에서 중미 군사회담이 재개될 때까지 양국의 군사협력은 전면 중단되기에 이르렀다.

또한 2010년 미국은 4개년 국방정책검토보고서(Quadrennial De-fense Review Report), 핵태세검토보고서(Nuclear Posture Rev-iew Report), 국가안전전략보고서(National Security Strategy) 등

31) 조양현(2010), p. 8.

을 통해 오바마 정부의 안보전략을 제시하였다. 이들 보고서는 표면적으로 중국과의 협력을 강조하고 있으나, 동시에 중국의 부상과 함께 중국의 방위력 증강에 대한 투명성 결핍을 지적하며 중국의 군사력 증강을 지속적으로 관찰하겠다는 방침을 내세웠다.[32] 특히 이 보고서들은 공통적으로 아시아 지역에서의 미국과 동맹국들 및 우방국들의 군사안보협력관계 강화를 강조하고 있기 때문에 중국은 미국이 중국의 군사적 부상과 아시아 지역에서의 영향력 확대를 견제하려는 의지가 여전하다고 의심했다.

중국은 이들 미국의 안보전략보고서에서 지적하고 있는 중국의 군 현대화 및 투명성 문제를 중국에 대한 내정 간섭으로 간주하며 불만을 표시했다. 예를 들면 공산당의 입장을 대변해 온 관변 매체 『환구(環球)』는 2010년 2월 16일 판에서 "미국은 표면적으로는 신흥 강대국의 굴기를 환영하고 있지만, 그 가운데 중국과 인도는 차별적으로 대하고 있으며 심지어는 인도와 연합해 중국을 견제하려는 의도도 내포하고 있다."면서 "미국이 호주, 태국, 필리핀, 싱가포르, 인도네시아, 말레이시아, 베트남 등 지역 국가들과의 관계강화를 추진하고 있는 것이 결국 '누구'를 겨냥하고 있는지 명백하다."고 비판했다.[33] 또 아랍에미리트 및 요르단 주재 중국대사를 역임한 류바오차이(劉寶菜)는 이와 관련해 "(중국은)동아시아에서의 (미국의)리더십 회복에 주목하고 있다. 아시아에서의 미국의 리더십은 결국 미일동맹, 한미동맹 및 미-일-호주-필리핀-태국의

32) The White House, *National Security Strategy* (Washington D.C., May 2010), p. 3, 8, 11, 43; U.S. Department of Defense, *Quadrennial Defense Review Report* (Washington D.C., February 2010), p. 7, 31, 60; U.S. Department of Defense, *Nuclear Posture Review Report* (Washington D.C., April 2010), pp. v-vi, x-vi.

33) "美國新防務報告對中印區別對待建議圍堵中國", 環球網, http://mil.huanqiu.com/observation/2010-02/721372_3.html (검색일: 2017.05.22).

연맹 강화, 미-일-호주-인도 연맹 구축, 아세안과의 관계 증진, 베트남과의 안보협력 등을 통해 동방의 NATO를 구축하고 중국의 지전략적 확장을 억제하겠다는 의미다."라고 주장하였다.[34] 이처럼, 중국이 보기에 미국의 안보전략보고서들은 중국의 부상과 군 현대화에 대한 우려와 아시아 지역에서의 미국의 핵심적 국가이익 보호를 위한 미국의 의지 표명이라고 인식될 수 있다.

한 국가에 대한 인식이 그 국가와의 관계에서 설정된다면, 중국을 적대시하는 국가들에게는 중국이 위협으로 생각될 수밖에 없을 것이고, 반대로 중국도 당연히 그들을 위협으로 인식하게 되는 것이다.[35] 그러므로 서로가 핵심적 국가이익을 포기할 수 없는 중미관계는 의구심과 불신, 그리고 적대감이 상호 충돌할 수밖에 없는 것이다. 물론 여기서 충돌의 의미를 전쟁의 개념으로 확대 해석하는 것은 무리다. 군사적 대립과 충돌은 차원이 다르다.[36] 미국과 중국이 설령 지엽적인 군사적 대치를 하더라도 전면적인 군사적 충돌, 전쟁까지 불사할 가능성은 지금의 국제정치경제적 상황에서 매우 희박하다. 그러나 한 가지 지적해야 할 것은, 그렇다고 해서 세력전이의 가능성마저 희박한 것은 아니라는 점이다. 세력전이의 가설을 이해하는데 있어서 전쟁의 발발 여부는 별개의 문제이다. 세력전이론에서는 현 국제질서에 불만을 가진 국가의 정책결정자들이 가지고 있는 지배국가에 대한 도전 의지를 제고시킬 수 있는 물리적 조건(국력)이 충족된다면 이미 세력전이의 가능성은 충분히 주어진다고 본다. 조건의 충족으로 과거에 비해 지배국가와 도전

34) 劉寶菜, "曲折動蕩的一年: 2010年國際形勢回眸", 『紅旗文稿』, 2011年 第1期, http://www.qstheory.cn/hqwg/2011/201101/201101/t20110111_61809.htm (검색일: 2017.05.22).

35) 문정인, 『중국의 내일을 묻다』 (서울: 삼성경제연구소, 2010), p. 55 참조.

36) *ibid.*

국가 간의 전쟁 발발 가능성은 분명 높아지기 때문이다.

중국은 그동안 자신의 경제력에 비해 군사력은 더욱 낙후되어 있다고 스스로를 낮게 평가하며 미국 중심의 패권 질서에 불만을 품은 수정주의 세력이 아니라는 점을 강조함으로써 세력전이의 가능성을 애써 회피해 왔다. 그러나 동시에 국제정치경제체제에서 현재보다 더 큰 권한을 가져야 하며 경제력에 상응하는 군사력을 보유할 필요가 있다는 점도 강조한다. 이러한 중국의 이중성은 2011년 3월 31일 공개된 2010년 중국국방백서에도 나타난다. 박창희의 분석에 따르면, 이 국방백서에는 도발적 언어를 사용하지 않고 평화공세를 강화하며 중국의 급속한 현대화에 대한 외부의 우려를 진정시키려는 측면, 그리고 군사력 증강에 더욱 박차를 가하는 동시에 군 현대화의 진전에 따른 자신감을 과시하려는 측면이 혼재되어 있다는 것이다.[37]

이 같은 모습은 주변 국가들에게 '위대한 중화의 부흥'을 향한 이중적인 중국의 전략적 수단으로 비추어진다. 스웨인(Michael D. Swaine)과 텔리스(Ashley J. Tellis)가 탈냉전기 중국의 대외전략에 관해 "강한 국가의 모습과 약한 국가의 모습이 혼재되어 있다."고 설명한 점을 떠올려 보면,[38] 남중국해 및 동중국해에서의 해상영토 분쟁에 임하는 모습은 '강한 중국'으로, 그리고 대미관계에 있어 개발도상국가로서 패권주의와 강권정치에 반대한다는 입장을 누누이 강조해 온 태도는 '약한 중국'의 모습일 것이다.[39]

---

37) 박창희, "2010 중국 국방백서와 한국군의 대응방향", 『안보현안분석』, Vol. 58 (2011. 4), p. 5 참조.

38) Michael D. Swaine and Ashley J. Tellis, *Interpreting China's Grand Strategy: Past, Present, and Future* (Santa Monica, CA: Rand, 2000), pp. ix-x.

39) 이장원, "동아시아 해양레짐에 대한 중국의 인식과 접근", 『중국연구』, 제44권(2008), p. 287.

현실주의적 관점에서 국가이익은 궁극적으로 국력에 의해 좌우된다. 환언하면 국력이 증대될수록 국가이익의 외연도 확장될 수 있다는 의미가 된다.[40] 확장되는 국가이익의 외연을 보호하기 위한 중국의 일차적 선택은 국방력의 강화일 것이다. 중국은 자위적인 국방력 확보라는 점을 강조하지만, 중국 군사력의 양적·질적 성장이 계속되고 있는 상황에서 중국의 국방력 증강이 전수방위용이냐 위협적이냐를 판단하는 중국과 주변의 시각은 차이가 너무 커 보인다.

4. 중미 패권 경쟁의 한국에 대한 함의

중미 양국과 정치·안보 및 경제적 분야에서 대단히 밀접한 상호의존 관계를 형성해 온 한국으로서는 중미 간의 불협화음과 세력 전이의 가능성에 민감할 수밖에 없다. 특히 과거 주로 양자 간의 문제에 머물던 중미 간의 마찰이 이제는 지역 내 안보역학관계와 연계되고 양국의 지역 동맹관계를 따라 중층화되는 현상은 양국과 밀접한 안보적, 경제적 이해관계를 공유하고 있는 한국으로서는 매우 곤혹스런 일이 아닐 수 없다.

2010년 3월에 발생했던 천안함 사건의 처리 과정에서 발생했던 한중 간의 갈등은 그러한 점에서 중미 간 패권 경쟁의 파편이었다고 볼 수 있다. 이는 한미동맹+미일동맹과 북중관계로 대표되는 동북아의 중미 간 전략적 갈등이 적나라하게 표현되었던 중요한 사례로서 중미 관계에 협착된 한중 관계의 현재와 미래에 대해 의미하는 바가 크다.

---

40) 이러한 논리는 대표적으로 옌쉐통에 의해 주장된다. 문정인(2010), pp. 49-54 참조.

천안함 사건 발생 이후 미국은 적극적인 한미공조와 지원 의지를 표명했다. 2010년 5월 하순부터 백악관을 통해 발표된 일련의 메시지들이 이를 상징한다. 5월 19일 백악관은 대변인 명의의 성명을 통해 "(천안함에 대한) 공격은 국제평화와 안보에 대한 도전이자 정전협정 위반이며, 오바마 대통령은 추가적인 도발로부터 한국을 지키기 위해 모든 노력을 다할 것이라고 이명박 대통령에게 말했다."고 밝혔다.[41] 5월 24일에는 "천안함 조사결과가 전적으로 적절하다."는 입장을 표명했고,[42] 오바마 대통령은 6월 2일 뉴욕 코리아 소사이어티의 연례만찬회에 보낸 비디오 메시지 말미에 "같이 갑시다"라는 한미연합사의 구호를 외치며 한미동맹에 대한 확고한 의지를 표현했다.[43] 그러한 가운데 6~7월 한국에서는 계속해서 한미 양국이 서해에서 미국의 핵추진 항모 조지 워싱턴호를 포함한 대규모 해상기동훈련을 실시할 계획이라는 뉴스가 보도되었다.

이 같은 일련의 움직임은 일차적으로 강력한 대북 압박의 표현이었으나, 궁극적으로는 오바마 정부의 아시아 전략을 그 배경으로 한다는 점에서 주목되었다. 즉, 아시아에서의 미국의 리더십을 확보하겠다는 오바마 정부의 전략 목표가 이 지역에서의 미국의

---

41) The White House, "Statement by the Press Secretary on the Republic of Korea Navy ship the Cheonan," May 19, 2010, https://obamawhite house.archives.gov/the-press-office/statement-press-secretary-republic-korea-navy-ship-cheonan (검색일: 2017.08.02).

42) The White House, "Statement by the Press Secretary on the Republic of Korea," May 24, 2010, https://obamawhitehouse.archives.gov/the-press-office/statement-press-secretary-republic-korea (검색일: 2017.08.02).

43) Videotaped Remarks of President Obama for the Korea Society 2010 An-nual Dinner, New York, June 2, 2010, https://obamawhitehouse.archives.gov/the-press-office/videotaped-remarks-president-obama-korea-society-2010-annual-dinner (검색일: 2017.08.02).

전통적인 동맹국 및 우방국과의 군사안보 관계 강화를 통해 강조되었다는 점이다. 한미동맹은 바로 미국의 아시아 전략의 중축이다. 미국은 동맹국 한국에 대한 강력한 안전보장 지원 의지를 표시함으로써 아시아의 다른 동맹국 및 우방국들에 대한 리더십을 확보하고자 했다.

그런데, 중국은 한미 양국에게 대단히 민감하게 대응했다. 물론 처음부터 중국이 민감하게 반응한 것은 아니었다. 사건 발생 초기 중국은 비교적 냉정하고 객관적인 자세를 유지했으나 한국이 천안함 조사 결과를 발표하고 이에 대해 미국이 공개적이고 적극적인 지지를 표명하면서부터 중국의 태도가 변화하기 시작했던 것이다.

특히 6월 초 한미합동군사훈련 계획이 보도된 이후 중국은 비판적인 태도를 나타냈다. 앞에서도 이미 언급한 바 있듯이 중국 외교부 대변인의 성명 발표는 물론이고, 인민해방군 관계자들과 관영언론들은 공개적으로 한미 양국이 중국과 인접한 서해에서 군사훈련을 하려는 계획에 대해 상당히 공격적인 표현으로 비난했다. 중국의 주요 관영 언론들은 한미연합훈련에 관한 특집기사들을 구성했고, 또한 민감한 표현의 헤드라인을 뽑아내며 한미연합훈련이 동북아 지역의 긴장을 가중시키고 나아가 한미 양국의 군사적 대응이 북한을 넘어 중국을 겨냥하고 있다고 보도했다.

<표 7> 2010년 천안함 사건 후 한미연합훈련에 대한 중국의 주요 반응

친강(秦剛) 외교부 대변인	유관 당사국들이 동북아 정세를 긴장시키고, 이 지역 국가의 이익을 침해하는 일을 해서는 안 된다.	6월 22일
세계군사(世界軍事) 천후(陳虎) 편집장	대규모 항모전단이 황해에 진입하면, 아주 좋은 훈련 목표가 될 수 있다. 이런 훈련은 평소 이상의 훈련 효과를 거둘 수 있다.	6월 29일
마샤오텐 인민해방군 부총참모장	황해는 중국과 너무 가깝다. 이곳에서 군사 훈련이 벌어지는 데 대해 강력히 반대한다.	7월 1일
환구시보(環球時報) 사설	공해상에서 진행되는 훈련을 막을 법적인 방법은 없다. 하지만 한국을 포함해 미국은 그에 상응하는 대가를 치를 것이다.	7월 6일
중국신문망(中國新聞網)	한미 9월초 연합훈련 재개, 항모의 황해 진입여부 주목.	7월 23일
중국청년보(中國青年報)	한미 연합훈련, 북한 주변에서의 칼춤, 의도는 중국의 바다와 하늘에.	7월 26일

중국이 한미연합훈련에 대해 민감하게 비판적으로 반응한 배경에는 미국의 핵항모가 훈련 참가를 명목으로 서해에 진입한다는데 있었다. 천안함 사건을 기회로 오바마 정부가 동아시아에서 미국과 미국의 동맹국, 우방국들과의 군사협력 관계 강화를 통해 중국을 견제하려는 아시아 회귀 전략에 정당성을 부여하려 하고 있으며, 미 핵항모의 서해 진입 계획은 그 상징성을 가진다고 판단했

던 것이다. 다시 말해 중국은 북한에 대한 한미 양국의 강력한 대응이 단순한 대북 억지력 강화가 아니라 궁극적으로는 지전략적 차원에서 중국을 견제하려는 의도로 인식했던 것으로 보인다. 그런데 여기서 천안함 사건과 그 처리과정에 대한 중국의 태도와 관련해 몇 가지 문제점이 제기된다.

첫째, 핵심적 국가이익에 대한 중국의 인식적 편향성이다. 앞에서도 여러 차례 설명했듯이 중국은 그동안 주권 안보, 영토 보존, 국가 통일 등 핵심적 국가이익에 대해서는 양보나 타협이 불가함을 강하게 천명해 왔다. 한미연합훈련 계획에 대해 반발하고 나선 것도 이 같은 차원에서 비롯되었다. 외국 군대가 서해 및 중국 근해에서 중국의 안보이익에 영향을 주는 활동을 하는 데 반대한다는 중국의 반응은 중국과 한반도 사이의 바다가 중국의 국가이익 그 자체라는 사고에서 출발한 것이다. 이른바 중국의 핵심적 국가이익이라는 주권 안보, 영토완정이 이 해역에 적용된 것이며, 이는 근본적으로 이 해역을 인접국가와의 공해 개념이 아닌 자국의 영해로 간주하기 때문이라고 볼 수 있다.

둘째, 바로 위의 이유에서 중국은 서해상에서의 자국의 군사훈련은 정례적이고 정당하다고 주장하면서 동 지역에서의 한미연합훈련은 마치 지역의 평화와 안정을 해치는 것으로 인식하는 이중적인 자세를 나타냈다는 점이다. 중국은 한미연합훈련에 대해 중국의 국가안전에 대한 중대한 도발이라고 비난하면서 한미 양국에 중지를 요구했으며, 결국 한미연합훈련 이후 서해, 남중국해, 동중국해 등 인근 해역에서 해군 훈련을 실시하는 것으로 대응했다. 그러나 한국과 중국 사이의 해역은 중국의 황해인 동시에 한국의 서해이기도 하다. 중국과 마찬가지로 이 해역은 한국의 국가안보에 있어 대단히 중요한 이해가 걸려 있는 지역이다. 한국으로서도 국가 안보에 중대한 이해가 걸려있는 사안인 만큼 자국 영해에서 우방국과 합동군사훈련을 전개할 수 있는 충분한 사유가 된다는 점을 중국은 이해할 필요가 있을 것이다.

셋째, 한중관계의 현주소는 과연 어디인가? 한미 양국은 모두 중국과 전략적 동반자관계를 구축하고 있다. 만일 중국이 기본적으로 한국과 미국을 잠재적 적대 세력이라고 보지 않는다면 한국과 미국이 이 지역에서 자위권 강화 차원의 훈련을 진행한다는데 반대할 이유가 있을까? 물론 전통적으로 한반도를 미국 중심의 해양세력과의 전략적 완충지대로 간주해 온 중국의 입장, 그리고 미국의 항모가 참가하는 서해상에서의 대규모 연합훈련이 북한의 극단적 대응을 초래함으로써 한반도의 상황을 더욱 복잡하게 할 가능성이 있다는 중국의 우려도 십분 이해된다. 그러나 한미 양국에 대한 중국의 적대적 반응은 도가 지나쳤다. 동반자관계를 형성하고 있는 밀접한 국가 간의 관계에서 표현할 수 있는 상식적인 수준은 아니라 하겠다.

넷째, 위의 연장선상에서 볼 때 한미 양국에 대한 중국의 태도를 결정하는 데에 동북아의 동맹관계가 대단히 중요한 영향을 미치고 있다는 점이다. 중국은 그동안 기회 있을 때마다 동북아에서의 '냉전적 사고'에 대한 우려를 표명해 왔지만, 정작 북한이 관련된 사안에 대해서는 냉전 시기 형성된 동맹관계의 틀을 벗어나지 못하고 있다.

2010년 12월 21일 중국 사회과학원 아태연구소에서는 '2010년 주변 안보정세와 중국의 대책'을 주제로 아시아 지역 정세 변화에 대한 논의를 진행한 바 있다. 동 회의에서 발표된 동명의 보고서는 중국사회과학원 아태연구소가 기획하고 안보외교실이 책임 편찬한 것으로 알려져 있어 상당부분 중국의 관방 시각이 반영된 것으로 볼 수 있을 것이다. 이 내용을 보도한 관영매체(環球網)의 요약기사에 의하면, 2010년 중국의 주변 안보환경은 "미국의 '아시아 회귀'로 인해 중국과 주변 국가들의 관계에 부정적인 영향을 미치고 있으며, 특히 한반도 정세의 긴장에 따라 미국이 깊이 개입하면서 한·미·일 3국의 군사동맹이 명확하게 나타났고 이는 중국에게 안보위협과 외교적 압력으로 작용했다."는 내용이 포함되어 있다.44)

중국의 논리에 따르면 한·미·일의 군사동맹 강화가 동북아 지역의 불안정 요인이라는 것인데, 이러한 시각은 현상의 선후 및 인과관계를 외면하며 문제의 본질을 흐릴 수 있다. 한미동맹의 결속 강화는 미국이나 한국이 아니라 무엇보다 북한이 그 일차적인 원인을 제공해 왔다는 점을 직시하면서 북한 편향적인 시각의 정당성과 합리성을 재고해 봐야 할 필요가 있다.

동북아 지역의 군사안보적인 측면에서 북중관계 대 한미동맹의 대립 구도는 여전히 진행형이다. 지난 2009년 5월 25일 북한의 2차 핵실험 직후 중국은 전례 없이 국제사회의 대북제재에 동참하는 모습을 보여줌으로써 향후 중국의 대북정책이 강경하게 변화될 가능성도 보여주었다. 그러나 결과적으로 볼 때 중국의 대북정책은 아직 근본적인 변화를 나타내고 있지 않으며, 한반도의 안정적 현상 유지를 목표로 북한정권의 붕괴를 방지하겠다는 의도가 보다 두드러지고 있다고 보여진다. 박홍서에 따르면 중국은 미국이 북한을 공격할 가능성이 높아지거나 북한이 미국에 유화적으로 편승해 자국이 방기당할 가능성에 처하는 등 전략적 이익의 침해 수준이 증가될 때 북한에 대한 동맹 의무 준수 의지를 강하게 표출하

44) 김애경, "2010년 주변 안보정세와 중국의 대책", 대외경제정책연구원 중국전문가포럼(2011. 1. 10), http://csf.kiep.go.kr 참조.

거나 적극적 개입정책으로 자국의 영향력을 확보하려고 했다. 반대로 대미관계가 우호적이거나 중요한 시기일수록 북한의 돌발적 행동을 적극적으로 제어함으로써 미국과의 원치 않는 충돌 가능성에 연루되지 않으려는 모습을 보여주었다.[45] 결국 중국으로서도 이 같은 관계는 자국의 핵심적 전략이익을 확보하기 위한 수단이며, 이는 앞으로도 상당기간 동안 유지될 것이다. 그러므로 북한이 핵을 포기하지 않고 있는 상황에서 한미동맹은 여전히 한국 안보의 핵심적 요소로서, 중국의 대북 정책이 전향적인 변화를 보이지 않는 한 중국에 대한 한미의 신뢰는 한계를 가질 수밖에 없을 것이다.

중국은 한미동맹의 연장선상에서 한국을 바라보고 있다. 이명박 정부 시기 강화된 한미동맹에 대해 중국은 공공연하게 우려와 불만의 태도를 표시해 왔다. 천안함 사건 이래 중국 정부와 언론이 보여준 태도도 결국은 중국의 주변 국가와 미국은 중국의 협력자일수도 적일수도 있다는 인식의 틀을 벗어나지 못하고 있기 때문일 것이다.[46] 이는 동북아에서의 중미관계가 전략적 이익과 가치의 대립이라는 특징에서 비롯된다. 중국과 미국은 이 지역에서 그들의 안보·경제적 이익이 비(非)영합게임이어야 하는 이유를 잘 알고 있지만, 양자가 추구하는 전략적 이익과 가치는 본질적으로 선명한 대비를 이룬다. 특히 전술한 것처럼 천안함 사건의 무대가 되었던 한반도의 서해는 중국과 미국의 전략적 이해관계가 교차하는 핵심지역 가운데 하나이다. 미국과 기본적인 전략적 이익과 가치를 공유하고 있는 한국은 중국이 볼 때 불안하다. 중국으로서는

45) 박홍서, “북핵위기시 중국의 대북 동맹안보딜레마 관리 연구: 대미관계의 변화를 주요 동인으로”, 『국제정치논총』, 제46집 1호(2006), pp. 103-122 참조.
46) 문정인(2010), p. 102.

전략적 완충지대 역할을 해 주는 북한이 아직은 더 나은 선택일 수 있다. 따라서 전략적 협력과 갈등적 경쟁이 반복되고 있는 중미관계에 협착된 동북아의 중층적 갈등구조는 쉽게 해소되기 어려워 보인다.

문제는 이로 인해서 북핵문제의 해결과 한반도 평화체제의 구축은 난항이 불가피하며, 한중관계의 미래 역시 상당한 기간 동안 갈등적 요소를 끌어안고 갈 수 밖에 없다는 것이다. 한국으로서는 한미동맹과 북중관계 사이에서 한중관계와 중미관계가 상호 밀접한 안보적·경제적 이해관계를 공유하고 있기 때문에 국가안보의 핵심적 사안인 북핵문제의 해결과 한반도 평화체제의 구축에 있어 미국과 중국 그 어느 한쪽을 주동적으로 선택하기가 어려운 상황이다. 특히 최근의 중미관계가 보여준 것처럼 양자 간의 전략적 협력과 경쟁이 계속해서 반복된다면 한국의 입지는 더욱 좁아질 가능성이 크다. 중국과 미국의 세력 격차가 더욱 줄어들면서 중국은 동북아에서 자신의 영향력을 더욱 강화하려 할 것이고, 그 과정에서 한미동맹은 끊임없이 시험대에 오르게 될 것이다. 중국은 "미국이 자기 세력권의 변방에서 얼마나 단호하게 자신의 기득권을 지키려는지 시험"하려 들 것이기 때문이다.[47]

탈냉전 이래로 중국은 평화와 발전, 그리고 다극화의 국제질서를 추구해 왔으며, 이를 위해서는 패권주의와 강권정치가 성행하는 미국 중심의 현존 국제질서를 극복해야 한다고 보고 있다. 하지만 중국 역시 부강한 중국을 향한 강대국 외교를 추진하며 국력의 증대에 따라 핵심적 국가이익의 외연이 확장되는 모습을 보여주고 있다. 그리고 그 과정에서 나타나고 있는 도광양회와 대국굴

47) "이명박 정부 3년, 보수가 보수를 말한다", 『코리아정책저널』, 제4호(2011년 1/2월호), p. 38.

기 사이의 모순적 행태로 인해 주변 국가들로부터 중국이 주장하는 평화적 부상에 대한 끊임없는 의문과 우려를 자아내고 있다.

특히 지역 안보질서는 중국의 급속한 국력 증대와 미국의 상대적 쇠퇴를 배경으로 양국의 지역적 동맹관계를 따라 중층적 갈등이 심화되고 있다. 21세기 동아시아 지역질서가 중국의 성장에 따라 흔들리고 있다는 렘케 등의 주장이 여전히 설득력을 가지는 이유이다. 이는 결국 동아시아 지역질서에 대한 중미 간 이해관계가 협력의 당위성과 가능성에 비해 견제와 대립의 속성이 더욱 선명하다는 데에서 비롯된다. 물론 중미 양국은 전면적인 충돌을 최대한 자제할 것이지만, 그럼에도 불구하고 적어도 동북아 주변 지역의 핵심적 국가이익에 대해서만큼은 양자 간 이해와 입장의 차이가 너무나 뚜렷해 보인다. 따라서 서로 타협할 수 없는 전략적 이익과 가치의 충돌은 양국 관계의 갈등과 협력을 끊임없이 반복하게 만들 것이다.

이 같은 중국과 미국의 사이에서, 정치경제적으로 양국과 모두 밀접한 이해관계를 가지고 있는 한국의 입장은 참으로 곤혹스럽다. 안보와 경제라고 하는 두 가지 치명적인 요소를 이 두 나라에 의존하고 있는 한국으로서는 그들과의 관계가 모두 절대적으로 우호적이어야 하지만, 동북아 지역을 둘러싼 중미 간 전략적 갈등의 사이에서 한미동맹과 한중 전략적 동반자관계의 공존이 결코 쉬운 과제는 아니다.

무엇보다도 한국의 국가이익에서 차지하고 있는 중국의 비중과 중국의 국가이익에서 차지하고 있는 한국의 비중은 비대칭적이다. 따라서 천안함 사건 이래로, 특히 앞의 제5장에서도 언급했지만 최근의 사드 배치 문제를 계기로 간극이 벌어진 양국의 신뢰를 회복하고 관계를 복원해야 할 필요성은 한국이 더 절박하다. 한국

안보의 선결 과제인 북핵문제의 해결을 위해서는 중국의 역할과 협력이 필수적이기 때문이다. 그러나 중국은 대북정책을 본질적으로 변화시킬 의도가 없어 보이며 한국을 한미동맹의 연장선상에서 바라보고 있다. 나아가 한국에 대해서는 힘의 외교마저 구사하고 있다. 중국은 한중관계의 손상으로 중국이 입을 손해보다는 북한의 이탈 내지는 붕괴로 예상되는 자국 핵심이익의 손실이 훨씬 더 크다고 판단하고 있는 것 같다. 이 같은 상황에서 양국의 진정한 상호 신뢰 구축은 그 한계를 가질 수밖에 없을 것이어서 양국 간의 관계 복구는 상당한 진통과 시간이 걸릴 것으로 예상된다.

향후 중국의 대 한반도 정책은 기본적으로 '아시아로의 회귀'를 추구하는 동아시아 지역에서의 미국의 영향력 확대에 대한 견제와 차단이라는 큰 틀에서 현상 유지의 방향으로 전개될 것으로 보인다. 따라서 기존의 북한 편향적 기조도 계속 유지될 것이다. 중국의 입장에서 보면 북한은 특히 동북아 지역에서 미국의 영향력 확대를 견제하기 위한 가장 효과적인 레버리지이기 때문에 북한의 대 중국 의존도 유지를 위한 중국의 전략적 관심과 지원은 계속될 것이다.

따라서 만일 중국이 북한과의 관계를 강화하고 동시에 미국과도 적절한 협력을 유지한다면 한반도 문제와 한중관계에 있어 한국의 발언권은 더욱 줄어들 가능성이 크며, 한국은 중국과 미국 사이에서 표류하게 될 위험마저 있어 보인다. 이미 국민의 정부 이래로 한미동맹은 상당한 갈등을 겪었던 경험이 있고, 중국은 또 그들대로 한국이 군사안보적으로는 미국의 편에 서서 중국에서의 경제적 이익만 추구하는 모순적 행동을 보인다고 비판하고 있다.

그러나 이러한 헤징(hedging)의 역작용 가능성에도 불구하고 한미관계의 강화와 한중관계의 회복을 동시에 해결해야만 하는 것이 한국의 과제이다. 앞에서도 언급했지만 중국이 비판한다고 해서 한미동맹을 포기할 수는 없다. 중미 간 핵심이익과 가치의 대립구도가 사라지지 않는 한 중국의 북한 포기는 상상하기 어렵다. 따라서 중국의 대북정책은 쉽게 변화하지 않을 것이라는 전제를 가지고 중국에 접근해야 하며, 동시에 한국의 핵심적 안보이익에 대한 정당성을 지속적으로 분명하게 중국에게 설득해야 한다. 중국도 전략적 동반자관계에 진정한 의미를 두고 한국과의 적극적인 협력을 통한 공동이익을 추구해야 할 것이다. 한국과 중국의 핵심적 안보이익이 갈등관계를 형성해서는 곤란하다.

제7장 중국의 공공외교*

2014년 7월 3일 중국 국가주석 시진핑이 취임 후 처음으로 한국을 국빈 방문했다. 시진핑 주석의 방한이 세간의 이목을 집중시킨 첫 번째 이유는 양국 수교 이후 중국의 최고지도자가 북한이 아닌 한국을 먼저 방문했다는 점에서 한중 양국 관계의 새로운 이정표로 주목되었기 때문이다. 그리고 또 하나의 이유는 바로 영부인 펑리위안(彭麗媛) 여사였다. 조용한 내조로 일관하던 이전의 중국 퍼스트레이디들과는 달리 적극적이고 활동적인 모습으로 잘 알려진 펑 여사의 스타일에 대해 방한 전부터 한국의 여론이 관심을 가지기 시작했다. 방한 기간 중에는 펑 여사의 패션, 화장, 어록(語錄)에서부터 한류팬임을 공개하고 한국의 고춧가루 구매까지 주한 중국대사관에 부탁했다는 일화 등이 한국의 각종 매체를 장식하며 시 주석에 못지않게 한국인들의 관심과 호감이 집중되었다. 비단 시 주석의 한국 방문뿐만 아니라 2015년 9월의 미국 방문, 10월의 영국 방문 등을 통해 과거 그 어느 지도자 때보다 적극적인 역할로 영부인 외교를 펼치고 있는 펑 여사의 행보는 중국 및 해외의 많은 언론들로부터 '패션외교', '소프트외교' 등으로 표현되며 많은 관심을 끌었다. 이는 펑 여사의 적극적이면서도 세련되고 부드러운 '매력공세(charm offensive)'가 전 세계 여론을 대상으로 중국의 딱딱하고 엄숙한 전통적 이미지(예를 들면 중국 지도자들이 즐겨 입는 인민복과 같은)를 상쇄하기에 충분한 효과를 낳고

---

* 본 장은 저자의 논문 "중국의 공공외교: 배경, 목표, 전략", 『동서연구』, 제23권 2호(2011), pp. 97-121과 "중화인민공화국 수립 이전 중국 공산당의 공공외교에 대한 연구", 『한중사회과학연구』, 제14권 3호(2016), pp. 1-36에서 발췌하여 수정, 보완하였다.

있다는 방증일 것이며, 결과적으로 중국 공공외교의 역할과 효과에 대한 관심 제고에도 일조했다.

소프트파워(soft power)의 투사 수단으로서 공공외교(public diplomacy)는 탈냉전기 국제관계에서 날로 그 중요성이 강조되고 있다.[1] 중국도 일찌감치 공공외교의 중요성을 인식해 왔다. 예를 들면, 주영대사와 외교부 부부장(차관)을 역임한 제12기 전국인민대표대회 대변인 푸잉(傅瑩)은 2009년 7월 27일 중국 관영 언론 신화사(新華社)와의 인터뷰에서 "서방에서 부정적으로 나타나는 중국에 대한 오해는 상이한 정치시스템과 가치관, 서방의 냉전적 사고방식과 중국에 대한 편견과 몰이해에서 비롯되며, 따라서 서방 미디어와 대중들이 더욱 정확하게 중국을 이해할 수 있도록 공공외교가 필요하다."는 의견을 피력한 바 있다.[2] 국무위원 양제츠도 공산당 이론지인 『구시(求是)』에 2011년 2월 16일 게재된 글에서 "중국에 대한 오해와 편견에 대응해 적극적인 공공외교를 전개함으로써 국제사회에 올바른 '중국관'을 수립하고 중국의 국제적 발언권을 강화시켜야 한다."고 주장했다.[3]

---

1) 소프트파워는 군사력이나 경제력 등 물리적으로 표현되는 힘인 하드파워(hard power)에 대응되는 개념으로서, 미국의 국제정치학자 조지프 나이(Joseph S. Nye, Jr.)에 의해 1990년대 초부터 제시되어 왔다. 구체적으로 강압(coercion)이나 보상(payment)이 아닌 매력(attraction)을 통해 타국의 선호(preference)에 영향을 미침으로써 자국이 원하는 것을 얻을 수 있는 능력을 말한다. 자세한 내용은 Joseph S. Nye, Jr., "Soft Power," *Foreign Policy*, No. 80(Autumn, 1990), pp. 153-171; Joseph S. Nye, Jr., *Bound To Lead: The Changing Nature Of American Power* (New York: Basic Books, 1990); Joseph S. Nye, Jr., *Soft Power: The Means to Success in World Politics* (N.Y.: Public Affairs, 2004) 등을 참고하라.

2) "Chinese Ambassador on Public Diplomacy," People's Daily Online, July 27, 2009, http://en.people.cn/90001/90776/90883/6710236.html (검색일: 2017.06.10).

3) 楊潔篪, "努力開拓中國特色公共外交新局面", 『求是』, 2011年 第4期, http://www.qstheory.cn/zxdk/2011/201104/201102/t20110214_67907.htm (검색일: 20

현대 중국이 강조하는 공공외교는 장쩌민의 발언으로부터 시작되었다. 장쩌민은 1997년 中共 15大에서 “문화교류를 통해 중국의 국제적 위상을 제고하자.”는 취지의 발언을 하였고, 이는 후임자인 후진타오로 이어져 구체화되었다. 2007년 10월의 中共 17大 정치보고에서 후진타오는 “문화적 소프트파워의 제고와 중화문화의 국제경쟁력 강화”를 강조했고, 이때부터 ‘소프트파워’가 국가발전전략에 포함되었다. 이어 2009년 7월 제11차 재외공관장회의에서 후진타오가 공공외교와 인문외교를 강조하며 공공외교는 중국외교의 주요 방침 가운데 하나가 되었다. 또 2009년 외교부 신문사(新聞司) 산하의 ‘공공외교처’를 ‘공공외교판공실’로 승격시켰고, 2010년에는 외교부 산하에 ‘공공외교 자문위원회’를 신설하는 등 공공외교 추진을 위한 기구를 정비했다.[4]

최근에는 정부차원을 넘어서, 미국의 카네기재단이나 포드재단 등 민간기구들의 공공외교 활동을 본받아 중국의 기금회(基金會) 등 비정부·민간 차원에서도 적극적인 공공외교를 전개해야 한다는 의견들이 제기되고 있다. 그러한 의견들은 냉전 시기의 동서 이데올로기 대결 과정에서, 정치적 의도를 드러내지 않으면서도 서방의 자유민주사상을 선전하고 우월적 국가 이미지를 전 세계에 각인시키는데 민간기구들의 공공외교가 효과적이었다는 점을 주목하고 있다.[5]

17.06.10).

4) 이장원, “중국의 공공외교: 배경, 목표, 전략”, 『동서연구』, 제23권 2호(2011), pp. 108-115.

5) 陳雪飛, “公共外交中的基金會”, 『上海國資』, 2012年 第5期, pp. 102-103; 宋明晶, “福特基金會在美國公共外交中的作用”, 『國際關係研究』, 2016年 第1期, pp. 113-117.

1. 공공외교 개념의 이해

(1) 공공외교의 개념

공공외교라는 용어는 미국 터프츠대학교 플레쳐스쿨(The Fletcher School of Law and Diplomacy, Tufts University)의 학장이던 에드먼드 귈리온(Edmund Gullion) 교수에 의해 1965년 플레쳐스쿨에 에드워드 머로우(Edward R. Murrow) 공공외교센터가 설립될 당시 연설에서 최초로 사용되었다.[6)]

1953년부터 미국의 공공외교를 담당했던 해외공보처(USIA: United States Information Agency)는 "외국 대중들에 대한 소통, 교육, 감화, 그리고 미국인 및 단체들과 그들의 해외 파트너 사이의 폭넓은 대화를 통해 미국의 국가이익과 안보이익 증진을 추구하는 활동"이라고 그 개념을 정의한 바 있다. 해외공보처가 국무부로 통합되기 이전인 1997년 6월 20일 통합위원회는 공공외교에 대해 "외국 대중에 대한 소통, 교육, 감화를 통해 미국의 국가이익 증진을 모색하는 것"이라고 정의하였다.[7)] 이에 따르면 공공외교는 또 공보(public affairs)와 일견 비슷하면서도 구분된다. 공보는 대중과 미디어, 그리고 기타 기관들을 대상으로 정부의 정책과 활동에 관련된 정보를 제공하는 활동이지만, 외국보다는 국내의 대중들을 대상으로 한다는 점에서 공공외교와는 차이가 있다.

---

6) 정기웅·윤석상, "일본 공공외교가 한국에 주는 함의: 일본국제교류기금과 일본국제협력기구를 중심으로", 『국제문제연구』, 제9권 1호(2009), p. 143.

7) 1999년 10월 1일자로 미 해외공보처는 국무부로 통합되었다. 미국의 공공외교 개념과 역사 등에 관해서는 PDAA(An Association for Public Diplomacy Professionals and formerly the USIA Alumni Association) 홈페이지 참조, http://pdaa.publicdiplomacy.org/?page_id=6 (검색일: 2017.06.10).

미 국무부에 따르면 공공외교는 다른 나라의 대중에게 정보를 제공하거나 영향을 미치려는 정부 지원 프로그램을 의미하며, 그 주요 수단은 출판, 영화, 문화 교류, 라디오, TV 등이다.[8] 미국 남가주대 공공외교연구소에서는 보다 포괄적으로 정부가 후원하는 문화, 교육, 정보 측면의 프로그램과 민간교류·방송을 이용하여 외국인들의 이해를 돕고 정보를 제공하고 영향을 미침으로써 국익을 증진시키는 전통적 의미의 공공외교 이외에도 대중문화, 패션, 스포츠, 뉴스, 인터넷에 이르는 개인의 활동이 외교정책, 국가 안보, 통상, 관광 등의 국익에 영향을 미치는 행위들까지 공공외교의 범주에 포함시키고 있다.[9]

요약하자면, 공공외교는 그 대상의 측면에서 다른 나라들의 정부가 아닌 비정부기관과 집단, 그리고 시민들을 대상으로 행하는 외교이다. 그리고 이를 수행하는 주체는 한 국가의 정부, 반관반민의 단체, 순수 민간단체가 될 수 있고, 또 국제기구도 공공외교의 수행 주체가 될 수 있다. 즉 학자, 학생, 문화인, 연예인, 경제인, 노동인, 체육인 등 다양한 분야의 전문가들 및 이들로 구성된 민간단체가 본연의 활동을 하는 과정에서 자연스럽게 또는 정부 및 국제기구의 위촉을 받아 공공외교의 수행 주체가 될 수 있는 것이다.[10] 그러므로 공공외교는 외교의 집행과정에 있어 기본적으로 전문적인 외교관을 주체로 하는 정부 간 협상과정을 의미하는 전

---

8) U.S. Department of State, *Dictionary of International Relations Terms* (Washington, D.C.: Dept. of State Library, 1987), p. 85.

9) Joshua S. Fouts, "Public Diplomacy and National Images: Theory and Practice," 한국국제교류재단 편, 『한국국제교류재단 창립 15주년 기념회의: 공공외교와 한국국제교류재단』 (서울: 한국국제교류재단, 2006), p. 25.

10) 한승주, "세계화시대의 Public Diplomacy," 한국국제교류재단 편, 『한국국제교류재단 창립 15주년 기념회의: 공공외교와 한국국제교류재단』 (서울: 한국국제교류재단, 2006), pp. 11-13.

통적인 외교방식으로부터 보다 확대되고 공개된 대중 참여를 기반으로 하는 정부-국민 간 쌍방향적 소통이 강조된다.11)

공공외교는 소프트파워 담론과 밀접한 연관성이 있다. 소프트파워 담론의 핵심은 어떻게 소프트파워를 활용하고 극대화 할 것인지 이다. 소프트파워는 '공공외교', '문화외교(cultural diplomacy)', '국가브랜드(nation-brand)'의 세 가지 차원에서 이해된다. 첫째, 공공외교는 소프트파워 담론 전체를 담아내는 최상위 개념이라고 할 수 있다. 둘째, 문화외교는 문화를 수단으로 하거나 주제로 하는 외교활동으로서 공공외교와 거의 중첩되는 동의어로 사용되기도 한다. 문화는 소프트파워의 여러 구성 요소 중 하나로서, 가장 핵심적인 요소로 간주되기 때문이다. 그러나 문화의 개념을 아무리 넓게 해석하더라도 문화외교는 공공외교의 일정 부분을 담당하는 하위 영역이라 할 수 있다. 셋째, 국가브랜드란 한 국가에 대한 호감도 또는 신뢰도를 총칭하는 개념이며, 그 국가가 지니는 정치, 경제, 문화, 가치들을 포괄한다. 국가의 명성은 기업브랜드와 같은 역할을 하기에 국가를 기업브랜드와 같이 관리해야 한다는 인식에서 출발한 개념이지만, 주로 국가 경쟁력을 높이기 위한 경제적 측면에 초점을 맞추고 있기 때문에 보다 포괄적인 개념인 공공외교와는 차이가 있다.12)

그러므로 공공외교는 이를 수행하는 국가의 전반적인 정책, 문화, 가치와 함께 작동되는 소프트파워의 핵심적 투사 수단이 된다. 또한 효과적인 공공외교는 국제사회로부터 호감을 얻고 신뢰받는

---

11) 하재웅, 『공공외교 전략으로서의 블로그 활용방안 연구: 한국해외봉사단 운영 방안을 중심으로』, 서강대학교 공공정책대학원 석사학위 논문(2009), p. 1.

12) 조대식, "소프트파워 시대의 한국의 공공외교와 문화외교", 『국제문제연구』, 제9권 3호(2009), pp. 5-6.

정책 전개에 더해 정책의 결정과 집행 과정에 국제사회의 의견을 반영함으로써 더 나은 정책을 산출할 수 있다.

이러한 측면에서 미국 남가주 대학의 공공외교 전문가인 니콜라스 컬(Nicholas J. Cull) 교수는 공공외교의 5가지 기본 요소를 제시하고 있다. 첫째, 경청(listening). 외국 대중들의 의견을 수집하고 분석하여 이를 정책 수립과 설명에 반영함으로써 외국 대중들의 마음을 끈다. 둘째, 옹호(advocacy). 정책과 정보의 진솔한 표현이다. 셋째, 문화외교. 스포츠를 포함한 문화의 수출 또는 문화영역의 참여를 촉진한다. 넷째, 교류외교(exchange diplomacy). 외국 파트너와의 인적 상호교류, 특히 학생 교류 프로그램을 의미한다. 다섯째, 국제방송(international broadcasting). 방송을 통해 외국 대중들에게 어필한다. 이러한 요소들이 유기적으로 작동될 때 소프트파워로서의 공공외교의 효과는 극대화 될 수 있는 것이다.[13]

현대 국제관계에서 이 같은 공공외교가 강조되는 데에는 민주주의의 확산과 인간 안보의 강조, 그리고 정보사회의 발전에 힘입은 측면이 크다. 즉, 민주주의의 확산에 따라 인간안보가 강조되면서 비정부영역의 정치적 영향력과 개인의 발언권이 확대되었다. 동시에 인터넷과 모바일 기기로 대표되는 정보통신기술의 혁명적 발전을 바탕으로 정보 수집의 통로가 개방되고 개인 및 각 사회적 조직체들 상호간의 다차원적 네트워크화가 급속히 진행되며 개인과 국가, 국내와 해외의 연결고리가 갈수록 밀접해지고 있다. 이 같은 상황은 국익 추구를 위한 외교 수행에 있어 자국민뿐만 아니라 상

13) US-China Economic and Security Review Commission, *China's Propag-anda and Influence Operations, its Intelligence Activities that Target the United States and its Resulting Impacts on US National Security* (Washin-gton: United States-China Economic and Security Review Commission, 2009), pp. 6-7.

대국 국민의 지지와 신뢰를 얻을 필요성을 급속히 요구하고 있다. 물리력 또는 강제력으로 비롯된 것이 아닌, 상대국 대중들의 자발적인 호의와 신뢰야말로 한 국가의 국제적 위상과 이미지 제고에 도움이 되고, 궁극적으로는 외교와 경제 활동 등의 국익 증진을 위해 더없이 효과적인 요소이기 때문이다.[14]

(2) 공공외교의 역할

외교는 전통적으로 외교사절들이 국제관계를 조정하고 관리하는 방법으로서 기존의 관점에서 보면 두 가지 중요한 역할을 한다. 하나는 국가가 결정한 외교정책을 집행하는 것이고, 다른 하나는 국가의 외교정책 결정에 필요한 정보를 제공하는 것이다.[15] 그 목적은 국익의 실현이다. 전통적인 외교에서는 국익의 개념 설정에서부터 그 실현에 이르는 모든 준비 및 집행 과정에 있어서 정부기관이 주체가 되며, 그 실행 대상도 타국 정부가 된다.

궁극적 목표가 국익의 실현이라는 점에서는 공공외교 역시 전통적 외교와 동일하다. 그러나 전통적 외교의 수행 주체가 정부라면, 공공외교의 행위 주체는 정부와 민간 모두가 될 수 있다. 즉 비정부기구, 기업, 개인 등 민간 차원의 비정부 행위체가 외교의 수행 주체가 될 수 있다. 또한 공공외교와 전통적 외교는 외교의 수행 대상이 다르다는 점에서도 차이가 있다. 전통적 외교의 수행 대상이 다른 나라 정부나 국제기구인데 비해서 공공외교의 주요 수행 대상은 정부가 아닌 타국의 일반 대중들이다. 공공외교의 일차적인 역할은 바로 타국의 일반 대중들에게 자국을 홍보하고 그들과

14) 한승주(2006), pp. 14-16.
15) 하재웅(2009), p. 10.

의 폭넓은 소통을 도모함으로써 그들의 마음을 얻는 것이며, 이를 통해 궁극적으로 자국의 국가이익 증진을 도모하는 것이다. 그러므로 공공외교의 성패는 바로 타국의 일반 대중들로부터 얼마나 호감을 얻고 신뢰받느냐에 달려있다고 할 수 있다. 그 호감과 신뢰는 단기적, 단편적이 아닌 장기적이고 포괄적일수록 효과를 발휘할 것이 분명하다.

이러한 측면에서 공공외교가 소프트파워와 같은 맥락에서 다뤄지는 것이다. 특히 강압이나 보상이 아닌 매력을 통해서 타국의 선호에 영향을 미쳐서 자국이 원하는 것을 얻는다는 점에서 소프트파워와의 교집합을 형성하고 있고, 나이 교수가 정의한 소프트파워 개념이 소프트파워 자원, 소프트파워 행위(자원의 운용)와 소프트파워 역할(소프트파워 운용의 결과)로 구성되어 있다고 본다면,[16] 소프트파워는 공공외교의 자원과 결과를 의미하며 공공외교는 소프트파워의 투사 수단이자 과정, 즉 행위에 해당된다고 할 수 있다.

공공외교 활동은 다양한 범주에서 이루어지고 있으나, 대체로 크게 3가지 형태로 구분된다.[17] 첫째, 국내 및 대외정책 결정의 정황과 배경을 해외의 일반 대중들에게 설명하고 소개하는 뉴스관리(news management)이다. 정부기관의 공보조직 또는 국제방송, 정부 및 민간기관의 홈페이지·블로그 등을 통해서 행해지는 뉴스 브리핑, 정보 공개 등의 홍보, 선전 활동이 이에 해당된다. 둘째, 해외의 대중들에 대한 단순한 메시지 전달이 아닌 총체적인 정책 전달을 목표로 하는 전략적 의사소통(strategic communication)이다. 셋째, 장기적인 신뢰 확보를 위한 상호 교류 프로그램들을 마

16) 이영학, "중국의 소프트 파워에 대한 평가 및 함의-국제 여론 조사 결과를 중심으로", 『아태연구』, 제17권 2호(2010), p. 201.
17) 하재웅(2009), p. 11.

련하고 국가 간의 문화적 관계를 확대해 가는 관계 정립(relationship building)이다. 한국국제교류재단의 학술교류 및 지원 프로그램, 한국문화원의 문화홍보프로그램 등이 대표적이다.

2. 중국적 공공외교의 기원: 옌안 시기 중국 공산당의 대외 선전[18)]

(1) 옌안의 중국 공산당과 에드가 스노우

1925년 쑨원의 갑작스런 사망으로 제1차 국공합작이 와해된 후, 중국 공산당은 1927년 8월 1일 난창(南昌)봉기, 9월의 추수폭동, 12월의 광저우 폭동 등 잇따라 무장봉기를 시도했으나 실패했다. 이에 공산당은 1928년 6월 모스크바에서 개최된 중국 공산당 6차 당 대회에서의 결의를 통해 취치우바이(瞿秋白) 노선을 수정, 산간벽지와 농촌 근거지를 중심으로 하는 소비에트 혁명 전략으로 전환하였다. 하지만 난징정부 수립 이후 북벌을 성공리에 수행하며 정치적·군사적 정권 기반을 확보한 장제스는 1930년 12월~1934년 10월 사이 공산당의 농촌 혁명 근거지인 소비에트들에 대해 5차례

18) 옌안 시기는 국민당의 토벌을 피해 장정을 떠난 중국 공산당 중앙위원회와 홍군 주력이 싼시성 옌안의 우치진(吳起鎮)에 도착한 1935년 10월 19일부터 1948년 3월 23일 중국 공산당 중앙위원회가 우바오현(吳堡縣) 동쪽으로 황하를 건너 허베이성(河北省) 시바이포(西柏坡)로 향한 날까지의 옌안 소비에트 시기를 말한다. 우치진에 중국 공산당과 홍군 주력이 도착한 날짜에 대해서, 국내 일부 자료에서는 우치진 도착을 9월 20일이라고 주장하기도 하지만 중국 공산당의 기록에 따르면 10월 19일이다. 이와 관련해서는 다음 자료를 참조하라. 胡華, 『中國革命史講義』 (北京: 中國人民大學出版社, 1979), p. 368; 中共中央黨史硏究室, 『中國共産黨歷史』 上卷 (北京: 人民出版社, 1991), p. 394; 서진영, 『중국혁명사』 (서울: 한울, 1992), pp. 128-201.

에 걸쳐 대규모 포위공격을 전개하였다. 이에 중국 공산당과 홍군은 생존을 위한 '장정'에 나서 1935년 가을 서북의 싼깐닝 지역, 즉 싼시성 북부 내륙의 옌안에 도착해 새로운 혁명근거지를 마련하였다.

옌안에서 중국 공산당은 안으로 정풍운동, 하향운동, 정병간정(精兵簡政)운동, 혁명교육 및 사상개조운동, 자력갱생과 생산운동 등의 정치적·경제적 내부 정비를 통해 당의 체제와 사상을 재편하고 대중을 조직화하며 혁명역량을 확충하는데 역점을 두었다. 대외적으로는 특히 중국의 사회주의 혁명에 우호적인 해외인사들과의 적극적인 교류를 추진했다. 그 목적은 중국 사회주의 혁명의 해외 선전, 중국 공산당에 대한 해외의 신뢰와 지원 획득에 있었다. 다시 말해 당시 장제스의 국민당 정부를 지지하던 미국과 영국을 대상으로 중국 공산당에 우호적인 여론을 형성하고, 이를 통해 공산당이 처해 있던 불리한 국면을 타개하는 통일전선을 형성하려는 것이었다. 중국의 혁명근거지를 방문한 최초의 서방 기자 에드가 스노우와 중국 공산당 지도자들의 만남도 그러한 배경 속에서 이루어졌다.

미국 출신인 스노우는 당시 중국 상하이를 중심으로 활동하던 서방 언론인 중의 한 사람이었다. 앞의 제4장에서 잠시 언급했듯이 그는 옌안의 중국 공산당 혁명근거지에 체류하면서 마오쩌둥 등 공산당 지도자들을 인터뷰했고, 그 내용을 정리한 책 『중국의 붉은 별』을 미국에서 출판해 유명해진 인물이다.[19] 여기서 스노

19) 정확하게 말하면 스노우가 방문했던 지역은 옌안 외곽의 바오안(保安), 즉 현재의 싼시성 옌안시 즈단현(志丹縣) 바오안진(保安鎭)이다. 홍군이 옌안을 점령한 것은 1936년 12월 하순이었고, 중국 공산당 중앙위원회는 바오안에 있다가 1937년 1월 13일에 옌안에 진주했다. 레바논계 미국 의사 하템(George Hatem, 중국명 馬海德)도 바오안에서 공산당 지도자들을 만났다. 軍事科學院軍事歷史研究部, 『中國人民解放軍六十年大事記』 (北京: 軍事

우의 옌안 방문과 관련해 몇 가지 궁금했던 점을 언급하지 않을 수 없다. 옌안은 장제스의 군사적 공세에 쫓겨 척박한 내륙 깊숙이 밀려들어간 중국 공산당이 새롭게 근거지를 구축한 곳이었다. 상하이, 난징, 광둥 등 국민당군이 장악하고 있던 지역과는 삼엄하게 격리된, 그래서 쉽게 접근할 수 없는 지역이었다. 더군다나 현지 지리와 언어에 익숙하지 않은 외국인이 진입하기에는 더욱 그러했다. 그렇다면 스노우는 도대체 어떻게 해서 옌안을 방문하게 되었을까? 누구의 도움으로 옌안에 들어가 몇 달씩 체류하며 공산당의 최고 지도부를 밀착 취재할 수 있었을까? 이와 관련해서 몇 가지 가능성을 소개한다. 예를 들어 후정창(胡正强)의 설명은 스노우의 옌안행에 있어 저우언라이가 모종의 중요한 역할을 했을 것이라 추측하게 만든다.

> "저우언라이는 지속적으로 외부 세계의 이해와 우의를 획득하고 유리한 국제환경을 조성하기 위한 대외선전의 효과에 주목하고 있었다.…에드가 스노우가 중국공산당 중앙위원회의 소재지 바오안에 도착했다. 그때 저우언라이 한 사람만이 그 깊은 의미를 알고 있었다. 저우언라이가 마오쩌둥을 설득해 스노우와 회담을 하도록 했고, 최선을 다해 전면적이고 주도면밀하게 스노우가 4개월 동안 싼깐닝 소비에트 각지를 취재할 수 있도록 준비했다. 1937년 중일전쟁 발발 후 저우언라이의 지휘로 당시 중국 공산당 외사(外事)조직의 하나였던 중공중앙장강국(中共中央長江局)에 국제선전조(國際宣傳組)를 설립해 대외선전활동을 강화하려 하였다. 저우언라이는 중국 공산당과 사회주의 혁명에 대한 해외 대중의 지지를 이끌어내는 것이 필요하다

科學出版社, 1988), p. 64; 中共中央黨史硏究室(1991), p. 443 참조.

고 보았고, 대외선전의 확대를 통해 국제사회의 정신적인, 물질적·기술적인 원조를 확보할 수 있다고 강조하며 이를 위해 외국기자들에 대한 선전활동을 주동적으로 전개할 것을 지시했다."[20]

여기서, "당시 저우언라이 한 사람만이 그 깊은 의미를 알고 있었고, 저우언라이가 마오쩌둥을 설득해"라는 표현은 스노우의 방문에 대해 마오쩌둥은 소극적이었고 저우언라이는 보다 적극적이었다고 보여지는 부분이다. 물론 1920년대 유럽에서의 공산당 활동을 통해 선전과 대중노선의 효과를 익히 체득해 온 저우언라이가 스노우의 가치를 일찌감치 알아본 것은 당연했을 터이다. 하지만 마오쩌둥이 소극적이었다는 뉘앙스는 이해하기 어렵다.

위엔우천(袁武振)과 하오치(郝琦)는 마오쩌둥이 스노우의 방문을 주도했다고 설명한다. 마오쩌둥은 외국인들을 통해 중국의 혁명운동을 국제사회에 선전하려 했고, 이를 위해 스노우를 옌안에 초청했다는 것이다.

"마오쩌둥은 믿을만한 외국인을 불러들여 (중국혁명운동의) 실상을 기록하고 발표할 필요가 있다고 생각했다. 1936년 봄, 중공중앙은 상하이의 지하조직에 비밀전문을 보내 성실하고 진실된 서방 기자와 의사 각 한명을 싼깐닝 소비에트에 초청하도록 했다. 1936년 7월부터 10월까지 미국인 기자 에드가 스노우가 싼깐닝의 혁명근거지에 와서 항일전쟁에 대한 중국 공산당의 입장, 홍군의 군사적·정치적 자질, 중국 공산당과 혁명근거지 건설 등에 대해 4개월 동안 취재했다."[21]

---

20) 胡正強, "周恩來的對外宣傳思想初探", 『河北師範大學學報』, 第22期 2號(1998), pp. 1-2.

한편 스노우의 저서에는 중국의 사회주의 혁명에 관심을 가지고 있었던 그 스스로가 서북 지방의 혁명근거지에 들어가 볼 계획을 세운 것으로 기록되어 있다. 1928년 세계일주 여행에 나선 스노우는 상하이에 도착하며 중국과 인연을 맺기 시작했다. 1930년대 초중반 그는 이미 다양하고 왕성한 기고와 저술 활동을 통해 중국 주재 저널리스트로 상당히 이름이 알려져 있었다. 스노우는 중국과 동남아시아를 취재하면서 시카고 트리뷴(Chicago Tribune), 뉴욕 선(New York Sun), 뉴욕 헤럴드 트리뷴(New York Herald Tribune), 런던 데일리 헤럴드(London Daily Herald) 등의 언론사에 기고 활동을 했는데, 그의 관심은 특히 중국의 혼란스런 정치적, 사회적 현실에 집중되었다. 이 시기 쑹칭링(宋慶齡) 여사와의 만남은 특히 스노우가 중국 공산당과 사회주의 혁명에 깊숙한 관심을 가지게 된 계기가 되었다. 1931년 만주사변을 전후로 한 시기 스노우는 쑹칭링의 프로필을 집필해 달라는 뉴욕 헤럴드 트리뷴의 요청에 따라 쑹칭링을 만나게 되었다. 이어지는 만남을 통해 쑹칭링의 개인사뿐만 아니라 장제스와 국민당에 대해 이해하게 되었고, 또 중국의 진보적인 작가, 예술가, 혁명가들을 소개받으며 공산당과 사회주의 혁명, 그리고 일본의 침략과 관련된 중국의 변화에 대한 관심과 의문들을 키워나갔다.[22] 그리고 스노우는 비밀리에 뉴욕 선 등의 언론사에 중국 서북 지방의 공산당 근거지에 들어가 보겠다는 제안을 했고, 그들은 스노우의 계획을 승인했다는 것이다.[23]

---

21) 袁武振·郝琦, "國際友人在延安和陝甘寧邊區的活動及其中國抗戰的貢獻", 『延安大學學報』, 第21期 2號(1999), pp. 86-87.
22) 에드가 스노우(최재봉 역), 『시작을 위한 여행』 (서울: 지리산, 1993), pp. 55, 23-25, 116-131. 원제는 *Journey to the Beginning* (1958).
23) *ibid.*, p. 197.

그런데, 전술한대로 스노우가 활동했던 상하이와 베이징 등 국민당 장악 지역(일명 백구)에서 공산당의 근거지인 옌안 지역(일명 홍구)으로 가는 길은 국민당 군대에 의해 통제되고 있었고, 국민당과 공산당 모두에게 간첩으로 오해받을 가능성도 컸기에 상당히 큰 모험이었다. 스노우는 어떻게 갔을까? 스노우는 저서에서 "나는 상하이로 가서 쑹칭링 여사를 다시 만났다. 내가 홍군에게 첩자가 아니라 적어도 중립 인물로 받아들여질 수 있도록 그녀가 도와줄 수 있기를 바랬다. 그래서 1936년 봄 베이징으로 돌아온 직후 쑹칭링 여사가 홍구 방문을 주선해 주었다. 그녀를 통해 나는 베이징의 한 교수와 접촉했는데, 그는 내게 마오쩌둥에게 보내는 편지와 함께 시안(西安)의 홍군 지하조직과 연락할 수 있는 다른 방법도 알려주었다."고 그 서술하고 있다.[24]

그 편지는 쑹칭링이 써 준 것일까? 스노우의 저서 『중국의 붉은 별(Red Star over China)』 1972년 판 서문을 쓴 존 페어뱅크(John K. Fairbank)는 "스노우가 1936년 6월 쑹칭링의 소개장을 갖고 서북 지역의 봉쇄된 홍구로 출발했다."고 기록하고 있다.[25] 하지만 정작 스노우는 누가 소개장을 써주었는지는 구체적으로 밝히지 않았다. "안 보이는 잉크로 마오쩌둥 앞으로 보내는 소개장을 나에게 써준 베이징의 그 인물이 홍군의 한 지휘관이란 사실은 알고 있었지만 그를 만나보지는 못했다. 나는 내 오랜 친구인 제3자를 통해 그 소개장을 전달받았다."라고만 서술하고 있다.[26]

"홍군의 한 지휘관"이란 대목에서 쑹칭링이 아닐 것이라는 추측

24) *ibid.*, pp. 197-198.

25) *Red Star over China*는 1937년 런던에서 최초로 출판되었고, 미국에서는 1938년에 출판되었다. 본서에서는 1972년 Penguin Books Ltd.에서 출판된 수정증보판을 한국어로 번역한 것을 참고하였다. 에드가 스노우(홍수원·안양노·신홍범 역), 『중국의 붉은 별』 (서울: 도서출판 두레, 2013). p. 7.

26) *ibid.*, p. 41.

은 가능하다. 그런데 위의 『중국의 붉은 별』 1972년 판에 추가되어 있는 후주(後註)를 통해 그 인물이 누구인지 확실해진다. "마오쩌둥에게 보일 소개장"[27]에 대해 "당시 둥베이대학(東北大學) 교수로 있던 쉬빙(徐冰)이 나에게 전해 주었다.…1960년, 당시 상하이 시장으로 있던 커칭스(柯慶施)는 류샤오치의 허락을 받아 자신이 그 편지를 썼다고 나에게 밝혔다."라고 후주가 추가되어 있는 것이다.[28]

이상의 내용들을 근거로 당시의 상황을 재구성 해보자.

첫째, 장정의 종막이던 1935년 하반기~1936년 상반기의 중국에서는 항일투쟁을 위한 통일전선 형성 논의가 대두되기 시작했다. 일본의 중국 침략이 더욱 거세지고 있는 상황에서 일본군에게는 타협과 양보로 일관하면서 반공·멸공에 주력하고 있던 장제스의 정책이 그 주요 원인을 제공했다. 즉 1933년 5월 31일 체결된 〈탕구정전협정(塘沽停戰協定)〉이래[29] 연이은 대일 타협 정책인 〈진토협정(秦土協定)〉[30], 〈하매협정(何梅協定)〉[31]으로 화북의 베이징-텐진 이북 지역은 국민당군 및 정부기관이 철수하고 반일활동이 금지되어 중국의 주권이 미치지 못하는 사실상의 일본 지배 영역이 되었다. 이로 인해 장제스를 비판하고 항일을 위한 내전 종식

---

27) *ibid.*, p. 30.

28) *ibid.*, p. 565.

29) 일본군이 베이징을 위협하자 텐진 외항인 탕구(塘沽)에서 일본군과 국민당군 사이에 체결된 정전 협정이다. 중국군이 허베이성 동북부로부터 철수한다는 내용을 포함했다. 이로써 일본의 만주 장악을 기정사실로 인정하고 일본군의 화북 침략을 허용하게 되었다.

30) 1935년 6월 27일 국민당 정부 차하얼성(察哈爾省) 대리 주석 겸 국민당 29군 부사령관 친더춘(秦德純)과 일본군 특무기관 요원 도이하라 겐지(土肥塬賢二) 간에 체결되었다. 차하얼성의 국민당과 국민당 군대의 철수, 항일단체 해산, 일본인을 군사·정치고문으로 초빙하는 등의 내용을 담고 있었다.

31) 1935년 7월 6일 국민정부 군사위원회 화북분회 대리위원장 허잉친(何應欽)과 화북 주둔 일본군 사령관 우메즈 요시지로(梅津美治郎) 간에 체결되었다.

과 통일전선을 요구하는 전국적인 여론이 들끓고 있었다.

둘째, 국민당군의 대규모 토벌 작전으로 싼시성 북부 내륙의 싼깐닝 지역으로 밀려온 공산당에게 통일전선의 형성은 대단히 절실한 과제였다. 화북 상실 직후인 1935년 8월 1일 코민테른 주재 중공 대표단은 〈항일구국을 위해 전체 동포에게 보내는 서한(爲抗日救國告全體同胞書)〉(일명 8·1 선언)을 기초, 10월 1일 중화소비에트공화국 중앙정부 및 중국 공산당 중앙위원회 명의로 발표했다. 당시 장정 중이던 중국 공산당 중앙위원회는 싼깐닝 지역에 도착한 이후에야 이러한 사실들을 알았고, 1935년 11월 28일 같은 성격의 〈항일구국선언(抗日救國宣言)〉을 발표했다. 〈8·1 선언〉은 국민당 통치 구역 내에서는 언론 통제로 보도되지 않았고, 파리에서 발간되던 중국 공산당 기관지 구국보(救國報) 등에 보도되었다. 그리고 그 소식이 중국에 유입되며 1935년의 12·9 학생운동 등 학생, 노동자, 농민, 상인 등이 참여한, 통일전선 형성과 반일항쟁을 주장하는 대규모 시위사태가 주요 대도시에서 줄을 이었다.[32] 스노우는 그의 자서전에서 12·9 학생운동이 자기 집 거실에서 계획되었다고 기록했다.[33]

공산당의 본격적인 통일전선 구축 시도는 1935년 12월 17일부터 즈창현(子長縣) 와야오바오(瓦窯堡)에서 열린 중공중앙정치국 확대회의에서 나타났다. 이 회의에서 공산당은 소자산가계급과 민족자산가계급, 지식인, 부농과 소지주, 심지어 군벌들까지도 연합의 대상으로 하는 항일통일전선의 방침을 결의하고 국민당과의 협력을 추진키로 결정했다. 특히 시안 지역의 국민당군이 일차적 통일전선 구축의 대상이 되었다. 당시 시안 주둔 국민당군의 주력은

32) 中共中央黨史硏究室(1991), pp. 396-404 참조.
33) 스노우(1993), pp. 182-191.

장쉐량(張學良)의 동북군(東北軍)과 양후청(楊虎城)의 제17로군(第17路軍)이었다. 공산당은 그들이 장제스의 정책에 불만을 가지고 있다는 점을 간파하고 그들에 대한 통일전선을 적극 추진했다. 1936년 1월, 공산당과 홍군은 〈동북군 병사들에게 보내는 서한(致東北軍將士書)〉을 발표해 동북군과의 통일전선 구축 의사를 밝혔고, 4월에는 저우언라이가 직접 옌안을 방문해 장쉐량과 회담을 가졌다. 장쉐량은 공산당측의 제안을 받아들여 공산당과 동북군 사이에는 비밀리에 휴전이 성사되었다. 동시에 공산당은 양후청에게도 밀사를 파견해 통일전선 구축을 성사시켰다. 이에 따라 1936년 상반기부터 공산당의 홍군과 동북군 및 제17로군은 사실상의 휴전 상태에 들어갔다.[34]

셋째, 국내의 통일전선 구축 시도와 동시에 마오쩌둥과 저우언라이는 국제적으로도 반장제스(反蔣)·항일투쟁에 대한 중국 공산당의 입장을 해외에 선전하고 공산당에 우호적인 국제 연대와 지원을 확보하기 위한 국제통일전선의 구축이 필요하다고 보았다. 이를 위해 공산당과 사회주의 혁명에 비교적 우호적인 서방인사들과의 교류를 생각해냈고, 공산당과 서방인사들 양쪽과의 교류가 가능했던 쑹칭링에게 외국기자 한 사람을 싼깐닝 지역으로 초청해 줄 것을 부탁했다. 때마침 중국에서 장기간에 걸친 저널리스트 활동을 통해 중국의 정치적, 경제적, 사회적 현실을 직접 목도하며 많은 문제의식을 가지고 있던 스노우도 중국 공산당과 그들의 혁명에 대해 정확히 알고 싶다는 생각을 가지게 되었다. 그들의 근거지로 갈 방법을 찾고 있는 스노우가 쑹칭링에게 도움을 요청했고, 쑹칭링이 공산당과 스노우의 만남을 주선하는 역할을 하게 된 것으로 보인다.[35]

34) 中共中央黨史硏究室(1991), pp. 404-411.

넷째, 시안에 도착한 스노우는 '왕목사'라 불리는 인물을 통해 홍군의 근거지로 넘어갈 수 있었다. 왕목사는 공산당과 시안 주둔 장쉐량 휘하 동북군 사이의 일종의 비공식 밀사 역할을 하던 인물이었다. 그가 시안의 공산당 지하조직원들과 동북군을 스노우에게 연결시켜주어서 홍군 지배 지역으로 들어가게 되었는데, 이는 앞에서 설명한 것처럼 1935년 12월~1936년 여름 사이 공산당과 장쉐량의 동북군 사이에 장제스가 미처 몰랐던 비밀 휴전이 되어 있었기에 가능한 일이었다.[36]

결과적으로 스노우는 서방인 최초로 중국 공산당의 근거지에서 장기간 체류하며 그들의 주장과 사회주의 혁명 노선, 그리고 국민당 통치의 실상을 사실적이고 비판적으로 바라볼 수 있게 되었고, 베이징으로 돌아온 직후 기자회견과 기고문을 통해 그의 여정과 홍구 내의 상황을 공개했다.[37] 이를 바탕으로 1937년 런던에서, 그리고 1938년 미국에서 출판된 그의 저서 『중국의 붉은 별』은 크게 주목을 받았다. 스스로의 말처럼 스노우는 마오쩌둥이 세계와 전 중국을 향해 말할 수 있는 첫 번째 창구가 되었다.[38]

35) 사젠쑨(沙健孫)은 "마오쩌둥과 저우언라이는 항일전쟁 수행과 국제통일전선 형성의 필요성에서 상하이의 쑹칭링에게 편지를 보내 외국인 기자 한명을 그들의 근거지로 초청해 달라고 부탁했고, 때마침 홍군 근거지를 취재하고 싶어 했던 스노우도 쑹칭링에게 서북행을 부탁한 일이 있어 쑹칭링의 추천으로 스노우가 1936년 6월 3일 베이징에서 기차를 타고 출발하게 되었다."고 기술하고 있다. 沙健孫, 『中國共産黨史稿』第四卷 (北京: 中央文獻出版社, 2006), p. 514.

36) 스노우(1993), pp. 198-201; 스노우(2013), pp. 41-52; 中共中央黨史硏究室(1991). pp. 408-414.

37) 당시 스노우가 홍군에게 처형되었다는 소문이 돌고 있었기에 베이징으로 돌아온 후 스노우는 미국 대사관에서 기자회견을 갖고 그와 관련된 사실을 알렸다. 스노우(1993), p. 233.

38) *ibid.*, p. 207.

(2) 스노우 이후 옌안을 찾은 이방인들

스노우 이후 많은 이방인들이 싼깐닝 지역의 홍구, 즉 옌안을 찾았다. 스노우의 영향이 컸다. 대표적인 사례가 에반스 칼슨(Evans F. Carlson)이다.[39] 1938년 7월 주중 미 대사관 참사였던 해병 대위 칼슨은 옌안을 방문하고 돌아온 스노우의 견해(중국의 장래가 공산당에게 달려있다는)에 공감하고 있었다. 그는 홍구에 직접 가보라는 스노우의 제안을 받아들였고, 스노우의 주선으로 장제스 총사령부에서 팔로군을 대표하고 있던 저우언라이에게 보내는 편지를 휴대하고 난징의 홍군 지하조직을 통해 홍구로 진입하게 되었다.[40] 칼슨은 홍군의 근거지에서 주더, 덩샤오핑 등과 만난 최초의 미군이었다.[41] 그가 보고 들은 것들은 1940년 출판된 그의 저서를 통해 미국 사회에 알려졌다.[42]

관련된 역사 기록과 연구들을 종합해 보면 스노우로 대표되는 외국 언론인들, 미군들, 캐나다 의사 노먼 베쑨(Henry Norman Bethune, 중국명 白求恩)과 레바논계 미국 의사 하템, 독일 출신 의사 한스 뮐러(Hans Müller, 중국명 漢斯·米勒)와 같은 의료진들, 제임스 클루그만(James Klugmann, 중국명 柯爾曼)과 같은 좌파 지식인들,[43] 그리고 해외 화교 인사들 등이 공산당의 서북 혁명근거

39) 물론 칼슨의 경우는 어디까지나 스노우의 기록에 근거한 것이라는 점에서 객관적이지 않을 수도 있지만, 스노우가 기록한 그와 칼슨과의 관계, 칼슨의 중국 주재 경력 및 중국관 등의 구체성으로 볼 때 칼슨의 홍구행에 스노우가 상당한 역할을 했을 것으로 보인다.

40) 제2차 국공합작으로 공산당의 홍군 3만은 국민혁명군 팔로군(八路軍)으로, 중·남부 지역 유격대는 신사군(新四軍)으로 편제되었다. 백범흠, 『중국: 외교관의 눈으로 보다』 (서울: 늘품플러스, 2010), p. 423.

41) 스노우(1993), pp. 245-247.

42) Evans F. Carlson, *Twin Stars of China* (New York: Dodd, Mead & Company, 1940).

지 홍구를 찾은 이방인들이었다. 그 가운데 중국 공산당에 우호적인 여론 형성에 직접 관여한 이들은 주로 스노우처럼 서방 언론사의 중국특파원 신분으로 활동하던 인사들이었고 따라서 중국 공산당 지도부는 특히 이들을 주목했다. 중국 공산당은 그들의 초기 활동에서 경험한 이른바 '선전(宣傳)'의 효과를 중요시했고 서방 기자들이 발휘할 수 있는 펜의 힘을 믿었다. 따라서 서방 기자들의 홍구 방문에 매우 적극적이었다. 스노우 부부[44] 이외에도 아래와 같이 많은 기자들이 시안사변을 전후해 그 대열에 함께 했다.[45]

미국 여기자 아그네스 스메들리(Agnes Smedley)는 1929년 초 독일 일간지 프랑크푸르트 자이퉁(Frankfurter Zeitung) 및 영국 일간지 맨체스터 가디언(Manchester Guardian)의 특파원으로 중

43) 1938년 6월 29일 옌안에서는 클루그만을 비롯한 4명의 세계학생연합대표들을 환영하는 군중집회가 열렸다. 1920~1930년대 유럽에서는 지식인들의 사회운동이 활발했었다. 대학생 및 언론인들을 중심으로 하는 사회운동은 제1차 세계대전 이후의 반전평화운동, 전후 복구 및 난민 구호 등의 영역에서 자원(volunteer)활동으로 나타났고, 특히 1930년대에는 반파시스트 운동에서 두드러졌으며, 그들 중 상당수가 좌파적 성향을 보였다. Georgina Bre-wis, *A Social History of Student Volunteering: Britain and Beyond, 1880-1980* (New York: Palgrave Macmillan, 2014), pp. 131-134.

44) 스노우와 중국에서 만나 결혼했던 헬렌 포스터 스노우(Helen Foster Snow) 역시 스노우의 옌안 방문 직후 옌안을 찾았다. 본명과 님 웨일즈라는 필명으로 중국에 관한 여러 저서를 남겼다. Helen Foster Snow, *Inside Red China* (New York: Doubleday, Doran & Company, 1939); Helen Foster Snow, *My China Years: A Memoir* (New York: Morrow, 1984); Nym Wales, *China Builds for Democracy: a Story of Cooperative Industry* (New York: Modern Age Books, 1941); Nym Wales, *The Chinese Labor Movement* (New York: John Day, 1945); Nym Wales, *Red Dust: Autobiographies of Chinese Communists* (Stanford, Calif.,: Stanford University Press, 1952).

45) 시안사변이란 공산당 토벌을 위해 싼시성 시안에 주둔 중이던 장쉐량 휘하 동북군을 독전하러 난징에서 날아온 장제스를 1936년 12월 12일 장쉐량이 양후청과 연합해 감금하고 내전 중지와 항일(抗日)을 요구한 사건이다.

국에 왔고, 이때부터 쑹칭링의 서신과 강연 원고 작성을 도우며 활동했다. 1936년 가을 상하이에서 시안으로 옮겨와 시안사변 후 장쉐량의 요청으로 시안방송국의 영어방송을 통해 시안사변의 진상을 외부에 알렸다.[46] 저우언라이의 주선 하에 1937년 1월 홍구에 들어간 스메들리는 공산당 지도부를 인터뷰하고 홍구를 취재하였다. 저우언라이는 그녀를 통해 공산당이 항일전쟁을 위한 단결을 원하고 있다고 국민당과 국제사회에 선전을 할 수 있었다.[47] 1928~1931년의 장쑤(江蘇) 소비에트 시절의 혁명운동을 소개한 저서,[48] 그리고 1936년 옌안 방문 당시 주더와의 대화를 바탕으로 서술한 주더 평전(그녀의 사후 유작으로 출판)을 통해 그녀는 자신이 보고 들은 중국의 상황을 미국에 알렸다.[49]

뉴질랜드 출신의 영국인 제임스 버트램(James Bertram)은 로즈 장학금(Rhodes Scholarships)으로 베이징의 옌징대학(燕京大學)에서 연수를 하는 동시에 영국 언론사들의 요청으로 중국의 상황을 취재하며 중국과 인연을 맺었다. 시안사변 직후 스노우 부부의 부탁으로 사건의 전말을 취재하기 위해 시안에 갔고, 장쉐량과 양후청을 취재하고 스메들리와 함께 시안방송국의 영어방송을 담당했다. 그리고 베이징에 돌아와 시안사변에 관한 책을 저술했고 영국과 미국에서 출판되었다.[50] 1937년 마오쩌둥의 요청으로 옌안을

---

46) 張文琳·廉李章, "外籍記者與中國革命", 『蘭州鐵道學院學報』, 第19期 5號 (2000), p. 14.

47) 中國共産黨重大事件紀實編委會, 『中國共産黨重大事件紀實』(呼和浩特: 內蒙古人民出版社, 2001), p. 446.

48) Agnes Smedley, *China's Red Army Marches* (New York: Vanguard Press, 1934).

49) Agnes Smedley, *The Great Road: The Life and Times of Chu The* (New York: Monthly Review Press, 1956).

50) James Bertram, *Crisis in China: The Story of the Sian Mutiny* (London: Macmillan, 1937); James Bertram, *First Act in China: The*

방문해 마오쩌둥을 비롯한 주더, 펑더화이, 저우언라이, 허룽 등을 취재했다.[51] 1938년 2월 우한에서 저우언라이의 부탁으로 팔로군 부상병들 치료 지원 요청서를 당시 홍콩에서 '중국보위동맹(保衛中國同盟)'을 조직하고 있던 쑹칭링에게 전달했고, 쑹칭링으로부터 1939년 의료지원단 및 의료장비와 약품을 옌안으로 수송하는 역할도 했다. 이때 동행했던 인물이 독일 의사 한스 뮐러였다.

미국 출신의 안나 스트롱(Anna Louise Strong)도 헬렌 스노우나 아그네스 스메들리 못지않은 인물이다. 스트롱은 일찍이 1920년대부터 유럽, 러시아, 스페인 등지의 혁명과 내전을 취재하고 다녔던 여류 저널리스트로서 뉴욕 이브닝 포스트(New York Evening Post), 내셔널 가디언(National Guardian) 등을 위해 취재 활동을 했었고, 중국에서도 1920년대부터 쑹칭링 및 저우언라이 등과 교류하며 활동했다. 1946년 7월 옌안을 방문해 9개월간 체류하며 마오쩌둥, 저우언라이, 주더, 류샤오치 등 공산당 지도자들을 인터뷰했다. 중화인민공화국 수립 이후에도 중국의 '친구'로서 중국과 밀접한 관계를 이어나갔다. 그녀는 중국 혁명 및 내전, 항일전쟁에 관한 여러 저서를 저술해 중화인민공화국 수립 이전은 물론이고 그 이후에도 중국 공산당을 서방에 알리는 역할을 했다.[52]

2015년 8월 30일 중국 국영 CCTV는 21분 분량의 흑백 무성

Story of the Sian Mutiny (New York: Viking Press, 1938).

51) 1937년 10월 25일의 버트램과 마오쩌둥의 대화는 "영국기자 버트램과의 대화(和英國記者貝特蘭的談話)"라는 제목으로 『毛澤東選集』 第二卷에 수록되어 있다.

52) Anna Louise Strong, *One-Fifth of Mankind* (New York: Modern Age Books, 1938); Anna Louise Strong, *The Chinese Conquer China* (New York: Doubleday & Company, 1949); Anna Louise Strong, *Letters from China* (Peking: New World Press, 1963); Anna Louise Strong, *China's Millions Revolution in Central China, 1927* (Peking: New World Press, 1965).

다큐멘터리 복원 소식을 보도했다. 스위스 취리히연방이공대학(Eidgenössische Technische Hochschule Zürich) 문서보관소에서 잠자던 1930년대 말의 중국혁명과 항일전쟁에 관한 다큐멘터리가 복원되었다는 내용이었다.[53] 그 원작자는 스위스 기자 왈터 보스하르트(Walter Bosshard)였다. 1780년 창간된 취리히의 독일어신문 노이에 쮜리허 자이퉁(Neue Zürcher Zeitung) 특파원으로 중국에 갔고, 1938년 5월 초 베이징을 출발해 우한을 거쳐 저우언라이를 만났다. 미국 여기자 스메들리가 그 만남을 도왔다. 저우언라이는 그를 옌안으로 안내했고, 옌안에서 마오쩌둥과 홍군 지도자들을 인터뷰하고 동영상을 촬영했다. 그는 마오쩌둥의 이야기와 홍구의 모습을 유럽 최초로 보도한 유럽언론인이었다.[54]

시어도어 화이트(Theodore Harold White, 중국명 白修德)는 하버드대 페어뱅크 교수의 제자로, 페어뱅크의 추천서를 가지고 1939년 4월 충칭(重慶)에 도착했다. 타임지(Time)와 라이프지(Life)의 특파원으로 활동하는 한편 국민당 정부 미국고문단의 일원으로 중국신문위원회의 보도를 주관했던 인물이다. 그는 주로 국민당 쪽에서 일했으나 오히려 국민당의 실정과 부패상을 담은 저서를 출판해 중국의 실상을 미국에 알리는 역할을 했다.[55]

시드니 리텐버그(Sidney Rittenberg, 중국명 西德尼·李敦白) 역시 스노우의 저서를 읽고 옌안으로 향했던 미국인이다. 미 육군에 입대 후, 육군의 극동 언어 및 지역학 프로그램으로 스탠포드대학교에서 중국어를 배운 그는 1945년 미 육군 통역관으로 중국에

53) CCTV, http://news.cntv.cn/2015/08/30/VIDE1440939077989448.shtml (검색일: 2016.05.15).

54) "1938年一位歐洲記者的延安之旅", 新華網, http://news.xinhuanet.com/zgjx/2015-07/30/c_134463453.htm (검색일: 2016.05.09).

55) Theodore Harold White & Annalee Jacoby, *Thunder out of China* (New York: William Sloane Associates, Inc., 1946).

파견되었다. 그는 상하이에서 쑹칭링을 알게 되었고 그녀의 권유로 퇴역 후 중국에 남아 유엔구제부흥사업국(United Nations Relief and Rehabilitation Administration)의 일을 했지만 국민당의 실상에 실망하여 1946년 가을 그 일을 그만두고 옌안을 찾았다. 이때는 이미 국공합작이 깨져 국민당의 옌안 봉쇄가 한창이던 시기였기에 그의 옌안행에도 분명 쑹칭링의 도움이 있었을 것이라 추측된다. 옌안에서는 마오쩌둥의 통역을 담당하며 리셴녠(李先念)과 왕쩐(王震)의 추천으로 중국 공산당에 정식 가입했다. 옌안신화방송국(延安新華廣播電臺)[56]에서 일하며 주로 중국 공산당의 정책, 주장, 국민당의 부패와 모순 관련 기사를 영어로 송출하는 선전 업무를 했다.[57] 스탈린에 의해 간첩죄를 쓰고 한 번, 문화대혁명 중에 반혁명분자로 몰려 또 한 번, 중국에서 보낸 30여 년 동안 모두 두 차례에 걸쳐 16년이라는 시간을 감옥에서 보내기도 했으나 그는 계속 중국에 우호적이었다. 1993년 미국에서 중국 공산당과 내전에 관한 회고록을 출판했다.[58]

한편, 필자는 중국 공산당의 옌안 시절을 살펴보기 위해 2013년 7월 옌안을 방문했었다. 옌안혁명기념관에서는 1930~1940년대 홍구를 찾은 외국인 기자들을 사진으로 확인할 수 있었다. 특히 산발적으로 이루어진 것으로만 알고 있던 외국 언론인들의 옌안 방문이 집단적으로 이루어졌다는 점이 눈길을 끌었다. 앞의 제2장에서 언급한, 뉴욕타임즈 및 내셔널지오그래픽의 해리슨 포맨, AP통신 및 맨체스터 가디언의 권터 슈타인, 로이터 및 토론토스타의

56) 중앙인민방송국(中央人民廣播電臺)의 전신.
57) "李敦白: 與毛澤東周恩來頻交往的洋革命者", 中國新聞網, http://www.chinanews.com/hb/news/2009/10-20/1920151.shtml (검색일: 2016.05.15).
58) Sidney Rittenberg, *The Man Who Stayed Behind* (New York: Simon & Schuster, 1993). 중국에서도 다음과 같이 번역되어 출판되었다. 李敦白, 阿曼達·貝內特(丁薇 譯), 『紅幕後的洋人』(上海: 上海人民出版社, 2006).

모리스 보토, 타임지와 뉴욕타임즈의 이스라엘 엡슈타인 등이 포함된 1944년 '중외기자서북참관단'의 활동도 눈으로 확인했다.[59)]

외국 언론인들의 홍구 취재와 출판·보도 열기에 대해 국민당은 매우 불안해했다. 당시 장제스는 외국 언론인들과 활동가들이 국민당을 비판하고 공산당에 호의적인 내용으로 글을 쓰는데 대해 우려하고 있었다. 따라서 1939년 이래로 국민당은 형식적으로는 국공합작을 유지하고 있었으나 실질적으로는 이미 옌안 홍구의 상황과 공산당의 항일 관련 내용에 대한 언론보도를 통제하기 시작했다. 홍구와 공산당의 상황이 궁금해진 외국인 기자들은 여러 차례 국민당에 홍구 방문 허가를 요청했으나 거절되기 일쑤였다. 그러한 상황에서 1943년 11월 6일 해리슨 포맨이 국민당 중앙선전부 국제선전처에 옌안 취재를 신청했으나 장제스의 답변은 역시 부정적이었다. 그러나 옌안은 이미 서방 기자들 뿐만 아니라 중국 주재 각국 사절단들의 집중적인 관심을 끌고 있었고, 특히 태평양전쟁 발발 후 중일전쟁의 동향을 주목하던 미국은 공산당에 대한 정보가 절실했다. 결국 1944년 2월 국민당 중앙선전부장 량한차오(梁寒操)는 장제스가 외국기자들의 옌안행을 허가했다고 발표했고,[60)] '중외기자서북참관단'이 구성되었다.

---

59) 엡슈타인은 폴란드 바르샤바 태생의 유태인으로 부모를 따라 중국에 온 후 1933년부터 중국의 사회주의 혁명에 참여한 인물이다. 1930년대 초 중국의 영자신문 Peking and Tientsin Times에서 저널리스트로 활동하기 시작해 중일전쟁 시기에는 UPI, 타임지 등의 특파원으로 활약했으며, 쑹칭링 등이 설립한 중국보위동맹(保衛中國同盟)에 참여, 대외선전과 국제원조 확보 활동을 했다. 중화인민공화국 수립 이후, 1951년 쑹칭링의 요청으로 중국에서 『中國建設』(후에 今日中國으로 개칭)의 창간과 발간 작업에 참여하며 중국국적을 취득하고 중국 공산당에 가입해 중국인으로 살았다. 문혁 시기에는 투옥의 고초도 겪었고, 역시 귀화 미국인 의사 하템과 함께 1983년 제6기 전국인민정치협상회의 상무위원으로 선출되기도 했다.

60) 盧毅, "1944年中外記者團訪問延安風波", 『廣東社會科學』, 2015年 第1期, p. 121.

그럼에도 장제스는 외국기자들의 일거수일투족을 감시하고 통제하려 했고, 방문 지역에 국민당 통제 지역도 포함시켜 그들의 관심이 홍구에만 집중되지 않도록 계획했다. 취재 내용도 검열 없이는 보도할 수 없도록 제한했다. 이를 위해 21명의 방문단 가운데 9명을 친 국민당 계열의 중국인 기자들로 구성하고, 방문단의 인솔을 위해 국민정부 군사위원회 외사국 부국장 셰바오챠오(謝寶樵)와 전시신문검열국(戰時新聞檢查局) 부국장 덩요우더(鄧友德)를 각각 인솔단장과 부단장으로 임명하고 국민당 중앙선전부 국제선전처 요원 2명과 국민당 중앙조직부 요원 2명을 수행원으로 대동시켰다.[61] 심지어는 외국기자들의 구성도 좌익 편향이 되지 않도록 계획했다. 당시 국민당이 보기엔 소련 타스통신사를 제외하고는 대부분이 영미권의 언론사 기자신분이었던 그들 중 이스라엘 엡슈타인과 귄터 슈타인은 좌익계열이었고, 해리슨 포맨은 공산당에 우호적인 인사였다. 이에 균형을 맞추기 위해 선택한 인물이 친 국민당 성향의 모리스 보토와 코믹 샤넌이었다.

국민당 측은 또 취재기간이 짧으면 외국기자들이 홍구의 '비참한' 실상과 공산당의 부정적인 측면을 정확하게 인식할 수 없을 것이라 판단해 그들의 취재기간을 적어도 3개월 이상으로 계획했다. 하지만 이는 국민당의 오판이었다. 외국기자들은 장기간의 밀착취재를 통해 오히려 국민당의 부정적인 면면을 자세히 파악하고 홍구의 실상이 그동안 국민당에 의해 선전되어 온 것과는 달리 안정적이며 공산당의 항일투쟁도 효과적이라는 점을 알게 되었다. 그들은 공산당에 우호적인 기사들을 내보냈다. 포맨, 슈타인, 엡슈타인은 6월에만 30건의 전문을 타전했다. 이는 국민당의 분노를

61) 朱蓉蓉, 『抗日戰爭時期的民間外交硏究』, 蘇州大學博士學位論文(2010), p. 63.

자아냈다. 결국 '중외기자서북참관단'은 계획보다 빨리 해체되어 샤년과 중국인 기자들은 7월 12일 충칭으로 돌아갔다. 나머지 5명의 외국기자들에 대해서는 8월 16일까지 충칭으로 복귀할 것을 촉구했으나 그들은 이를 무시하고 취재를 계속하다 10월이 되어서야 충칭으로 돌아왔다. 그리고 그들의 취재내용은 뉴욕타임즈처럼 영향력 있는 영미권 언론에 대대적으로 보도되거나 해외에서 출판되었다.[62] 심지어 친 국민당 성향의 보토마저도 "옌안에 가보니 백성들의 생활이 향상되었고, 언론출판의 자유가 있고, 항일전쟁의 의지가 전투에 능하며..."라며 공산당에 우호적인 태도를 보였다. 이들의 반 국민당적 활동에 분노한 장제스는 1944년 가을부터 옌안으로의 접근 통제를 더욱 강화했다.[63]

반면, 전술한 바와 같이 공산당은 일관적으로 서방 기자들의 역할을 긍정적으로 보고 있었다. 옌안 입성 이래 계속되는 일본군의 공세와 국민당의 봉쇄에 대응하며 전열을 정비하는 데에 외부의 지원이 필요했고, 이를 위해서는 공산당에 우호적인 국내외적 여론 형성이 시급했기 때문이었다. 중일전쟁 발발로 인해 어쩔 수 없이 국공합작을 선택했던 국민당은 공산당 세력 확대를 우려해 1939년 하반기부터 홍구에 대한 봉쇄조치를 강화, 급기야 1941년 신사군사건을 유발했다.[64] 이로써 사실상의 국공합작이 끝났던 1940년대 초반은 공산당의 자금 및 물자 조달과 이를 위한 우호

---

62) Harrison Forman, *Report from Red China* (New York: Henry Holt & Company, 1945); Günther Stein, *Challenge of Red China* (New York & London: Whittlesey House, 1945); Israel Epstein, *I Visit Yenan: Eye Witness Account of the Communist-led Liberated Areas in North-West China* (Bombay: People's Publishing House, 1945); Israel Epstein, *The Unfinished Revolution in China* (Boston: Little Brown & Company, 1947).

63) 盧毅(2015), pp. 121-125 참조.

64) 신사군사건은 본서 제2장을 참조하라.

적인 해외여론 형성(특히 국민당을 지원하고 있던 미국으로부터의)이 더욱 절실했던 상황이었다.

(3) 옌안 시기 중국 공산당의 외사(外事) 및 선전 조직

옌안 시기 중국 공산당의 대외선전과 교류는 어떤 경로를 통해서 전개되었을까? 중국 공산당 외사기구 창설의 역사 속에서 실마리를 찾아본다.

1927년 12월 광저우 봉기 후 수립된 소비에트 정부에 외교부와 외교인민위원회가 설치되었으나 겨우 이틀만 유지되었고, 중국 공산당의 본격적인 외사기구는 1931년 11월 장시성 루이진에 수립된 '중화소비에트공화국 임시중앙정부(中華蘇維埃共和國臨時中央政府)'에 외교인민위원회가 설립된 것이 처음인 것으로 파악된다. 왕자샹(王稼祥)이 외교인민위원을 맡아 주로 코민테른과의 연락업무를 담당했고, 특히 코민테른 대표로 파견 나온 오토 브라운(Otto Braun, 중국명 李德)의 연락업무를 담당했다. 동시에 모스크바에 중공 코민테른 주재 대표단이 설치되었다.[65)]

장정 이후에 출현한 중국 공산당의 외사조직은 중앙조직과 지방조직으로 구분될 수 있다.

첫째, 중앙조직은 중국 공산당 중앙위원회가 서북 싼깐닝에 도착한 이후 설립되었다. 1935년 11월 싼깐닝에 도착한 중국 공산당 중앙위원회는 대외적으로 '중공서북중앙국(中共西北中央局)'으로 칭했고, 사무기구인 '중화소비에트공화국 임시중앙정부 서북판사처(中華蘇維埃共和國臨時中央政府駐西北辦事處)'를 설립하였다. 그

65) 趙可金, 『當代中國外交制度的轉型與定位』 (北京: 時事出版社, 2012), pp. 77-78.

리고 왕자샹이 판사처 주임으로서 외사업무를 맡은 것이 옌안 시기 중국 공산당 중앙위원회의 대외선전 및 연락업무의 출발이었다. 그 직후인 12월 '와야오바오' 정치국 확대회의에서 '중앙연락국(中央聯絡局)' 설치를 결정했고 리커농(李克農)이 책임자가 되었다. '중앙연락국'은 대외적으로 '소비에트 정부 외교부'라 불렸다. 국민당 통치 지역에서 홍구로 들어오는 공산당의 지하요원들, 각계 대표, 외국인들을 맞이하는 일이 주요 업무였다.[66]

싼깐닝 소비에트 정부의 '외교부' 아래에는 다시 '교제처(交際處)'를 설치하고 서북판사처의 비서 우슈취앤(伍修權)이 처장을 겸직했다. 1936년 6월 '교제처'는 '초대과(招待科)'로 개편되어 중앙조직부가 통솔하게 되었다. 이때부터는 '외교부 초대소' 또는 '중앙교제처 초대소'의 명칭으로 불리기도 했다. 형식적으로는 외교부 산하 부서였지만 실질적으로는 중앙조직부가 지휘한 것으로 보인다.[67] 1937년 9월 6일 '싼깐닝 변구정부(陝甘寧邊區政府)'가 수립된 후 기존의 서북판사처 산하의 각 부(部)와 국(局)은 변구정부의 청(廳)과 처(處)로 편제가 조정되었는데, 이때 외교부가 폐지되고 초대과만 남았다. 그러나 국공합작에 따른 외사업무 강화의 필요성에서, 변구정부가 독립적이고 합법적인 정부조직으로서의 지위를 가지고 있다는 점을 대외적으로 강조하기 위해서는 '외교부'가 필요하다는 점이 지적되었다. 이에 1938년 5월, 원래 외교부 아래 있던 '초대과'를 '교제과'로 명칭을 변경하여 변구정부를 대표해 대외연락업무를 담당케 하였다. '교제과'는 1940년 다시 '교제처'로 변경되었고, 1941~1943년 사이 변구정부가 세 차례 기구개혁을 하며 변구정부 판공청의 직접 지휘를 받게 되었다.[68] 즉, 1943년

---

66) *ibid.*
67) 王鵬, 『陝甘寧邊區交際處研究』, 延安大學碩士學位論文(2012), p. 9.
68) *ibid.*

3월 20일 중국 공산당 중앙정치국은 〈중앙기구 조정 및 간소화에 관한 결정(中共中央關於中央機構調整及精簡的決定)〉을 통과시켜 마오쩌둥 주석에게 모든 결정권을 부여하고, 서기처를 행정기구로 정치국 지휘 하에 편제하였고, 중앙정치국 산하에 '선전위원회'와 '조직위원회'를 설치했다. 그리고 '남방국 외사조(南方局外事組)'를 기초로 1944년 가을 옌안에 '중앙군사위원회 외사조(中央軍委外事組)'를 설립했고, 1946년 5월 난징에 '중공대표단 외사위원회'를 설립했다. 1947년 5월 1일 '중공중앙 외사조(中共中央外事組)'가 설립되었다.[69]

둘째, 중국 공산당의 지방조직은 중국 공산당 중앙위원회의 역할을 대표하는 지역조직들로서 1930~1940년대 전국에 십여 개가 넘게 산재되었다가 1949년에 6개 지역국으로 재편되었다. 그 가운데 1930~1940년대 항일, 국공합작과 내전에서 공산당의 통일전선 및 외사업무에 핵심적인 역할을 했던 조직이 '남방국(南方局)'이다. 남방국의 출발은 '장강국(長江局)'이었다. 시안사변 후 중국 공산당 중앙위원회는 외사 및 군사연락업무를 위해 우한, 시안, 타이위엔(太原), 란저우(蘭州), 충칭, 구이린(桂林), 창사(長沙), 광저우, 우루무치 등지에 '판사처'를 설립했다. 중일전쟁 발발 이후 국공합작이 재추진되며 공산당은 합법적인 신분을 가지게 되었다. 이에 따라 1937년 8월, 중국 공산당 중앙정치국 상무위원회는 '장강연안위원회(長江沿岸委員會)'를 설치했다. 그리고 난징 함락 직전이던 1937년 11월 20일부터 '장강연안위원회'와 '팔로군 난징판사처(八路軍駐南京辦事處)'는 국민당을 따라 우한으로 이전했다. 12월 9일부터 14일까지 열렸던 중앙정치국 회의에서는 우한에 공식적으로 '중공중앙 장강국(中共中央長江局)'을 설치하기로 결정했다.[70]

---

69) 趙可金(2012), pp. 79-82.

장강국을 통해 남부 각 성(윈난, 구이저우, 쓰촨, 후난, 후베이, 장시, 안후이, 장쑤, 저장, 푸젠, 광둥, 상하이 등)을 관장하고 국공합작을 위한 협의를 수행하며 통일전선의 형성을 추진하는 것이 목적이었다. 우한은 화중(華中) 지역의 정치, 군사, 문화, 경제의 중심지였다. 난징이 함락되고 국민당이 우한으로 이전하자 중국 주재 외국 사절들과 언론인들이 몰려들었다. 공산당의 대외선전과 민간외교를 통한 통일전선 형성에 유리한 조건이었다. 1938년 봄, 장강국에는 '국제선전위원회(國際宣傳委員會)'가 설립되고 그 아래에 다시 '국제선전조(國際宣傳組)'가 설치되었다. 그 구체적인 임무는 공산당의 문건과 정책을 번역해 우한의 각국 외교사절들과 언론사에 선전하고 민간외교를 전개하는 것이었다. 장강국의 서기는 천사오위(陳紹禹)였고 국제선전위원회와 국제선전조는 왕빙난(王炳南)이 책임자였으나, 장강국의 실질적인 지휘자는 저우언라이였다.[71]

1938년 10월 하순, 우한이 함락된 후 장강국은 국민당을 따라 충칭으로 옮겨갔고, 1939년 1월 장강국을 폐지해 남방국(南方局)을 신설하고 저우언라이를 서기에 임명했다. 4월 '대외선전조(對外宣傳組)'가 설치되었고 이는 곧 '외사조(外事組)'로 개편되었다. 남방국 외사조의 초기 주요 임무는 외교사안의 조사연구, 각국 사절 및 우호인사와의 교류, 항일통일전선 주장, 서방 국가들의 공산당에 대한 이해와 지지 확보 등이었다. 1944년의 중외기자단 및 미군시찰단의 옌안 방문도 남방국이 주관했다.[72] 결국, 국공합작의 재개와 이후의 항일통일전선 형성과 관련된 공산당의 대외선전과

---

70) 王昊, 『淺談建國前中共外事機構的發展』, 復旦大學碩士學位論文(2009), p. 14.
71) 趙可金(2012), p. 78.
72) *ibid.*, pp. 79-80.

통일전선 업무, 그리고 국민당 통치 지역에서의 지하당 활동 등이 대부분 남방국을 거쳐 진행되었다.

상기한 외사조직들 외에 옌안 시기의 중국 공산당이 대외선전을 위해 활용하던 또 하나의 주요 수단은 신문매체였다. 아마도 중국 공산당의 초기 지도자들이 창당 이전의 신문화운동(新文化運動) 시기부터 그들 주장과 활동의 정당성을 확보하고 선전·확산하는 수단으로 다양한 잡지와 신문을 출판하고 그 효과를 학습했던 경험이 크게 작용했을 것이다. 옌안 시기 중국 공산당이 발간했던 주요 신문과 잡지는 다음과 같다.

<표 8> 옌안 시기 발행 신문

유형	명칭	창간일시	발행구분	주관기관
신문	紅色中華	1935.11.25. (복간)	3일간	中華蘇維埃共和國 中央政府
	新中華報	1937.1.29	3일간	陝甘寧邊區政府· 中共中央
	解放日報	1941.5.15	일간	中共中央
	邊區 群衆報	1940.3	주간	陝甘寧邊區政府· 中央西北局
	救亡報	1938. 봄	3일간	中共隴東特委宣傳部
	關中報	1939. 봄	5일간	中共關中分委宣傳部
	抗戰報	1939.8	3일간	中共綏德分區宣傳部
	戰聲報	1938.5	주간	359旅政治部

신문	民先報	1940.4	5일간	358旅政治部
	進步報	1940.1	5일간	鄜甘警區政治部
	新邊墻報	1941.12(복간)	5일간	三邊警區政治部
	連隊生活	1940.8	10일간	留守兵團政治部
	新文字報	1940.12	주간	邊區文協新文字報社

자료: 옌안혁명기념관, 2013년 7월 필자 조사.

<표 9> 옌안 시기 발행 잡지

유형	명칭	창간일시	발행 구분	주관기관
잡지	解放	1937.4.24.	주간	中共中央
	共産黨人	1939.10	월간	中共中央(내부간행물)
	團結	1938.2	월간	中共陝甘寧邊區黨委
	學習	1942.6	월간	中共西北中央局
	八路軍 軍政雜志	1939.1.15.	월간	八路軍總政治部
	中國青年	1939.4.16.	반월간	中共中央 青年工作委員會
	中國婦女	1939.6.1.	월간	中共中央 婦女工作委員會
	中國工人	1940.2.7	월간	中共中央 職工運動委員會

잡지	文藝突出	1938.10.16.	월간	邊區文藝界抗敵協會
	中國文化	1940.2.15.	월간	陝甘寧邊區文化協會
	穀雨	1941.11	월간	陝甘寧邊區文化協會
	草葉	1941.11	격월간	魯迅文藝學院草葉社
	詩刊	1941.11	월간	邊區文協詩歌總會

자료: 옌안혁명기념관, 2013년 7월 필자 조사.

3. 중화인민공화국 수립 초기의 공공외교

중화인민공화국 수립 초기의 공공외교는 냉전체제 하에서 전개되었다. '인민외교', '민간외교'의 이름으로 소련 및 동유럽 사회주의 국가들과의 우호협력관계 강화를 통해 미국의 봉쇄정책에 대응하려 했던 것이 그 목적이다. 이에 따라 1950년대 초·중반 중국은 루마니아·폴란드·동독·체코·알바니아 등의 동유럽 사회주의 국가들과 〈문화협력협정〉, 〈방송협정〉 등의 문화교류협정을 체결하고, 문화사절단의 상호 방문, 유학생 상호 교류 등 민간문화외교를 통해 신생 중화인민공화국의 국가 정당성과 외교적 지원군 확보를 도모했다.

루마니아와는 1951년 〈문화협력협정〉, 1953년 〈방송협력협정〉을 체결하였고, 1952년 중국청년문화예술단(中國靑年文工團)의 루마니아 방문 공연 및 1954년 중국인민해방군가무단(中國人民解放

軍歌舞團)의 루마니아 방문 공연이 이루어졌다. 폴란드와는 1951년 〈문화협력협정〉을 체결한 이래 1955년 말까지 폴란드에 65차례의 중국문화사절단이 파견되었다. 또 1954년 알바니아와 〈문화협력협정〉, 〈방송협력협정〉을 체결하였고, 중국은 알바니아에 200만 위엔 상당의 교육용 실험기자재와 문화체육용품, 1,000만 루블 상당의 곡물과 방직품 등의 원조 물자를 무상 제공하기도 했다. 물론 알바니아와도 중국청년문화예술단의 알바니아 방문 공연 및 유학생 파견 등의 문화교류가 이어졌다.[73]

이 시기의 '인민외교' 혹은 '민간외교'는 비단 사회주의 국가들만을 대상으로 한 것이 아니었다. 당시 외교적으로 상당히 고립되어 있던 중국은 아시아·아프리카·중남미 지역의 신생 독립국가들을 대상으로 민간교류와 경제원조 등의 방법을 통해 국제 지지기반을 넓히려 노력했다. 그러나 중국은 또 1960년대 이들 지역의 반정부 세력을 지원하는 급진적 혁명수출노선을 추구함으로써 현지 정부의 강한 반발을 불러일으키기도 했다. 1970년대 말부터 중국은 이들에 대한 지원, 특히 원조의 형태를 변화시켜 과거의 단순한 경제원조로부터 벗어나 노동력 제공, 합작투자회사 설립, 자원의 공동개발 등 상호간 경제기술협력 중심으로 그 지원 형태를 바꿔 나가기 시작했다.[74] 경제원조와 경제기술협력을 포함해 아시아·아프리카·중남미 지역을 대상으로 진행되었던 중국의 공공외교는 장쩌민·후진타오 집권 이래 중국의 경제 발전 성과 선전 및 국제적 영향력 확대, 중국위협론 불식 등의 외교 목표 수행을 위한 소프트

---

73) 裴堅章, 『中華人民共和國外交史』 (北京: 世界知識出版社, 1994), pp. 44-74.

74) 송영우·소치형, 『중국의 외교정책과 외교』 (서울: 지영사, 1992), pp. 230-244; 자오찬성(김태완 역), 『중국의 외교정책: 미시·거시 연계접근분석』 (서울: 오름, 2001), pp. 98-100.

파워 전략으로 새롭게 확대되었다.

중국은 과거 적대적이었던 나라와의 관계 개선을 위한 수단으로도 공공외교를 적극 활용해 왔다. "민간선행(民間先行), 이민촉관(以民促官), 이관대민(以官帶民), 관민병거(官民並擧)"의 방침이 대표적이다. 즉 적대적이었던 국가와의 관방관계 수립에 앞서 민간교류의 확대를 통해 상호간의 대립관계를 희석시키고 관방관계의 수립과 발전을 촉진한다는 것이었다.

중국 정부는 이 같은 방침에 따라 제2차 세계대전 종전 이후 공식적인 국교 관계가 없던 일본과의 관계 개선을 추진했다.[75] 1952년 2월 24일, 중국은 4월 모스크바에서 개최되는 국제경제회의에 참가할 중국대표단장 난한환(南漢宸) 명의로 아시아 지역의 국제무역과 경제협력 발전에 대한 논의를 하자고 일본에 제의했다. 일본도 이를 즉각 수용해 고라 도미(高良富), 호아시 케(帆足計), 미야코시 키스케(宮腰喜助) 등 3인의 국회의원을 모스크바에 파견, 난한환과 회담을 가졌다. 그 결과 양측은 경제교류를 시작하기로 합의했다. 나아가 중국은 중국국제무역촉진협회 명의로 상기 3인을 중국에 초청했고, 일본도 이에 응해 이들이 5월 15일 베이징을 방문했다. 이후 6월 1일 양측은 최초의 중일민간무역협정에 사인함으로써 중일 민간교류의 물꼬를 열게 되었다.

한편 문화예술에 관심이 많던 호아시 케 의원은 베이징 방문에서 중국의 극영화 '백발머리 여인(白毛女)'을 우연히 알게 되었고, 귀국 직전 저우언라이 총리를 만난 자리에서 이 영화를 일본에 소

75) 제2차 세계대전 종전으로부터 냉전 초기까지의 중일 양국 관계는 '중화인민공화국'을 배제한 채 미·영 등 승전국들과 일본 간에 체결된 샌프란시스코 평화조약(1951.9.8), 미일안보조약(1951.9.8), 그리고 타이완의 국민당 정부와 일본 간에 체결된 일·타이완 평화조약(1952.4.28)으로 관계 정상화가 불투명한 상황이었다.

개하고 싶다고 제안, 영화필름을 선물로 받아 귀국길에 올랐다. 귀국 후 그는 이를 일중우호협회의 미야자키 세민(宮崎世民)에게 건넸고, 미야자키는 이를 들고 일본 전역을 누비며 상영했다. 이 영화는 일본 전역에서 많은 관심을 끌었다. 당시 이를 관심 있게 지켜보던 관객 가운데에 마쓰야마 발레단의 시미즈 마사오(清水正夫)단장이 있었다. 결국 마쓰야마 발레단에 의해 1955년 2월 12일 일본 최초로 '백발머리 여인'의 도쿄 공연이 개막되었고, 이후 시미즈 마사오 단장은 중국의 초청으로 베이징을 방문해 10월 1일 국경절 기념 만찬에서 저우언라이에 의해 외신 기자단에게 소개되기도 하였다. 1955년 11월 중국과 일본은 〈제1차 중일민간문화교류협정〉을 체결하였고, 이어 1956년 3월 23일에는 중일문화교류협회가 창설되었다. 그 과정에서 마쓰야마 발레단이 매우 중요한 연결고리 역할을 하였다. 저우언라이의 지원으로 1958년 3월 3일에는 마쓰야마 발레단의 '백발머리 여인' 베이징 공연이 이루어졌고, 문화대혁명으로 중일간의 민간교류가 전면 중단되었던 시기에도 마쓰야마 발레단은 유일하게 유지되던 중일간의 민간교류 채널이었다.[76]

4. 현대 중국의 공공외교 추진 방향과 과제

(1) 중국 공공외교의 목표

중국의 공공외교는 탈냉전기 들어 더욱 확대되고 있으며, 특히 후진타오 집권 이래 더욱 강조되는 양상을 보이고 있다. 그 배경

76) 魯小軍, "周恩來與日本《白毛女》", 中國共產黨新聞網, 2009.10.23, http://dangshi.people.com.cn/GB/85038/10247553.html (검색일: 2017.07.15).

은 앞서 지적한 바와 같이 1990년대 국제사회에서 소프트파워 개념이 확산되며 각국이 공공외교에 주목하기 시작했던 현상과 맥락을 같이한다. 탈냉전 이후 국제사회에서 부상하였던 시민사회 담론에 더해 급속한 정보화 사회로의 발전은 개인-비정부기구-정부기구 간 다차원적 네트워크를 형성하게 되었고, 국가의 외교 수행에 있어서도 민간의 참여, 대민외교의 중요성이 급속히 강조되는 시대의 변화에 중국도 주목하지 않을 수 없었다.

중국이 이러한 변화의 중요성을 의식하지 않을 수 없는 가장 큰 이유는 바로 중국의 급속한 경제력 상승, 이에 따른 국제적 영향력 확대, 그리고 그 반작용이랄 수 있는 중국에 대한 부정적인 국제여론 때문이라고 볼 수 있다. 특히 1990년대 중반 이후 국제사회에서는 중국의 급속한 국력 상승을 경계하는 중국위협론이 대두되었고, 더구나 아프리카·중남미·동남아시아의 저개발·개발도상국에 대한 중국의 대규모 원조와 적극적인 접근 전략에 대해 미국을 위시한 서방 국가들로부터 비판이 계속되고 있다. 정치적 민주화 없는 정부 주도형 시장경제 발전전략인 이른바 '베이징 컨센서스'가 저개발·개발도상국가의 독재자들에게만 혜택을 주며 정치적 상황을 악화시키고 있다는 것이다. 심지어는 중국의 대외원조 수혜국들에서조차도 중국의 지원과 진출이 자원 수탈과 시장 잠식을 위한 신식민주의라는 비난이 나타나고 있는 상황이다.[77]

이에 대응해 중국의 입장에서는 어떻게 하면 중국에 대한 국제사회의 오해를 해소할 것인지, 중국의 국력 증대를 우려하는 국제사회에 어떻게 중국의 입장을 설명해야 하는지의 문제가 새롭게 해결해야 할 과제로 부상하게 되었다. 중국은 국익 추구를 위한

77) Kent Ewing, "China's African safari strictly business." Asia Times online, November 16, 2010, http://www.atimes.com/atimes/China/LK16Ad01.html (검색일: 2017.07.20).

외교 수행에 있어 각국 정부에 대한 전통외교 뿐만 아니라 공공외교 차원에서 그들 내부의 대중적 지지와 신뢰를 얻을 필요성과 대응방법을 고민하지 않을 수 없었던 것이다. 요컨대 중국 공공외교의 목표는 중국의 입장에서 외부의 편견과 오해를 해소하고 신뢰할 수 있는 국가 이미지를 수립하기 위함이며, 나아가 외부의 인식에 대응하는 피동적인 수준을 넘어서서 보다 적극적으로 외교적 발언권과 국제적 영향력을 확대하는데 있다. 이러한 차원에서 중국에서 공공외교는 중국외교의 중요한 개척 방향으로 인식되고 있다.[78)]

(2) 중국의 공공외교 추진 전략

현대 중국의 공공외교는 중국 최고지도부의 방향 제시와 지휘에 따라 추진되어 왔다. 전술했듯이 그 시작은 1997년 中共 15大에서의 장쩌민 당시 총서기의 발언이었고, 이 같은 방침은 후진타오에게로 계승되었다. 이로부터 중국은 본격적으로 공공외교를 위한 기구 확충을 추진하는 동시에 정부-민간 차원에서 공공외교의 중요성을 전파하며 전방위적인 공공외교를 전개하고 있다.

2009년 12월 31일, 중국 외교부 대변인이자 '공공외교판공실'이 속해 있는 외교부 신문사(新聞司) 사장(司長) 마자오쉬(馬朝旭)는 "현재 외교는 전통적 차원의 관방외교에만 국한되는 것이 아니고 그 주체가 다원화되고 있고, 영역도 확대되어 언론매체, 싱크탱크, NGO 및 일반대중도 외교무대에서 활약하고 있다."고 언급, 현재 중국의 공공외교가 다양한 영역에서 전개되고 있음을 시사했다.[79)]

78) 張志洲, "中國公共外交：讓世界了解一個真實的中國", 『紅旗文稿』, 2011年 第14期, http://theory.people.com.cn/GB/49150/49152/15233878.html (검색일: 2017.07.15)

중앙정부 차원에서는 국무원 신문판공실(新聞辦公室), 외교부 신문사와 공공외교 자문위원회, 그리고 문화부, 교육부, 국가스포츠위원회 등의 관련 부처 및 국무원 소속의 신화통신사, 공산당 기관지 인민일보 같은 관영 언론들이 공공외교의 핵심적인 역할을 하고 있는 것으로 보인다. 국무원 신문판공실은 주로 각종 정부백서의 발간, 뉴스브리핑, 국가홍보물 제작, 그리고 중국의 매스미디어를 통해 국가홍보를 담당하고 있다. 신화사와 인민일보, 중국 국영 CCTV를 비롯한 관영 매스미디어는 국내외 매스미디어와 대중(大衆)을 상대로 주요 이슈 영역에 대한 중국의 정책적 입장을 소개하고 사회주의와 중국문화의 우월성, 중국의 경제 발전 성과들을 선전하는 역할을 하고 있다. 그리고 외교부, 문화부, 교육부 같은 국무원 산하 부처에서는 각국 정부·대중, 그리고 국제기구와의 실무적인 대외교류·협력 업무를 담당하고 있다. 또 공공외교의 핵심 부분이라 할 수 있는 외교 상대국의 대민 접촉을 통한 국가 이미지 제고 및 정책 홍보, 문화교류협력을 위해 대사관·총영사관급 재외공관에 문화 관련 담당부서를 설치해 운영하고 있으며, 한국·일본·독일·몽골 등 9개국에는 중국문화원을 별도로 설립해 운영하고 있다. 동시에 중국에서는 공공외교를 위한 민간의 역할이 강조되며 민간의 관심과 참여도 계속 확대되고 있다. 외교부 산하에 설치된 공공외교 자문위원회는 전직 대사와 학자들로 구성되어 있으며, 외교부 본부와 외국주재 공관들을 대상으로 공공외교에 대한 자문을 하며 공공외교정책 기획에 참여하고 활동에도 동참하는 동시에 이를 평가하는 역할을 하고 있는 것으로 파악된다.

2009년 10월 한팡밍(韓方明)이 주도해 설립된 공공외교학회인 '차하얼학회(察哈爾學會)'는 현재 중국의 대표적인 공공외교 목적

79) 이장원(2011), p. 109 재인용.

의 민간 싱크탱크로서 국가기관-언론-학술기관-민간기업을 망라한 네크워크를 통해 활동하고 있다. 특히 이 학회에서 발간하는 공공외교 전문학술지 『공공외교계간(公共外交季刊)』의 공식 주관기관이 중국인민정치협상회의 전국위원회(全國政協) 외사위원회이며, 학회 설립자 한팡밍이 바로 이 외사위원회 부주임이라는 점에서 학회의 역할과 위상을 가늠할 수 있다. 또 2010년 8월 중국 최초로 베이징외국어대학에 공공외교연구센터가 설립된 이래로 베이징대학·칭화대학·외교학원·윈난대학(雲南大學) 등 주요 대학에 공공외교 연구와 교육을 위한 전문기구들이 설립되어 공공외교에 대한 학술계의 관심을 나타내고 있다.

2010년 12월 1일에는 중국의 대표적 싱크탱크인 외교부 산하의 중국국제문제연구소(현 중국국제문제연구원) 주최로 '란팅포럼(藍廳論壇)'이 개최되었다. 중국 외교부 남쪽 청사 란팅(藍廳)에서 거행되었다 하여 그 명칭을 딴 이 포럼에서는 중국 정부기관 뿐만 아니라 사회 각계 인사들 및 해외인사들까지 참여해 국제정세와 중국외교정책의 주요 이슈들을 논의함으로써 자연스럽게 해외 민간 인사들에 대한 공공외교가 이루어진 자리였다.

공공외교에 대한 중국의 접근 전략은 크게 '인진라이(引進來)'와 '조우추취(走出去)'의 두 가지 방향에서 요약될 수 있다. 원래 '인진라이'와 '조우추취'는 경제적인 의미에서 각기 해외 자본 유치 전략과 중국 기업의 적극적인 해외 시장 진출 및 투자 전략을 의미하던 용어였으나, 이러한 전략이 외교 영역에도 적용되고 있는 것이다.

우선 '인진라이'의 차원에서 중국이 해외 유학생들의 유치와 각종 국제문화행사 개최에 많은 노력을 기울여 왔다는 것은 주지의 사실이다. 이는 비단 어제 오늘의 일이 아니지만, 중국의 국력 증대와 더불어 더욱 강조되고 있는 부분이다. 중국의 국력이 증대되고 국제사회에서의 위상이 높아지면서 중국의 각급 교육기관들은 외국에서 온 유학생들로 넘쳐나고 있으며, 중국 정부는 더욱 많은 유학생들을 유치하기 위해 세계 각국에서 유학설명회를 개최하고 교류협력을 확대하고 있다. 중국 교육부는 지난 2010년 9월 21일, 단계적으로 유학생 유치 규모를 확대하여 2020년에는 연간 유학생 50만 명을 유치한다는 '유학중국계획(留學中國計劃)'을 발표하여 향후 아시아 최대의 유학생 유치국가가 되겠다는 목표를 밝힌 바 있다.[80]

스포츠대회와 같은 대규모 국제행사도 공공외교를 위해 자주 활용되는 수단이다. 예컨대 올림픽은 스포츠뿐만 아니라 개최국의 국력을 과시하며 전통과 문화 등 소프트파워 자원을 투사함으로써 공공외교의 효과를 대대적으로 창출할 수 있는 기회다. 중국도 2008년의 베이징올림픽을 적극 활용했다. 베이징올림픽은 대외적으로뿐만 아니라 중국 대중들에게도 중국 공산당이 이루어 낸 개혁개방 30년의 눈부신 발전 성과를 자랑스럽게 보여주고 중국의 '평화적 부상' 의지를 알리기 위한 절호의 기회였다.

2009년 10월 8일~10일 베이징에서 개최된 '세계미디어정상회의(WMS: World Media Summit)' 역시 '인진라이' 차원의 공공외교였다. 후진타오 당시 국가주석은 개막 연설을 통해 외국 언론사들의 중국내 취재를 적극 지원하고 언론 분야의 국제교류와 협력을 확대하겠다고 밝혔다. 이는 그동안 외국 언론들에 대한 통제와 비협조로 인해 받아온 비난을 해소하는 동시에 중국의 달라진 국제적 위상을 홍보하기 위함이었다. 이 행사에는 리충쥔(李從軍) 중국 신화사(新華

80) 中國教育部, "教育部關於印發《留學中國計劃》的通知", 教外來(2010)68號, http://www.gov.cn/zwgk/2010-09/28/content_1711971.htm (검색일: 2017.07.18).

社) 사장, 류창러(劉長樂) 홍콩 봉황(鳳凰) TV 사장 등 중국의 주요 언론계 인사들은 물론이고 루퍼트 머독(Rupert Murdoch) 미국 뉴스코퍼레이션 회장, 토마스 컬리(Thomas Curley) 미국 AP통신 사장, 데이비드 슬레진저(David Schlesinger) 영국 로이터통신 편집국장, 이시카와 사토시(石川聰) 일본 교도통신 사장을 비롯한 전 세계 69개국의 132개 언론매체들과 주요 인사들이 참가했다. 중국은 해외의 주요 신문·방송·통신·인터넷 미디어를 불러들이는 이러한 행사가 해외 언론을 통해 중국의 국가 이미지를 제고할 수 있는 좋은 기회라고 판단했던 것으로 보인다.

'조우추취' 측면에서의 중국 공공외교는 해외의 일반 대중을 대상으로 전개되는 적극적인 글로벌 이미지 수립과 홍보 전략으로 나타나고 있다. 해외 주재 공관을 활용한 해외 문화공보 기능의 강화, 그리고 공자학원의 확대를 통한 중국의 언어·문화 보급 정책이 여기 해당한다. 또 최근에는 중국 매스미디어의 해외 진출 및 외국어 서비스 제공, 유네스코 세계문화유산 등재와 유엔평화유지 활동 같은 다자외교 활동에의 적극 참여, 중국 지도부의 공공외교 행보, 대외원조 확대 전략을 통한 공공외교 강화 추세가 두드러져 보인다.

매스미디어의 기능을 활용한 공공외교 효과는 이미 과거 혁명시기부터 중국이 너무나도 잘 알고 있는 부분일 것이다. 이 같은 경험에서 중국은 21세기에도 매스미디어의 역할 확대에 많은 노력을 기울이고 있다. 해외 대중에게 직접 어필할 수 있는 외국어 방송과 외국어 언론보도 서비스는 중국의 국력 상승과 이에 수반된 '중국위협론'에 대응하여 중국의 정책적 입장을 소개하고 사회주의와 중국문화의 우월성, 중국의 경제 발전 성과를 선전하며 국제사회가 보다 신뢰할 수 있는 국가 이미지를 수립하고 국제적 영향력을 더욱 확대하는 수단이 될 수 있다는 측면에서 적극 활용되고 있다. 중국 국영 CCTV의 경우 아시아, 유럽, 미주 지역을 대상으로 현지시간에 맞춰 중국어 방송을 진행하고 있고, 영어·불어·스페인어·러시아어·아랍어 전문 방송 채널을 편성하고 있다. 이 채널들은 위성을 통한 해외 송출은 물론이고 웹 기반의 인터넷 방송 등 다양한 방식으로 전 세계에 송출되고 있다. 또한 국영라디오방송인 중국국제방송국(中國國際廣播電臺)은 한국어를 포함해 38개 외국어와 중국 표준어, 4개 방언으로 전 세계를 향해 송출되고 있으며, 인민일보 해외판을 비롯해 상당수의 주요 관영 신문사들이 인터넷을 통해 영어, 일어, 한국어 등의 외국어 뉴스 서비스를 제공하고 있다.

중국의 대 유네스코 외교는 다자외교 무대를 통해 중국의 문화적 소프트파워를 전 세계에 전파하려는 문화외교의 전형적인 사례라고 할 수 있다. 중국은 1972년부터 유네스코에서 활동을 시작했고, 동년 10월 유네스코 집행위원국으로 피선되었다. 2003년의 제32차 유네스코 총회에서는 중국교육부 부부장 겸 유네스코 중국위원회 주임 장신셩(章新勝)이 총회 부의장으로 선출된데 이어 2005년 10월 파리에서 열린 173차 유네스코 집행위원회 회의에서 집행위원장으로 선출되었다. 또 유네스코 내 중국인 직원의 정원수도 증가되었고, 2005년 10월의 제33차 유네스코 총회에서는 '유네스코 공자교육상'이 제정되기도 했다. 이 같은 사례들은 유네스코 내 중국의 영향력 확대 추세를 상징적으로 대변하고 있다. 이는 또한 그동안 중국 지도부가 나서서 소프트파워 창달과 문화외교 추진을 강조해 온 결과로 볼 수 있을 것이다. 중국의 이 같은 문화외교 강화 추세는 유네스코 세계문화유산 지정에 있어서도 자국의 의도를 충분히 반영시켜 2004년 중국내 고구려 유적을 중국이 보유한 세계문화유산으로 유네스코에 등재시키는 성과를 발휘한 바 있다.[81] 유네스코 세계문화유산으로 지정되면 이를 보유한 국가는 수준 높은 문화선진국으로 국제적 공인을 받는 셈이 된다. 따라서 국제적 이미지 향상은 물론이고 문화관광산업의 수익 창출을 위한 콘텐츠로서의 가치가 매우 큰 것이다.

또 중국은 유엔평화유지활동 참여를 통해 국제평화 수호와 협력의 국가 이미지 창출을 추구하고 있다. 『2010 중국국방백서』에 따르면, 중국은 1988년 유엔평화유지특별위원회에 참가한 이래 1990년 처음으로 중동지역에 5명의 군사옵서버를 파견했고, 1992년에는 정식으로 유엔평화유지군의 일원으로서 캄보디아에 400명의 공병부대를 파견했다. 2010년 12월까지 중국은 19개 평화유지활동에 연인원 17,390명을 파견했다.[82] 중국이 파견한 평화유지군은 주로 비전투부대로서 철도, 교량, 건축 시설 및 공항 건설 등의 인프라 확충, 그리고 지뢰 제거, 물자 수송, 의료 구조와 인도주의 지원 및 대민 봉사, 문화교류 영역의 임무를 수행함으로써 해당 지역 대중들로부터 국제평화유지와 협력을 위해 많은 기여를 하는 국가라고 평가 받고 있다는 것이다.[83] 중국 언론들은 이 같은 내용을 적극적으로 해외 홍보에 활용하고 있다.

상술한 대 유네스코 외교와 유엔평화유지활동은 일차적으로는 전통적인 정부 간 외교활동의 범주에 들지만, 그 파급효과가 미치는 대상이 각국 정부는 물론이고 국제사회의 일반 대중까지도 직접 포괄한다는 점에서 공공외교의 한 부분으로 보아야 할 것이다.

중국 최고지도자들의 해외 방문 시에도 공공외교의 효과를 적극

81) 이장원·홍우택, "중국의 문화적 팽창주의: 동북아질서에 대한 중국의 의도 분석", 『국제정치논총』, 제48집 2호(2008), pp. 41-44.
82) 中國國務院新聞辦公室, 『2010年中國的國防』 (2011).
83) 『人民日報』, 2011年 8月 2日, 第2版.

고려한 행보가 나타난다. 과거 미국 방문 당시의 덩샤오핑은 카우보이모자를 쓰고 미국의 대중 앞에 직접 모습을 드러내며 많은 미국인들의 호평을 받은 바 있다. 원자바오 총리의 경우 2011년 6월 26일 영국 방문 당시 셰익스피어의 생가를 방문해 '햄릿'을 관람한 것이 국내외적으로 크게 보도되었다. 영국 방문 일정 가운데 가장 먼저 셰익스피어의 생가를 방문해 영국인들의 자존심을 추켜세운 원자바오의 공공외교 행보는 그것이 처음이 아니었다. 2010년 일본 방문 시에도 학생들과 야구공을 주고받았고, 한국에서도 한강 시민공원에서 조깅을 하며 시민들과 대화를 나눈 원자바오의 적극적인 행보는 공공외교의 격을 높이며 중국에 대한 호감을 높이는 '감성외교'로 높이 평가받았다.84)

대외원조는 냉전 시기부터 중국이 제3세계 국가들을 대상으로 애용하던 '매력공세'의 주요 수단이었으며, 경제력이 급상승한 지금 대외원조의 규모도 급속히 확대되고 있다. 2002년 5,100만 달러 규모였던 중국의 대외원조 규모는 2007년 250억 달러 규모로 급격히 증가된 것으로 나타나 저개발·개발도상국가들에 대한 중국의 전략적 고려를 가늠할 수 있다. 2006년 11월 베이징에서 열린 중국-아프리카 포럼에서 후진타오는 중국과 아프리카 국가들의 관계 발전을 위해 총 50억 달러 규모의 중국-아프리카 개발기금을 설립하겠다고 선언하고 2007년 6월 10억 달러로 이를 출범시켰으며, 후진타오-원자바오 집권 시기 중국 지도부는 여러 차례에 걸쳐 아프리카를 순방하고 그 과정에서 수백억 달러에 달하는 원조·차관협정을 체결했으며 심지어는 대규모의 부채 탕감을 해 주는 등 아프리카 지역에 대한 적극적인 매력공세를 강화해 왔다.85)

---

84) 『중앙일보』, 2011년 6월 28일.
85) 中國國務院新聞辦公室, 『中國的對外援助白皮書』(2011).

(3) 현대 중국 공공외교의 과제

앞에서 살펴본 바와 같이 중국의 공공외교는 이미 옌안 시기부터의 오랜 역사를 가지고 있으며, 냉전 시기에도 덩샤오핑의 해외 방문과 같은 공식적인 경로를 통해, 또 일본과의 관계 개선을 위한 민간교류협력 등의 경로를 통해 전개되어 왔다. 또한 21세기의 세계적인 강대국으로 부상하고 있는 지금의 중국으로서는 '중국위협론'에 대응하는 외교전략을 모색해야 할 필요성이 절실한 현실에서 더욱 다양한 방법으로 소프트파워와 공공외교를 강조하는 모습을 보여주고 있다. 그리고 이 같은 추세는 앞으로도 더욱 강화될 것이다.

그러나 중국이 목표하는 대로 중국에 대한 국제사회의 오해와 우려를 해소하는 것은 쉽지 않아 보인다. '인진라이'와 '조우추취' 차원의 공공외교전략, 특히 미디어 활용 전략은 기본적으로 해외의 많은 사람들이 중국을 제대로 이해하지 못하고 있다는 인식을 기저에 두고 있다. 앞서 언급한 푸잉과 양제츠의 발언도 이 같은 맥락에서 외부의 편견과 오해를 해소하고, 신뢰할 수 있는 국가 이미지를 수립하며, 보다 궁극적으로는 국제사회에서의 외교적 발언권과 영향력 확대라고 하는 중국 공공외교의 목표를 재확인시켜 준다. 국력 증강에 따라 중국의 대외적 영향력이 갈수록 확대되는 것은 자연스런 현상일 것이며, 이에 상응하여 증가되는 국제사회의 질시와 부정적 인식을 해소하는 데에는 공공외교가 대단히 효과적인 수단일 수 있다. 하지만 그 궁극적인 목표가 결국 명실상부한 강대국으로 인정받기 위함이라면 중국의 공공외교는 본질적인 한계를 가질 수밖에 없다.

중국의 공공외교 수행에 있어서의 도덕적인 문제, 즉 제3세계

독재국가들에 대한 지원을 통해 시장과 자원을 확보하고 영향력을 확대하려 든다는 국제사회의 비판은 중국 공공외교의 실효성에 대한 의문인 것이다. 또한 공공외교 수행에 있어 자문화의 우수성과 애국주의를 과도하게 강조하는 것은 오히려 역효과가 날 가능성이 있다는 것이 2008년 베이징올림픽을 통해 지적된 바 있다.[86] 그런데 보다 심각한 것은, '화평발전'을 주장하며 동시에 강대국으로서 주변 지역에 대해 힘의 외교를 아낌없이 구사하는 최근 중국의 외교 행태가 본질적으로 공공외교의 의미를 무색하게 만들고 있다는 점이다. 국제사회에서 중국을 우려하고 의심하는 것은 중국의 소프트파워 자원이나 공공외교가 부족해서가 아니다. 무엇보다도 국제사회가 공감할 수 있는 가치와 규범의 기준에서 중국 정부가 아직 진정으로 신뢰되고 존경받기 어려운 요소들이 있기 때문인 것이다. 중국에 대해 국제사회가 정확한 이해를 결여하고 있다는 중국의 비판도 일리는 있다. 하지만 상호 이해와 소통이 일방적일 수는 없을 것이다. 중국 공공외교 성공의 가장 큰 장애물은 신뢰성의 부족이고, 이는 해외의 대중들로부터 신뢰를 받지 못하고 있는 중국의 국가 중심적 정치시스템에 바탕을 둔 공공외교 사상과 행위에 기인하고 있다는 외부의 비판들에 대해 보다 깊이 있는 성찰이 필요해 보인다.[87]

---

86) Sukhee Han, Ho Cheong Cheong & Pieter Stek, "Public Diplomacy between China and the World: The 2008 Beijing Olympic Torch Relay, A Test Case," 『東亞硏究』, 제21권 1호(2009), pp. 355-388.

87) Inglid d'Hooghe, *The Limits of China's Soft Power in Europe: Beijing's Public Diplomacy Puzzle* (Hague: Netherlands Institute of International Relations, 2010), pp. 30-32.

참고문헌

(1) 국 문

가오훙레이(김선자 역), 『절반의 중국사: 한족과 소수민족, 그 얽힘의 역사』 (서울: 메디치 미디어, 2017).

가와시마 신·모리 가즈꼬(이용빈 역), 『중국외교 150년사』 (파주: 한울아카데미, 2012).

강경희, "현실주의 국제정치이론", 하영선 편, 『현대국제정치이론』 (서울: 나남, 1991).

강준영, "시진핑시대 중국의 동아시아 정책", 『중국과 중국학』, 제24호(2015).

구영록, 『국제정치의 주요개념』 (서울: 법문사, 1978).

권영애, "도광양회와 화평굴기", 『대전일보』, 2010년 12월 29일.

김동길·박다정, "중화인민공화국 건국 전후 및 한국전쟁 초기 중국의 한국전쟁과 참전에 대한 태도 변화와 배경", 『역사학보』, 제225집(2015).

김순수, 『중국의 한반도 안보전략과 군사외교』 (서울: 良書閣, 2013).

김애경, "2010년 주변 안보정세와 중국의 대책", 대외경제정책연구원 중국전문가포럼(2011. 1. 10).

김옥준, 『중국 외교노선과 정책』 (서울: 리북, 2011).

김용구, 『세계외교사』 (서울: 서울대학교출판문화원, 2006).

김우상, "세력전이와 동아시아 안보질서에 관한 경험적 연구", 『한국정치학회보』, 제35집 4호(2002).

김재철, 『중국의 외교전략과 국제질서』 (서울: 폴리테이아, 2007).

김정배, "스탈린은 왜 한국전쟁을 '허락'했는가?: 새로운 시각", 『역사학보』, 제188집(2005).

김태운, "미·중 간 세력전이 가능성과 동북아 안보협력질서", 『아시아연구』, 제12권 1호(2009).

김태호, "한·중관계 20년의 회고와 향후 발전을 위한 제언: 求同存異에서 異中求同으로", 한국정치학회 한·중수교 20주년 기념 국제학술회의 발표논문집(베이징, 2012. 7. 26).

김흥규, "전략적 경쟁에서 전략적 협력으로: 미·중관계 변화와 한국에의 함의", 『중소연구』, 제33권 3호(2009).

김흥규, "중국 핵심이익 연구소고", 『동북아연구』, 제28권 2호(2013).

노병렬·천병돈, "중국 외교정책의 사상적 근원-韜光養晦와 和平崛起를 중심으로", 『陽明學』, 제27호(2010).

던컨 힐(박수철 역), 『사진으로 기록된 20세기 전쟁사』 (서울: 시그마북스, 2011).

문정인, 『중국의 내일을 묻다』 (서울: 삼성경제연구소, 2010).

박명림, 『한국전쟁의 발발과 기원Ⅰ: 결정과 발발』 (서울: 나남출판, 1996).

박병광, “시진핑 지도부의 등장과 중국의 대외정책: ‘지속’과 ‘변화’의 측면을 중심으로”, 『전략연구』, 통권 제60호(2013.11).

박병광, “중국의 동아시아 전략: 인식, 내용, 전망을 중심으로”, 『국가전략』, 제16권 2호(2010).

박창희, “2010 중국 국방백서와 한국군의 대응방향”, 『안보현안분석』 Vol. 58(2011. 4).

박홍서, “북핵위기시 중국의 대북 동맹안보딜레마 관리 연구: 대미관계의 변화를 주요 동인으로”, 『국제정치논총』, 제46집 1호(2006).

백범흠, 『중국: 외교관의 눈으로 보다』 (서울: 늘품플러스, 2010).

비자이 프라샤드(박소현 역), 『갈색의 세계사』 (서울: 뿌리와 이파리, 2015).

서상문, 『毛澤東과 6·25전쟁: 파병 결정과정과 개입동기』 (서울: 국방부 군사편찬연구소, 2006).

서진영, “부강한 중국의 등장과 중국위협론, 그리고 한반도”, 『한국과 국제정치』, 제18권 2호(2002).

서진영, 『21세기 중국외교정책』 (서울: 폴리테이아, 2006).

서진영, 『중국혁명사』 (서울: 한울, 1992).

션즈화(김동길 역), 『조선전쟁의 재탐구』 (서울: 선인, 2014).

소치형, 『중국외교정책론』 (서울: 도서출판 골드, 2004).

송영우·소치형, 『중국의 외교정책과 외교』 (서울: 지영사, 1992).

안치영, "중소관계와 한국전쟁의 결정", 『중앙사론』, 42집(2015).

엄기문, "비동맹과 제3세계의 구조", 『국제정치논총』, 제22집(1982).

에드가 스노우(최재봉 역), 『시작을 위한 여행』 (서울: 지리산, 1993).

에드가 스노우(홍수원·안양노·신홍범 역), 『중국의 붉은 별』 (서울: 도서출판 두레, 2013).

외교통상부, 『노무현 대통령 중국 국빈방문 결과』 (2003).

윌리엄 스툭(서은경 역), 『한국전쟁과 미국 외교정책』 (파주: 나남출판, 2005).

윤종변, 『중국의 영토분쟁에 대한 연구: 중화인민공화국 수립 이후의 사례를 중심으로』, 충북대학교 박사학위논문(2015).

이동률 "시진핑 체제 외교정책의 변화와 지속성: 제18차 전국대표대회 보고를 중심으로", 『중소연구』, 제36권 4호(2013).

이동률, "미·중 신형대국관계, 현실화할 수 있는가?", 『통일한국』, 통권355호(2013.07).

이동률, "시진핑 시대, 선린외교보다 대국외교로 무게중심 옮겨가", 『통일한국』, 통권 제348호(2012.12).

이삼성, "21세기 동아시아의 지정학: 미국의 동아태지역 해양 패권과 중미관계", 『국가전략』, 제13권 1호(2007).

이상국, "공세화하는 중국의 안보국방정책에 관한 연구", 『동북아연구』, 제27권 1호(2012).

이영학, "중국 시진핑 체제의 출범과 대외정책 전망", 『아태연구』, 제20권 1호(2013).

이영학, "중국의 소프트 파워에 대한 평가 및 함의-국제 여론 조사 결과를 중심으로", 『아태연구』, 제17권 2호(2010).

이장원, "동아시아 해양레짐에 대한 중국의 인식과 접근", 『중국연구』 제44권(2008).

이장원, "시진핑 시대 중국의 대외정책: 일대일로(一帶一路) 전략과 유럽", 『한국동북아논총』, 제76호(2015).

이장원, "중국의 공공외교: 배경, 목표, 전략", 『동서연구』, 제23권 2호(2011).

이장원, "중화인민공화국 수립 이전 중국 공산당의 공공외교에 대한 연구", 『한중사회과학연구』, 제14권 3호(2016).

이장원, "한·중 수교 20주년의 단상: 전략적 협력동반자관계를 중심으로", 『중국학연구』, 제61집 (2012).

이장원, "동아시아의 미·중갈등과 한·중관계: 세력전이론적 시각에서", 『중소연구』, 제35권 2호(2011).

이장원·홍우택, "중국의 문화적 팽창주의: 동북아질서에 대한 중국의 의도 분석", 『국제정치논총』, 제48집 2호(2008).

이정남, "조화세계(和諧世界)론을 통해서 본 중국의 동아시아 질서구상: 중화질서(中華秩序)와의 비교를 중심으로", 『국제정치논총』, 제50집 1호(2010).

이정남, "중국의 전략적 동반자외교에 대한 이해와 한중관계", 『평화연구』, 제17권 2호(2009).

이지용, "'신형대국관계론'과 '아시아 신안보 개념': 미국의 인식과 동아시아 국제정치에 대한 함의를 중심으로", 국립외교원 외교안보연구소 정책연구과제(2015).

이태환, "한·중 전략적 협력 동반자관계", 『세종정책연구』, 제6권 2호(2010).

자오찬성(김태완 역), 『중국의 외교정책: 미시·거시 연계접근분석』(서울: 오름, 2001).

전병곤·이기현, "시진핑 체제의 출범과 대내외정책 방향: 12기 전국인민대표대회 제1차 회의 결과분석", 『통일정세분석』, 2013.03.

정기웅·윤석상, "일본 공공외교가 한국에 주는 함의: 일본국제교류기금과 일본국제협력기구를 중심으로", 『국제문제연구』, 제9권 1호(2009).

제성훈, "탈냉전기 러시아-몽골관계의 변화", 『국제정치논총』, 제50집 2호(2010).

제임스 E. 도거티·로버트 L. 팔츠그라프 (이수형 역), 『미국외교정책사』 (서울: 한울, 1997).

조너선 D. 스펜스·안핑 친(김희교 역), 『20세기 포토 다큐 세계사 1: 중국의 세기』(서울: 대한교과서, 2006).

조대식, “소프트파워 시대의 한국의 공공외교와 문화외교”, 『국제문제연구』, 제9권 3호(2009).

조양현, “일·중 센카쿠/댜오위다오 분쟁과 동아시아 지역질서”, 『주요국제문제분석』, No. 2010-38(외교안보연구원, 2010. 12. 31).

조영남, “시진핑 시대의 중국 외교 전망: 중국 공산당 제18차 당대회의 정치보고를 중심으로”, 『한국과 국제정치』, 제29권 2호(2013).

조지프 S. 나이(양준혁 역), 『국제분쟁의 이해』 (파주: 한울아카데미, 2009).

존 킹 페어뱅크·멀 골드만(김형종·신성곤 역), 『신중국사(수정증보판)』 (서울: 까치글방, 2005).

쩡비젠(이희옥 역), 『중국 평화부상의 새로운 길』 (오산: 한신대학교 출판부, 2007).

하도형, “시진핑(習近平) 시대의 중국 대외정책 전망”, 『국제관계연구』, 제17권 1호(2012).

하재웅, 『공공외교 전략으로서의 블로그 활용방안 연구: 한국해외봉사단 운영 방안을 중심으로』, 서강대학교 공공정책대학원 석사학위 논문(2009).

한석희, 『후진타오 시대의 중국 대외관계』 (서울: 폴리테이아, 2007).

한승주, “세계화 시대의 Public Diplomacy”, 한국국제교류재단 편, 『한국국제교류재단 창립 15주년 기념회의: 공공외교와 한국

국제교류재단』 (서울: 한국국제교류재단, 2006).

헨리 키신저(권기대 역), 『중국이야기』 (서울: 민음사, 2012).

KIEP 북경사무소, "중국의 21세기 해상실크로드 구상 추진동향과 전망", 『KIEP 북경사무소 브리핑』, Vol. 18, No. 4(2015.02.27).

"도광양회 탈피 이르다… 中 '힘의 외교' 자성론", 『조선일보』, 2011년 2월 11일, http://news.chosun.com/site/data/html_dir/2011/02/11/011021100109.html (검색일: 2016.02.27).

"미국, 장제스와 국민당을 버리다", http://www.ohmynews.com/NWS_Web/view/at_pg.aspx?CNTN_CD=A0001191288 (검색일: 2016.05.01).

"이명박 정부 3년, 보수가 보수를 말한다", 『코리아정책저널』, 제4호 (2011년 1/2월호).

『경향신문』.

『동아일보』.

『매일경제신문』.

『조선일보』.

『중앙일보』.

『통일신문』.

연합뉴스.

유엔 홈페이지(www.un.org).

주 인도네시아 대한민국 대사관 (http://idn.mofa.go.kr).

주 중국 대한민국 대사관 (http://chn.mofa.go.kr).

코트라 (www.kotra.or.kr).

한국무역협회 해외무역통계 (http://stat.kita.net).

(2) 영 문

Acheson, Dean, "Speech on the Far East," The National Press Club, January 12, 1950.

Bertram, James, *Crisis in China: The Story of the Sian Mutiny* (London: Macmillan, 1937).

Bertram, James, *First Act in China: The Story of the Sian Mutiny* (New York: Viking Press, 1938).

Brecher, Michael and Jonathan Wilkenfeld, *A Study of Crisis* (Ann Arbor: The University of Michigan Press, 1997).

Brewis, Georgina, *A Social History of Student Volunteering: Britain and Beyond, 1880-1980* (New York: Palgrave Macmillan, 2014).

Carlson, Evans F., *Twin Stars of China* (New York: Dodd, Mead & Company, 1940).

Clinton, Hillary Rodham, "U.S.-Asia Relations: Indispensable to Our Future," Asia Society, New York, February 13, 2009.

Clinton, Hillary Rodham, Remarks at Press Availability, National Convention Center, Hanoi, Vietnam, July 23, 2010.

Clinton, Hillary Rodham, Remarks at the ASEAN-U.S. Ministerial Meeting, National Convention Center, Hanoi, Vietnam, July 22, 2010.

d'Hooghe, Inglid, *The Limits of China's Soft Power in Europe: Beijing's Public Diplomacy Puzzle* (Hague: Netherlands Institute of International Relations, 2010).

Epstein, Israel, *I Visit Yenan: Eye Witness Account of the Communist-led Liberated Areas in North-West China* (Bombay: People's Publishing House, 1945).

Epstein, Israel, *The Unfinished Revolution in China* (Boston: Little Brown & Company, 1947).

Forman, Harrison, *Report from Red China* (New York: Henry Holt & Company, 1945).

Fouts, Joshua S., "Public Diplomacy and National Images: Theory and Practice," 한국국제교류재단 편, 『한국국제교류재단 창립 15주년 기념회의: 공공외교와 한국국제교류재단』 (서울: 한국국제교류재단, 2006).

Gill, Bates, *Rising Star: China's New Security Diplomacy* (Washington, D.C.: Brookings Institution Press, 2007).

Goncharov, Sergei N., John W. Lewis & Xue Litai, *Uncertain Partners: Stalin, Mao, and the Korean War* (Stanford: Stanford University Press, 1993).

Han, Sukhee, Ho Cheong Cheong & Pieter Stek, "Public Diplomacy between China and the World: The 2008 Beijing Olympic Torch Relay, A Test Case," 『東亞硏究』, 제21권 1호(2009).

Kim, Woosang, "Power parity, alliance, dissatisfaction, and wars in East Asia, 1860–1993," *The Journal of Conflict Resolution*, Vol. 46, No. 5 (October, 2002).

Kugler, Jacek, "The Asian Ascent: Opportunity for Peace or Precondition for War?," *International Studies Perspectives*, Vol. 7, No. 1 (February 2006).

Landler, Mark, "Offering to Aid Talks, U.S. Challenges China on Disputed Islands," *The New York Times*, July 23, 2010.

Lemke, Douglas, "Great Powers in the Post–Cold War World: A Power Transition Perspective," in T. V. Paul, James J. Wirtz, and Michel Fortmann (eds.), *Balance of Power: Theory and Practice in the 21st Century* (Stanford: Stanford University Press, 2004).

Lemke, Douglas, "Peace and War in the far East: An Application of the Multiple Hierarchy Model," presented at the 1997 International Studies Association(ISA) Annual Meeting, Toronto, Canada (March 1997).

Lemke, Douglas, "Small State and War: An Expansion of Power Transition Theory," in Jacek Kugler and Douglas Lemke (eds.), *Parity and War: Evaluations and Extensions of the War Ledger* (Ann Arbor: University of Michigan Press, 1996).

Leonard, Mark, *What Does China Think?* (New York: PublicAffairs, 2008).

Morgenthau, Hans J., *The Decline of Democratic Politics* (Chicago: University of Chicago Press, 1962).

Munro, Ross H., "Awakening Dragon: The Real Danger in Asia Is Coming from China," *Policy Review*, No. 62(Fall 1992).

Nye, Joseph S. Jr., "Soft Power," *Foreign Policy*, No. 80 (Autumn, 1990).

Nye, Joseph S. Jr., *Bound To Lead: The Changing Nature Of American Power* (New York: Basic Books, 1990).

Nye, Joseph S. Jr., *Soft Power: The Means to Success in World Politics* (N.Y.: Public Affairs, 2004).

Obama, Barack, Remarks at Suntory Hall, Tokyo, Japan, November 14, 2009.

Organski, A. F. K. and J. Kugler, *The War Ledger* (Chicago, IL: University of Chicago Press, 1980).

Organski, A. F. K., *World Politics* (New York: Alfred A. Knopf, 1958).

President Harry S. Truman's Address before A Joint Session of Congress, March 12, 1947.

Rittenberg, Sidney, *The Man Who Stayed Behind* (New York: Simon & Schuster, 1993).

Sauvy, Alfred, "Trois Mondes, Une Planété," *L'Observateur*, No. 118(August 14, 1952).

Schaller, Michael, *The U.S. Crusade in China 1938-1945* (New York: Columbia University Press, 1979).

Shen, Zhihua, "Sino-North Korean Conflict and its Resolution during the Korean War," *CWIHP Bulletin*, Issue 14/15 (Winter/Spring 2003/2004).

Shen, Zhihua, "Sino-Soviet Relations and the Origins of the Korean War: Stalin's Strategy Goals in the Far East," *Journal of Cold War Studies*, Vol. 2, No. 2(Spring 2000).

Smedley, Agnes, *China's Red Army Marches* (New York: Vanguard Press, 1934).

Smedley, Agnes, *The Great Road: The Life and Times of Chu The* (New York: Monthly Review Press, 1956).

Snow, Helen Foster, *Inside Red China* (New York: Doubleday, Doran & Company, 1939).

Snow, Helen Foster, *My China Years: A Memoir* (New York: Morrow, 1984).

Stein, Günther, *Challenge of Red China* (New York & London: Whittlesey House, 1945).

Strong, Anna Louise, *China's Millions Revolution in Central China, 1927* (Peking: New World Press, 1965).

Strong, Anna Louise, *Letters from China* (Peking: New World Press, 1963).

Strong, Anna Louise, *One-Fifth of Mankind* (New York: Modern Age Books, 1938).

Strong, Anna Louise, *The Chinese Conquer China* (New York: Doubleday & Company, 1949).

Swaine, Michael D. and Ashley J. Tellis, *Interpreting China's Grand Strategy: Past, Present, and Future* (Santa Monica, CA: Rand, 2000).

The White House, *National Security Strategy* (Washington D.C., May 2010).

U.S. Department of Defense, *Nuclear Posture Review Report* (Washington D.C., April 2010).

U.S. Department of Defense, *Quadrennial Defense Review Report* (Washington D.C., February 2010).

U.S. Department of State, *Dictionary of International Relations Terms* (Washington, D.C.: Dept. of State Library, 1987).

United States Department Of State, *United States Relations with China, With Special Reference to the Period 1944-1949*, Aug. 5, 1949.

US-China Economic and Security Review Commission, *China's Propaganda and Influence Operations, its Intelligence Activities that Target the United States and its Resulting Impacts on US National Security* (Washington: United States-China Economic and Security Review Commission,

2009).

Wales, Nym, *China Builds for Democracy: a Story of Cooperative Industry* (New York: Modern Age Books, 1941).

Wales, Nym, *Red Dust: Autobiographies of Chinese Communists* (Stanford, Calif.,: Stanford University Press, 1952).

Wales, Nym, *The Chinese Labor Movement* (New York: John Day, 1945).

Weathersby, Kathryn, "New Russian Documents on the Korean War," *CWIHP Bulletin*, Issue 6/7(Winter 1995/1996).

White, Theodore Harold & Annalee Jacoby, *Thunder out of China* (New York: William Sloane Associates, Inc., 1946).

AIIB, https://www.aiib.org/en/about-aiib/governance/members-of-bank/index.html (검색일: 2017.05.30).

Ewing, Kent, "China's African safari strictly business," Asia Times online, November 16, 2010, http://www.atimes.com/atimes/China/LK16Ad01.html (검색일: 2017.07.20).

Labita, Al, "Philippines embraces US, repels China," Asia Times on-line, March 23, 2011, http://atimes.com/atimes/Southeast_Asia/MC23Ae01.html (검색일: 2017.04.05).

PDAA(An Association for Public Diplomacy Professionals and formerly the USIA Alumni Association), http://pdaa.publicdiplomacy.org/?page_id=6 (검색일: 2017.06.10).

Taiwan Relations Act, https://www.ait.org.tw/our-relationship/policy-history/key-u-s-foreign-policy-documents-region/taiwan-relations-act/ (검색일: 2016.07.01).

Telegram, George Kennan to George Marshall, February 22, 1946, https://www.trumanlibrary.org/whistlestop/study_collections/coldwar/documents/pdf/6-6.pdf (검색일: 2015.11.01).

The White House, "Statement by the Press Secretary on the Republic of Korea Navy ship the Cheonan," May 19, 2010, https://obamawhitehouse.archives.gov/the-press-office/statement-press-secretary-republic-korea-navy-ship-cheonan (검색일: 2017.08.02).

The White House, "Statement by the Press Secretary on the Republic of Korea," May 24, 2010, https://obamawhitehouse.archives.gov/the-press-office/statement-press-secretary-republic-korea (검색일:2017.08.02).

Videotaped Remarks of President Obama for the Korea Society 2010 Annual Dinner, New York, June 2, 2010, https://obamawhitehouse.archives.gov/the-press-office/videotaped-remarks-president-obama-korea-society-2010-annual-dinner (검색일: 2017.08.02).

"Bruce Cumings and Kathryn Weathersby: An Exchange on Korean War Origins," *CWIHP Bulletin*, Issue 6/7(Winter 1995/1996).

"Chinese Ambassador on Public Diplomacy," People's Daily Online, July 27, 2009, http://en.people.cn/90001/90776/90883/

6710236.html (검색일: 2017.06.10).

"Letters: Stalin, Kim, and Korean War Origins," *CWIHP Bulletin*, Issue 4(Fall 1994).

"U.S. calls for explanation on China-led regional bank," *The Korea Herald*, July 10, 2014.

Financial Times.

SIPRI Military Expenditure Database (www.sipri.org).

(3) 중 문

『鄧小平文選』 第三卷.

『毛澤東選集』 第一卷.

『毛澤東選集』 第二卷.

『毛澤東選集』 第四卷.

陳雪飛, “公共外交中的基金會”, 『上海國資』, 2012年 第5期.

崔立如, “國際格局轉變與中國外交轉型”, 『國際關係研究』, 2014年 第4期.

當代中國外交編輯委員會, 『當代中國外交』(北京: 中國社會科學出版社, 1988).

方長平, 『國家利益的建構主義分析』(北京: 當代世界出版社, 2002).

郇慶治·王珂, “全面合作夥伴關係: 從比較的觀點看”, 『現代國際關係』, 2002年 第5期.

胡華, 『中國革命史講義』(北京: 中國人民大學出版社, 1979).

胡正強, “周恩來的對外宣傳思想初探”, 『河北師範大學學報』, 第22期 2號(1998).

江澤民, “共同創造一個和平繁榮的新世紀”, 『人民日報』, 2002年 4月 11日.

江澤民, “加快改革開放和現代化建設步伐, 奪取有中國特色社會主義事業的更大勝利”, 在中國共產黨第十四次全國代表大會上的報告, 1992年 10月 12日.

軍事科學院軍事歷史研究部,『抗美援朝戰爭史』第三卷 (北京: 軍事科學出版社, 2000).

軍事科學院軍事歷史研究部,『中國人民解放軍六十年大事記』(北京: 軍事科學出版社, 1988).

李寶俊, 『當代中國外交概論』(北京: 中國人民大學出版社, 1999).

李敦白, 阿曼達·貝內特(丁薇 譯),『紅幕後的洋人』(上海: 上海人民出版社, 2006).

劉建飛, “中國特色大國外交的時代特色”,『國際問題研究』, 2017年 第2期.

盧林, “論國際相互依存與相互衝突”,『上海社會科學院學術季刊』, 1990年 第3期.

盧毅, “1944年中外記者團訪問延安風波”, 『廣東社會科學』, 2015年 第1期.

邁克爾·沙勒 , 『美國十字軍在中國 (1938-1945年) 』(北京: 商務印書館 , 1982).

裴堅章, 『中華人民共和國外交史』(北京: 世界知識出版社, 1994).

錢其琛, “美國國家安全戰略調整與新世紀初的國際關係”,『人民日報』, 2004年 1月 19日.

錢其琛, 『外交十記』(北京: 世界知識出版社, 2003).

沙健孫, 『中國共產黨史稿』第四卷 (北京: 中央文獻出版社, 2006).

沈志華, "中蘇條約談判中的利益衝突及其解決", 『歷史研究』, 2001年 第2期.

石齊平, "什麽是核心利益", 『中外管理』, 2010年 第8期.

宋明晶, "福特基金會在美國公共外交中的作用", 『國際關係研究』, 2016年 第1期.

蘇格, "習近平外交戰略思想全面領航", 『國際問題研究』, 2016年 第5期.

唐永勝·劉靜波·張志忠, "國家利益的分析與實現", 『戰略與管理』, 1996年 第6期.

王昊, 『淺談建國前中共外事機構的發展』, 復旦大學碩士學位論文(2009).

王緝思, "求同存異, 穩定大局一紀念中美《上海公報》發表30週年", 『人民日報』, 2002年 2月 28日.

王鵬, 『陝甘寧邊區交際處研究』, 延安大學碩士學位論文(2012).

習近平, "在慶祝中國人民解放軍建軍90週年大會上的講話", 2017年 8月 1日, 『人民日報』, 2017年 8月 2日.

楊煌, "超越'國強必霸'的老路: 中國特色大國外交的創新及其意義", 『當代世界與社會主義』, 2015年 第2期.

楊潔勉, "中國特色大國外交理論的構建方向", 『現代國際關係』, 2017年 第3期.

袁武振·郝琦, “國際友人在延安和陝甘寧邊區的活動及其中國抗戰的貢獻”, 『延安大學學報』, 第21期 2號(1999).

張文琳·廉李章, “外籍記者與中國革命”, 『蘭州鐵道學院學報』, 第19期 5號(2000).

張志洲, “中國公共外交：讓世界了解一個真實的中國”, 『紅旗文稿』, 2011年 第14期.

趙建民·何思愼, “日本外交中有關中國或美國優先之爭論-兼論日·中·臺新安全架構”, 『問題與硏究』(臺), 第43卷 第1期(2004).

趙可金, 『當代中國外交制度的轉型與定位』(北京: 時事出版社, 2012).

中共中央黨史硏究室, 『中國共産黨歷史』上卷 (北京: 人民出版社, 1991).

中國共産黨重大事件紀實編委會, 『中國共産黨重大事件紀實』(呼和浩特: 內蒙古人民出版社, 2001).

中國教育部, “教育部關於印發《留學中國計劃》的通知”, 教外來(2010) 68號.

中華人民共和國外交部·中共中央文獻硏究室, 『毛澤東外交文選』(北京: 中央文獻出版社·世界知識出版社, 1994).

中國國務院新聞辦公室, 『2010年中國的國防』(2011).

中國國務院新聞辦公室, 『中國的對外援助白皮書』(2011).

朱蓉蓉, 『抗日戰爭時期的民間外交硏究』, 蘇州大學博士學位論文

(2010).

戴秉國, “堅持走和平發展道路,” http://politics.people.com.cn/BIG5/1026/13417143.html (검색일: 2017.04.05).

鄧小平, “中國共産黨第十二次全國代表大會開幕詞”, http://cpc.people.com.cn/GB/64184/64186/66678/4493896.html (검색일: 2016.05.01).

胡耀邦, “全面開創社會主義現代化建設的新局面”, 1982年 9月 1日, http://cpc.people.com.cn/GB/64184/64186/66678/4493895.html (검색일: 2016.05.01).

李克強, “在第十二屆全國人民代表大會第二次會議上的政府工作報告”, 2014年 3月 5日, 新華網, http://news.xinhuanet.com/2014-03/14/c_119779247_3.html (검색일: 2015.05.01).

劉寶棻, “曲折動蕩的一年: 2010年國際形勢回眸”,『紅旗文稿』, 2011年 第1期, http://www.qstheory.cn/hqwg/2011/201101/201101/t20110111_61809.htm (검색일: 2017.05.22).

魯小軍, “周恩來與日本《白毛女》”, 中國共産黨新聞網, 2009.10.23, http://dangshi.people.com.cn/GB/85038/10247553.html (검색일: 2017.07.15).

楊潔篪, “努力開拓中國特色公共外交新局面”, 『求是』, 2011年 第4期, http://www.qstheory.cn/zxdk/2011/201104/201102/t20110214_67907.htm (검색일: 2017.06.10).

鄭必堅, “中國和平崛起新道路和亞洲的未來”, 新華網, http://news.sina.com.cn/c/2003-11-24/12541176473s.shtml (검색일:

2016.11.01).

中華人民共和國國務院新聞辦公室, 『中國的和平發展』, 2011年 9月 6日, http://politics.people.com.cn/GB/1026/15600336.html (검색일: 2016.06.30).

"胡錦濤在博鰲亞洲論壇2004年年會開幕式上的重要演講", 人民網, http://www.people.com.cn/GB/shizheng/1024/2466418.html (검색일: 2016.11.04).

"胡錦濤在鄧小平同志誕辰100週年紀念大會上的講話", 人民網, http://www.people.com.cn/GB/shizheng/1024/2729306.html (검색일: 2016.11.04).

"胡錦濤在紀念毛澤東誕辰110週年座談會的講話", 中央政府門戶網站, http://www.gov.cn/test/2009-11/27/content_1474642.htm (검색일: 2016.11.04).

"堅持親、誠、惠、容的周邊外交理念", http://cpc.people.com.cn/xuexi/n/2015/0721/c397563-27338114.html (검색일: 2015.01.20)

"積極樹立亞洲安全觀, 共創安全合作新局面", 習近平在亞洲相互協作與信任措施會議第四次峰會上的講話, 人民網, http://news.xinhuanet.com/world/2014-05/21/c_126528981.htm (검색일: 2017.03.01).

"李敦白: 與毛澤東周恩來頻交往的洋革命者", 中國新聞網, http://www.chinanews.com/hb/news/2009/10-20/1920151.shtml (검색일: 2016.05.15).

"美國新防務報告對中印區別對待建議圍堵中國", 環球網, http://mil.huanqiu.com/observation/2010-02/721372_3.html (검색일: 2017.05.22).

"努力建設持久和平、共同繁榮的和諧世界", 胡錦濤在聯合國成立60週年首腦會議上的講話, 中央政府門戶網站, http://www.gov.cn/ldhd/2005-09/16/content_63871.htm (검색일: 2016.11.10).

"'十八大以來這四年'之四：習近平的外交新局-解決世界問題，中國不能缺席", 南方週末網, http://www.infzm.com/content/121679 (검색일: 2017.04.01).

"首輪中美經濟對話: 除上月球外主要問題均已談及", 中國新聞網, 2009年 7月 29日, http://www.chinanews.com/gn/news/2009/07-29/1794984.shtml (검색일: 2016.06.02).

"絲路基金起航", 新華網, http://news.xinhuanet.com/local/2015-02/17/c_127504099.htm (검색일: 2015.06.01).

"外交部部長談中國的外交政策和對外關係", 人民網, http://live.people.com.cn/note.php?id=7140306111840_ctdzb_033 (검색일: 2015.06.30).

"溫家寶總理哈佛演講：把目光投向中國", http://www.people.com.cn/GB/shehui/1061/2241298.html (검색일: 2016.11.04).

"習近平在中共中央政治局第三次集體學習時強調", 鳳凰網, http://news.ifeng.com/gundong/detail_2013_01/30/21760018_0.shtml (검색일: 2015.11.10).

"習近平出席中央外事工作會議並發表重要講話", http://news.xinhuanet.com/politics/2014-11/29/c_1113457723.htm (검색일: 2017.05.10).

"習近平等十八屆中共中央政治局常委同中外記者見面", 中國共産黨新聞網, http://cpc.people.com.cn/18/n/2012/1115/c350821-19591246.html (검색일: 2015.05.05).

"習近平：寬廣的太平洋足夠容納中美兩國", 鳳凰網, http://news.ifeng.com/mainland/special/xijinpingfangmei/content-3/detail_2012_02/13/12479336_0.shtml (검색일: 2017.03.01).

"習近平在第十二屆全國人民代表大會第一次會議上的講話", 中國共産黨新聞, http://cpc.people.com.cn/n/2013/0318/c64094-20819130.html (검색일: 2017.05.15).

"習近平：中國將率先出資400億美元成立絲路基金", 環球網, http://world.huanqiu.com/exclusive/2014-11/5195972.html (검색일: 2015.05.01).

"習近平總書記深情闡述中國夢", 新華網, http://news.xinhuanet.com/politics/2012-11/30/c_124026690.htm (검색일: 2017.05.15).

"楊潔篪外長駁斥南海問題上的歪論," 2010年 7月 25日, http://www.fmprc.gov.cn/ce/cgny/chn/xw/t719675.htm (검색일: 2017.07.18).

"1938年一位歐洲記者的延安之旅", 新華網, http://news.xinhuanet.com/zgjx/2015-07/30/c_134463453.htm (검색일: 2016.05.09).

"中共中央關於全面深化改革若幹重大問題的決定", 中國共產黨新聞網, http://cpc.people.com.cn/n/2013/1115/c64094-23559163.html (검색일: 2017.04.15).

"中華人民共和國國民經濟和社會發展第十三個五年規劃綱要", 中國網, http://www.china.com.cn/lianghui/news/2016-03/17/content_38053101_14.htm (검색일: 2017.04.15).

"江澤民在中國共產黨第十五次全國代表大會上的報告", 1997年 9月 12日.

"美國務卿希拉里鼓譟南海問題國際化", 『福州晩報』, 2010年 7月 26日.

"美國隱現新亞洲政策", 『南方週末』, 2010年 11月 4日.

"習近平三句話概括中美新型大國關係", 『新京報』, 2013年 6月 10日.

"中國外交應與'世界第二'地位相稱", 『國際先驅導報』, 2010年 12月 6日.

『環球時報』.

『人民日報』.

新華網.

CCTV.

현대중국외교론

저　　　자	이 장 원
발　행　처	충북대학교 출판부
발　행　인	윤 여 표
주　　　소	(28644) 충북 청주시 서원구 충대로1 (개신동12)
전　　　화	043)261-2952, 3014
팩　　　스	043)274-1256
이　메　일	presscbu@chungbuk.ac.kr
등　　　록	제1983-2001-7호
초판 1쇄 인쇄	2017년 12월 15일
인　쇄　처	명성디자인스토리

＊ 이 저서는 2014학년도 충북대학교 학술도서지원사업에 의하여 발행되었음 (This work was supported by the academic books of the Chungbuk National University in 2014).

ISBN 978-89-7295-311-1 93340
값 25,000 원